2022年度安徽省社会科学创新发展研究课题
"高质量发展背景下安徽省人才区域配置及其效应研究"
（2022CX038）

安徽省教育厅人文社科研究项目
"创新驱动视域下人才流动及其高质量发展效应研究"
（2022AH050575）

增长目标约束、创新驱动与人才区域配置

| 理论与实证 |

司深深　李静　著

Zengzhang Mubiao Yueshu Chuangxin Qudong Yu
Rencai Quyu Peizhi

人民出版社

序　言

在 GDP 考核晋升机制下,各地倾向于制定出较高的经济增长目标来向上级释放能力信号,区域间"标尺竞争"致使增长目标的设定普遍过高,进而对经济发展产生约束,尤其是在按照正常的市场发展规律无法完成承诺的目标时,激进的经济发展方式和谋求短期目标的行为就会出现。在经济活动人口进入负增长的关键期,优化人才区域配置、释放人才潜力成为维持我国经济持续增长的关键;高质量发展阶段各地纷纷将发展目标由 GDP 增长向创新增长转变,那么,短期经济增长目标约束和长期创新驱动发展究竟会对人才区域配置产生怎样的影响? 创新驱动能否扭转人才区域配置失衡的局面? 在我国经济发展方式亟须由要素、投资驱动向创新驱动转变的紧要关头,本书就人才区域配置的前因和后果展开研究,以期挖掘出人才区域配置失衡的根源,为新时期改善人才区域配置、促进区域高质量发展汇聚新思路。

基于此,在厘清本书研究背景、研究意义的基础上,首先,对与本书相关的理论进行梳理;然后,从经济增长目标约束、人才及人才配置状况、人才配置成因和后果及其优化等方面对与本书相关的国内外文献进行梳理、归纳、总结,并进行评述;其次,从人才分布和人才区域配置两个方面进行对比分析,揭示人才在我国各省市间分布的特征和存在的问题;再次,分别就增长目标约束和创新驱动影响人才区域配置的机制进行分析,考察增长目标约束和创新驱动对人才区域配置的影响,并利用实证模型进行检验;然后,将增长目标约束和创新驱动与人才区域配置纳入统一框架,考察增长目标约束和创新驱动共同作用对人才区域配置的影响;随后,考虑到无论是制定经济增长目标还是设定创新目标,都是为了实现经济所处阶段的发展目标,结合当前高质量发展阶段各地纷纷以创新驱动为抓手努力实现经济高质量发展的现实需求,进一步就人才区域配置对经济高质量发展的效应展开研究;最后,根据本书研究结论,提出进一步优化人才区域配置、促进经济高质量发展的政策建议。

本书主要研究结论如下:

(1)考察期内各省市人才规模差距逐渐扩大,高层次人才和科研人才向发达地区集聚,低层次人才向落后地区集聚;各省内部的省会城市科研人才一城独高,且与非省会城市科研人才规模差距逐渐扩大。考察期内高层次人才区域配置呈现出由中西部向东部扩散的态势,低层次人才区域配置呈现出由东部地区向中西部地区扩散的趋势;无论是省级层面和市级层面,科研人才空间配置呈现出由中西部向东部演化的趋势特征。

(2)对增长目标约束对人才区域配置的作用展开研究,发现增长目标约束对人才区域配置起抑制作用;机制检验发现,增长目标约束通过阻碍市场化水平提升和加剧城市环境污染而抑制了人才区域配置水平的提升;异质性分析发现,增长目标约束对人才区域配置的抑制作用随目标约束强度的降低而减弱。

(3)对创新驱动对人才区域配置的作用进行探讨,发现创新驱动能够有效改善人才区域配置;机制检验发现,创新驱动通过推动产业集聚和人才流动从而促进了人才区域配置水平提升;异质性分析发现,创新驱动程度越高,对人才区域配置的边际效应越强;研究还发现创新驱动对人才区域配置效应的发挥受产业集聚和人才流动的影响而存在非线性效应。

(4)将短期经济增长目标约束和长期创新驱动与人才区域配置纳入统一框架,发现创新驱动的引入能扭转增长目标约束对人才区域配置不利的局面;

异质性分析发现非省会城市和非创新型城市增长目标约束对人才区域配置的抑制效果更为明显,非省会城市创新驱动对人才区域配置的促进作用更强,创新型城市创新驱动对人才区域配置的促进效果更好。此外,增长目标约束对人才区域配置效应的发挥受创新驱动水平的影响存在单重门限效应;研究还发现,增长目标约束对人才区域配置仅存在直接效应,而创新驱动对人才区域配置不仅存在直接的促进作用,还存在显著的空间溢出效应。

(5)以创新驱动为切入点,探讨人才区域配置对经济高质量发展的效应。结果表明:人才区域配置水平的提升对经济高质量发展起到显著的促进作用,人才区域配置和创新驱动二者共同作用不仅能够促进人才区域配置和创新驱动良性发展,对经济高质量发展也能够呈现出显著的促进作用;此外,人才区域配置对经济高质量发展效应的发挥受创新驱动强度和增长目标约束强度的影响存在门限效应;人才区域配置对经济高质量发展的影响随创新驱动水平的提升而增强,但人才区域配置对经济高质量发展效应的发挥受增长目标约束的制约,且增长目标约束强度越高,越不利于人才区域配置对经济高质量发展效应的发挥。

(6)最后,根据研究结论,提出相关建议,以期为加快我国从数量型人口红利向质量型人口红利转变,为实现高质量发展提供参考。

在全社会人才资源存量有限的情况下,揭示地方人才过度竞争所导致的人才区域配置失衡的隐患,一方面,有利于对部分地区依靠高薪抬价抢挖人才的现象予以有效遏制,避免人才流动的短期行为化和人才使用及投入成本的浪费;另一方面,对新时期应对人口红利消失困境、加快我国从数量型人口红利向质量型人口红利转变也具有实际价值。本书研究不仅对改善区域间人才配置、实现更加充分和更高质量就业、推动各区域均衡发展具有重要的现实意义,也能为制定合理的人才引进政策及就业政策提供参考依据,进而为破解经济转型面临的技术困境提供智慧。

目　　录

绪　　论

一、研究背景与意义

（一）研究背景

在当前知识经济时代,人才因其自身的稀缺性成为流动性最强的战略资源,是各个国家综合国力竞争的重要组成部分;人才是创新和经济发展的第一资源(潘士远等,2021),有效配置人才能够引导和协调整个国家资源利用(梁林等,2019)。计划经济年代因限制了人才资源的自由流动,人才不能按照自身偏好选择适宜的职位而造成了严重的人才误置,以至于无法完全发挥其潜能,是当时的社会生产处于较低水平的原因之一。改革开放后,随着劳动力市场的逐步放开,劳动力在不同部门间的流动性日益增强,人才配置也得以改善;其中,人才在部门间配置效率的提高为中国经济连续40多年高速增长提供了重要支撑(Zhang et al.,2010)。不可否认的是,虽然我国人才配置随着劳动力市场的逐步放开已得到了极大改善和优化,但人才误置问题依旧存在,并显示出了一定程度的"脱实向虚"倾向(黄群慧,2017;厉以宁,2017;刘志彪,2018);令人印象深刻的是大学生就业市场中大量优秀人才逐渐形成了体制内就业的偏好,在某种程度上造成了人才在体制内外的配置失衡(陈刚,2020);行业层面来看,第一产业人才供给过多且呈恶化趋势,与之相应的是第三产业中边际产品价值较低的生活性服务业和公共服务业人才供给相对过剩,而第二产业人才供给总体不足的状况虽逐渐缓解,但制造业人才供给不足呈加重态势,且边际产品价值较高的生产性服务业也面临着人才供给不足的问题(马颖等,2018);除人才的行业误置之外,我国人才的区域分布也存在不合理现象,大城市的集聚和"虹吸效应"造成了人才积压,与之相对应的是中、小城市的"人才荒",加之中西部地区的强省会战略,使人才过于集中到省会城市,而中西部小城市、少数民族聚居区正逐渐成为人才洼地(朱慧娟和白玲,2003),人才分布失衡严重抑制了人才潜能的释放,造成人才区域配置不足,并成为创新驱动的阻碍(纪雯雯和赖德胜,2018)。

在官员晋升横向竞争和 GDP 考核机制下,各地倾向于制定出较高的经济增长目标来向上级释放"能力信号",产生"层层加码"现象(周黎安,2007;周黎安,2015),区域间"标尺竞争"造成地方经济增长目标的设定普遍过高(余泳泽和潘妍,2019;Li et al.,2019),进而对地方经济发展造成约束。在地区间市场分割和政府最大化本地经济增长而忽视全局效率的背景下,由于区域间经济实力和资源禀赋的差距,罔顾区域间经济实力和资源禀赋差距制定出偏离实际潜能的经济增长目标,会导致地方政府在后期为实现经济增长目标而采取一些短视举措,不仅在招商引资时倾向于那些短期内能够带来显著效果的资本密集型企业,在投资方面也会更倾向于基础设施和房地产等能够快速拉动经济增长的领域(傅勇和张晏,2007),长期依赖这种模式驱动经济增长不仅容易导致地方产业陷入低端锁定陷阱,投资扭曲还会挤占研发投入从而对技术创新产生挤出效应(毛其淋,2013)。经济增长目标的设定主要是针对短期经济增长,倘若各地以经济增长目标为竞争标杆去发展经济,虽然短时间内会促成经济快速增长,但也会造成区域间产业发展雷同的后果,尤其是将财政投资转向见效快的行业,不利于经济内生动力的培育(周黎安,2007;白俊红和王林东,2016;Wu et al.,2019;Li et al.,2019)。增长目标设置过高不利于绩效改进(余泳泽和杨晓章,2017),在经济增长目标的约束下,为实现既定的增长目标,在按照正常的市场经济发展规律无法完成承诺的经济增长目标时,激进的经济发展方式和谋求短期目标的行为就会出现(余泳泽,2018),由此引发的后果包括区域市场分割,有研究表明地方保护和地方封锁导致人才流动受阻,是造成人才区域分割、配置失衡的主要原因(戈艳霞,2020)。

随着劳动力成本优势和投资增长动力逐渐消失,加之"干中学"效应递减,依靠要素驱动经济增长的后发优势不再,粗放的增长模式越来越难以为继,要实现从要素驱动、投资驱动向创新驱动的过渡,人才的合理配置是关键。新经济增长理论强调人力资本积累对创新的促进作用,以熊彼特(Schumpeter,1934)和罗默(Romer,1990)为代表的发展经济学创新模型理论指明,一个经济体技术水平的高低是由人才积累所决定的;但是,这种理论分析缺乏现实基础,忽略了不同国家间的异质性,无法解释人才存量与创新水平的跨国差异,进一步说明了人才对创新的贡献不仅与积累水平有关,还与其配置水平有关(庄子银,2007)。亦有研究表明,我国创新资源的区域错配较为严重,导致创新效率及产出损失高达17.4%,在高质量发展阶段经济增长模式亟须向创新驱动转变的紧要关头,加快经济发展方式从要素驱动向创新驱动转变的关键是靠自主创新能力的提高(靳来群等,2019);因此,人才的区域配置问题不得不引起重视。当前,我国人才在数量上已经达到足够规模,质量上也取得很大提升,但自主创新能力却滞后于经济发展的现实需求,对 TFP 的贡献无法体现(葛晶和李勇,2019),究其原因,在于我国人才有效配置偏离均衡,且这种非有效配置已成为经济高质量发展实现突破的主要短板(李静等,2017)。因此,实现经济高质量发展目标需要突破创新资源有限且投入成本较高的约束,在提升人才数量的同时也要关注人才是否有效配置,避免人才配置失衡造成人才浪费情况的发生,从而加快我国发展方式从要素驱动向创新驱动转变的进程(谭莹和李昕,2019)。

在新发展阶段,人才作为创新的核心要素受到政府部门的格外重视,党中央高度重视人才工作,陆续出台相关政策法规扫除人才流动在体制机制方面的障碍，为人才流动解除了"紧箍咒"；各级地方政府甚至把人才的引进、培养作为各自工作的重要抓手，纷纷出台了人才引进的相关政策，人才政策在全国范围内铺展开来；不管是东部一线城市，还是中西部二三线城市，都纷纷大幅降低落户门槛，并给予住房补贴或奖金、津贴等优惠政策吸引人才（戈艳霞，2020）。过去，发达地区利用经济优势吸引欠发达地区的存量人才，一定程度上造成了中西部地区和东北地区人才塌陷，阻碍了国家区域协调发展战略的实施和推进；尤其是在未能充分提供就业机会的前提下，以户口、住房补贴作为吸引人才的"诱饵"，严重破坏了人才流动的基本规律，不利于人才可持续的引入和长期安居，与人才引进的初衷相背离，扰乱了我国经济社会全盘格局下的劳动力正常流动秩序，既影响本地区人才队伍的科学化配置和可持续发展，也不利于经济高质量发展目标的实现（戈艳霞，2020）。在我国经济活动人口进入负增长的关键期，优化人才区域配置、释放人才潜力成为维持我国经济持续、稳定增长的核心途径（马颖等，2018），因此，在充分肯定各地前所未有地重视人才、吸引人才的同时，也要冷静地思考发达地区对欠发达地区的人才"虹吸效应"问题，避免陷入"越发达越集聚人才，越落后越留不住人才"的马太效应模式，如果不解决这一问题，更需要人才支撑的中小城市将成为人才流失的重灾区，必然会进一步加剧我国区域发展不平衡问题（戈艳霞，2020）；此外，随着经济发展目标的转变，各地政府纷纷将发展目标由 GDP 增长向创新增长转变，作为创新源泉的人才，其区域配置也必将在经济目标实现的过程中受到影响，而人才是否得以有效配置事关高质量发展进程能否顺利推进，基于此，本书针对不同发展阶段经济增长目标约束下的人才区域配置问题展开研究，以期挖掘出人才区域配置失衡的根源，为新时期改善人才区域配置、释放人才潜能、促进区域高质量发展汇聚新思路。

（二）研究意义

首先，人才作为流动性和带动性极强的战略性资源，在区域间的合理配置对于国家经济平衡、协调与持续发展极为重要。长期以来,人才区域配置失衡是加剧地区经济发展冲突的重要根源,而无论处在哪个阶段,经济发展都依赖于人力资本有效配置提供的不竭动力,在经济高质量发展目标追求下,研究人才区域配置问题不仅能为地方政府制定相应的引人政策提供现实依据,对于落实创新驱动发展战略、推进区域经济协调发展也具有重要的参考价值。

其次,长期以来区域经济发展与人口分布的关系是区域经济学和劳动经济学研究的重点问题之一。近年来,交通基础设施的快速发展提高了人才流动的便利性,加剧了人才向经济发展速度快、就业机会多、公共服务水平高的城市流动,尤其是向东南部沿海城市及省会城市集中,这些城市和区域已经成为人才的主要流入地;人才在这些城市的集聚为城市繁荣与发展带来了机遇,但也引发了劳动力过度集聚的问题,进而造成人才整体配置效率不足。因此,关注区域间人才配置情况,有序引导人才在区域间流入和流出,避免出现人才过度集聚现象,科学合理地解决因人才错配引发的相关问题,已成为与经济发展同步、亟待研究的一个重要问题,本书研究对各政府部门有效疏解大城市人才和劳动力,引导人才在各城市间合理流动具有重要的现实意义。

再次,我国劳动力市场“技能岗位缺口大”和“大学生就业难”现象并存,而“大学生就业难”与“技工荒”并存的本质是各类人才与劳动力市场岗位需求匹配问题,虽然随着劳动力在各部门间流动性的提高,人才在各部门间得到了更优化的配置,那么,随着各地人才政策的出台以及人才在区域间的不断流动,劳动力市场上大学生就业难以及技工荒问题能否得以改善?人才区域配置失衡的现象能否得以缓解?在经济发展新阶段伊始,这是非常值得研究的问题。将不同发展阶段经济增长目标约束与人才区域配置纳入统一框架展开研究,分析经济增长目标约束和创新驱动对人才区域配置的作用机理,不仅对改善人才区域配置、实现更加充分和更高质量就业具有重要的现实意义,也能为各区域制定合理的就业政策提供参考,进而为破解我国经济转型面临的人口困境提供指导。

最后,提高自主创新能力是顺利实现经济增长方式转变的关键,而人才作为创新的核心要素,若不能配置到合适的岗位,直接后果就是创新产出减少并制约技术进步,将减缓经济增长方式转变进度,从而对高质量发展进程产生阻碍;因此,在全社会人才资源存量有限的情况下,揭示地方人才过度竞争所导致的人才区域配置失衡的隐患,从实际应用的角度帮助地方政府厘清引才思路,一方面,有利于对部分地区依靠高薪抬价抢挖人才的现象予以有效遏制,避免人才流动的短期行为化和人才使用及投入成本的浪费,有利于人才的良性流动,并营造良好的人才发展环境和生态;另一方面,研究创新驱动对人才区域配置的影响,不仅对优化人才配置、提高区域创新能力有着重要意义,对新时期应对人口红利消失困境、加快我国从数量型人口红利向质量型人口红利转变也具有实际价值。

二、研究思路、研究内容与研究方法

(一) 研究思路

自 20 世纪 90 年代起,地方政府政治晋升竞争造成的短期经济增长目标层层加码与地方资源禀赋严重偏离,偏离实际的经济增长目标约束造成了资源的严重浪费。经济进入高质量发展阶段,我国经济增长方式亟须由要素驱动向创新驱动转变,人才作为创新的核心要素在创新驱动发展战略的落实中起着至关重要的作用;虽然人才对创新的潜在作用是客观存在的,但人才配置水平的高低决定了创新驱动发展战略实施效果的好坏,人才过度拥挤和人才相对不足都会影响其配置效率的提升,进而制约其创新能力的施展;经济增长模式转向创新增长,更加注重区域经济发展的协调性和平衡性,实现人才区域优化配置也是其应有之义。那么,短期经济增长目标约束和更注重长期效益的创新驱动增长是否会对人才区域配置产生影响?会产生何种影响?在我国经济发展方式亟须由要素、投资驱动向创新驱动转变的紧要关头,就人才区域配置的前因和后果展开研究,对促进人才区域配置水平提升、加快经济发展方式转变、促进经济高质量发展具有重要现实意义。基于此,在厘清本书的研究背景、研究意义的基础上,首先,对与本书有关的理论进行梳理;其次,从经济增长目标约束、人才及人才配置状况、人才配置成因和后果及其优化等方面对与本书有关的国内外文献进行梳理、归纳、总结,并进行评述;再次,从人才分布和人才区域配置两个方面进行对比分析,揭示人才在我国各省市间分布的特征和存在的问题;然后,分别就增长目标约束和创新驱动影响人才区域配置的机制进行分析,考察增长目标约束和创新驱动对人才区域配置的影响,并利用实证模型进行检验;之后,将增长目标约束和创新驱动与人才区域配置纳入统一框架,考察增长目标约束和创新驱动共同作用对人才区域配置的影响;随后,考虑到无论是制定经济增长目标还是设定创新目标,都是为了实现经济所处阶段的发展目标,结合当前高质量发展阶段各地纷纷以创新驱动为抓手努力实现经济高质量发展的现实需求,进一步就人才区域配置对经济高质量发展的效应展开研究;最后,根据本书研究结论,提出进一步优化人才区域配置、促进经济高质量发展的政策建议。本书的技术路线详见图 0-1。

(二) 研究内容

结合以上研究思路,本书由绪论与七个章节构成。各部分的内容安排如下:

绪论。本部分首先对文章的研究背景和研究意义进行阐述;其次,对文章的研究思路、研究内容与研究方法进行归纳总结;最后,总结和概括本书可能的创新与不足。

第一章:相关理论基础及文献综述。本章首先对与本书有关的理论进行整理,包括人力资本及其外部性理论、要素流动与市场分割理论、区域均衡发展理论等等;然后,从经济增长目标约束、人才及人才配置状况、人才配置成因、后果及其优化等方面对与本书相关的国内外文献进行梳理、归纳、总结,并

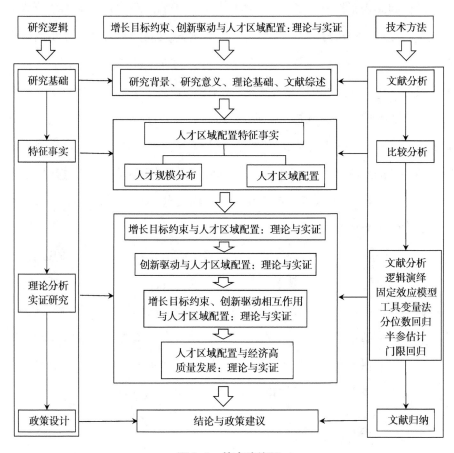

图 0-1　技术路线图

进行评述。

　　第二章:人才规模区域比较及其配置分析。本章先从人才规模、人才结构、人才类型等方面进行比较与分析;其次,对我国人才区域配置情况从多个维度进行比较,进而揭示我国人才分布特征及人才区域配置的时空演化规律。

　　第三章:增长目标约束对人才区域配置的影响。本章首先阐述开展增长目标约束对人才区域配置研究的必要性和研究意义;其次,挖掘增长目标约束影响人才区域配置的作用机制;然后,构建理论模型,采用固定效应模型、二阶段最小二乘法和分位数回归方法就增长目标约束对人才区域配置的影响进行检验,并进行内生性处理和稳健性检验;再次,就增长目标约束对人才区域配置的作用机制进行检验;随后,从多个维度进一步考察增长目标约束对人才区域配置影响的异质性;最后对本章研究结论进行归纳总结。

第四章:创新驱动对人才区域配置的影响。本章先阐述开展创新驱动对人才区域配置研究的必要性和研究意义;其次,挖掘创新驱动影响人才区域配置的作用机制;然后,构建理论模型,并采用固定效应模型、二阶段最小二乘法、分位数回归方法和门限回归方法对创新驱动与人才区域配置的关系进行检验;再次,就增长目标约束对人才区域配置的作用机制进行检验;随后,考察创新驱动对人才区域配置影响的异质性和非线性效应;最后,对本章研究结论进行归纳总结。

第五章:增长目标约束、创新驱动相互作用对人才区域配置的影响。为避免单独研究增长目标约束或者创新驱动对人才区域配置的影响造成高估或者低估两者对人才区域配置效应情况的发生,将短期经济增长目标约束与长期创新驱动与人才区域配置纳入统一框架,研究增长目标约束和创新驱动交互作用对人才区域配置的影响;其次,理论分析创新驱动激发地方政府推进动能转换目标的钳制效应和对接创新驱动发展战略政策效应,从而降低经济增长目标约束对区域人才配置的负面影响;然后,构建理论模型,采用固定效应模型、二阶段最小二乘法对增长目标约束、创新驱动和人才区域配置的关系进行检验;再次,考察创新驱动对人才区域配置影响的异质性,并采用门限回归方法考察增长目标约束对人才区域配置的非线性效应;最后,对本章研究结论进行归纳总结。

第六章:拓展分析:人才区域配置与经济高质量发展。本章节先阐述开展创新驱动发展模式下人才区域配置对经济高质量发展研究的必要性和研究意义;其次,梳理出人才区域配置对经济高质量发展的影响机制;然后,构建理论模型,采用相关实证方法对人才区域配置对经济高质量发展的影响机制进行检验,并进行稳健性检验;然后,进一步检验人才区域配置对经济高质量发展的非线性效应；最后对本章研究结论进行归纳总结。

第七章：结论和建议。本章结合前文的研究结果，首先，总结我国人才分布和人才区域配置现状及其时间和空间演化规律；其次，对本书的研究结论进行归纳和总结；最后，结合研究结论和中国经济进入高质量发展的实际，从经济增长目标约束和人才区域配置、创新驱动与人才区域配置、人才区域配置与经济高质量发展等方面提出进一步优化人才区域配置、促进经济高质量发展的政策建议。

（三）研究方法

1. 文献分析法

在本书撰写前，收集了国内外关于增长目标约束、人才流动、人才区域配置现状和成因及其后果的文献，并对文献的主要观点进行分类、整理、归纳，从总体上把握我国人才分布、人才区域配置现状和存在的问题；对文献总结发现学术界关于人才分布的研究较多，而关于人才区域配置的研究较少；在人才配置的相关研究中，关于人才行业配置、部门配置的文献较多，关于人才区域配置的研究较少，且人才区域配置原因和后果的研究寥寥无几。因此，本书在对人才区域分布和人才区域配置分析的基础上，对增长目标约束下的人才区域配置问题展开研究，并结合当前经济发展现实需求，就创新驱动增长模式下的人才区域配置对经济高质量发展的影响展开研究。

2. 定性和定量分析法

首先，基于考察对象 258 个城市的《政府工作报告》《中国统计年鉴》和《中国劳动统计年鉴》中的人口相关数据和劳动力受教育程度数据，分别测算出以大专及以上学历和本科及以上学历为人才标准的我国各省市的人才规模、人才区域配置水平，同时，根据行业从业人员数据，剖析我国科研人才规模分布情况；其次，从人才规模、人才结构等方面进行省际比较与分析；随后，对与区域创新休戚相关的科研人才从整体、分城市和城市群等维度展开分析；再次,对我国人才在全国各省市之间的配置情况,从各省份整体配置水平、不同层次的人才区域配置水平、科研人才区域配置水平以及市级科研人才区域配置水平进行分析;最后,在上述分析的基础上归纳总结出我国人才规模分布及其区域配置的时空演化特征。

3. 比较分析法

考虑到当前人才错配已成为创新驱动和实现经济高质量发展的短板之一,本书在定量分析的基础上,对我国不同省市的人才规模情况进行比较分析。此外,本书测算了不同省份和城市的人才区域配置水平,将各省市的人才区域配置指标以及 GDP 指标排序进行对比分析,有助于了解中国不同省市人才区域配置的发展趋势和变化规律;然后,分别对经济增长目标约束和创新驱动影响人才区域配置的影响机制进行剖析,在实证检验的基础上进一步比较两者作用的区域差异,以准确把握经济增长目标约束和创新驱动对我国人才区域配置的影响,进而有针对性地提出破解当前人才区域配置现存问题的对策。

4. 实证分析法

在前文文献梳理、定量分析和比较分析的基础上,厘清短期经济增长目标约束和更注重长期效益的创新驱动对人才区域配置的影响机制,进而采用固定效应回归方法对本书的理论模型进行实证检验;通过寻求工具变量,采用二阶段最小二乘法对内生性问题进行处理,采用分位数回归方法和半参估计方法进行稳健性检验;使用门限回归方法检验增长目标约束和创新驱动对人才区域配置的非线性效应;并基于当前我国实现经济高质量发展的现实需要,用上述实证方法检验创新驱动增长模式下人才区域配置对经济高质量发展的影响。

三、创新和不足之处

(一) 创新之处

1. 研究视角新颖

对相关文献进行梳理,发现本书研究视角与以往研究相比较为新颖。一是,目前,学术界以增长目标为主题展开的研究,主要将方向集中在增长目标设定对经济的促进作用上,虽部分学者注意到经济增长目标偏离造成的负面影响,但研究视角多集中在目标偏离扭曲投资结构挤占技术创新支出、抑制创新、阻碍产业结构升级、加剧环境污染等方面,鲜有增长目标偏离或增长目标约束对人才配置的研究。二是,以创新和人才为主题的研究,视角多集中在人才对创新的作用,以及人才错配对经济增长、产业结构等方面的影响,却忽视了创新对人才的反向影响。部分学者在人才配置方面也做了相关研究,但研究视角多停留在人才在产业、行业、部门间的分布,鲜有对人才区域配置的研究。三是,经济进入高质量发展阶段,人才能否有效配置事关发展目标的实现。对我国人才区域配置进行分析,研究增长目标约束和创新驱动对人才区域配置的影响,重点考察短期粗放发展模式和长期集约发展模式对人才区域配置效率的作用,能为促进人才有效配置汇聚新思路。

2. 指标测度方法新颖

对相关文献进行梳理,发现本书指标测度方法与以往研究相比较为新颖。一是,以往研究对人才配置的度量往往都是采用各地大专及以上学历或本科及以上学历就业人数或者用其在就业人员中的占比来度量,这种度量方式仅能够度量出各区域内部的就业结构,不仅难以考察出各地人才与全国人才总量的关系,也难以对人才的产出效率进行考量;人才的区域配置强调的是人才总量既定情况下其在不同区域间的效率,不能仅仅用各地人才绝对规模或者人才规模与就业规模的比值来度量,因此,本书将各地人才规模、各地 GDP、全国人才规模以及全国 GDP 纳入统一指标体系,测量出人才区域配置指标,相对以往研究,人才区域配置指标测度方法有所创新。二是,关于增长目标约束的度量,本书增长目标约束是指在政治晋升激励下,偏离实际增长潜力的增长目标对各地为实现既定增长目标而采取相应干预举措的约束,增长目标偏离越高约束越强;因此,本书借用考察对象 258 个城市 2004—2019 年《政府工作报告》数据,采用市级增长目标与省级增长目标的差值来衡量增长目标约束强度,相对以往研究采用资源禀赋约束来衡量增长目标约束的做法,本书对增长目标约束的测度方法有所创新。

3.研究思路和研究内容新颖

对以往研究进行梳理,发现本书研究思路和研究内容都较为新颖。一是,基于高质量发展阶段经济增长方式需由要素驱动向创新驱动转变的现实需要和人才对创新驱动的主导作用,对我国人才区域配置进行研究;首先,研究增长目标约束对人才区域配置的影响旨在挖掘短期粗放型经济发展模式是否会造成人才配置效率损失;其次,研究创新驱动对人才区域配置的影响旨在考察创新驱动能否改善人才区域配置。二是,将不同发展阶段面临的增长目标约束压力与经济增长方式相结合,发现创新驱动增长阶段经济增长目标约束来源于区域间横向竞争压力,创新驱动增长阶段经济增长压力来源于创新水平不足,为实现不同增长目标而采取的举措对人才区域配置产生的影响差异较大,因此,在分别研究增长目标约束和创新驱动对人才区域配置影响的基础上,进一步将增长目标约束和创新驱动与人才区域配置纳入统一框架,考察长期创新驱动能否扭转短期增长目标约束造成的人才区域配置失衡问题。三是,考虑到无论是增长目标还是创新目标均是经济发展所处不同阶段的目标,结合当前经济高质量发展阶段各地纷纷以创新驱动为抓手,努力实现经济高质量发展的现实需求,进一步就创新驱动增长模式下人才区域配置对经济高质量发展的效应展开研究。

（二）不足之处

本书的研究对象为中国 258 个城市,最新城市数据更新至 2021 年。然而,由于 2020—2022 年受疫情的影响,经济波动异常,如果使用 2004—2021 年的数据进行研究,疫情冲击的影响将导致本书研究结果的失真;事实上,我们准备在未来展开疫情冲击对人才区域配置效应的研究,届时,我们将把研究结论与本书研究结论进行比较。此外,因城市统计数据未包含各城市就业人员的大学受教育程度情况,作者尝试对全国流动人口动态监测调查数据(China Migrants Dynamic Survye,CMDS)按照个人受教育程度和所在城市进行匹配,以获取我国各城市的受教育程度数据,然而在将 CMDS 数据库中的样本匹配到各城市后,发现存在大量城市无样本的情况,即使个别城市有样本存在,但据此样本计算的城市受教育程度数据与现实情况偏离程度较高,严重失真,本书在城市层面的研究因难以通过微观数据获取中国市级层面受教育程度数据,仅能选取具有一定知识基础的教育行业和科研行业从业人员来代替城市人才规模,导致本书市级层面人才规模的考察范围不够全面,在后续的研究中,将会尝试用其他微观数据库对各城市人才进行匹配,以更为精准地获取城市层面的人才数据,从而弥补市级层面人才考察范围不够全面的缺陷。

第一章　相关研究理论及文献综述

第一节　相关概念

一、人才与人才流动

人才是人力资源中能力和素质较高的劳动者,是具有一定的专业知识或专门技能、能够胜任岗位能力要求进行创造性劳动并对企业发展作出贡献的人。亚当·斯密(Adam Smith,1937)认为知识是社会财富的重要组成部分,因此,知识作为生产的重要要素,是人才所必备的禀赋(Machlup,1962)。罗洪铁(2009)认为人才有三个要素,即内在素质、劳动创造性和贡献性,这种对人才的定义较为全面也更符合现代社会要求。

在人才的界定问题上,至今没有相对统一的标准,企业在进行人才招聘的时候,为了降低搜寻成本,往往以职称和学历等为参考,但职称和学历达标却未必代表符合公司实际人才需求,后续又会增加企业在工资之外的培训成本。近年来,地方政府为了提高引才成效,逐步打破人才的学历界限,"一旦拥有、享用终身"的学历、职称不再作为人才识别的唯一标准,在引人方面更突出工作岗位的技术要求,有针对性地评估人才综合能力和专业水平,这种方式能够改变学历水平等同于人才技能的偏见。

之所以用学历水平来定义人才,是因为人才都拥有一定的劳动技能、学习和创新能力,而这些因素都与受教育水平密切相关,在拿不出更好标准的前提下,用学历来作为人才的标准虽然不是最合适的,但作为人才的一种衡量方式也是可行的。因此,本书对人才的衡量与受教育程度相关,省级层面选取大专及以上受教育程度的就业人员来代替当地人才,市级层面因城市统计数据未对就业人员受教育程度进行统计,难以获得各城市大专及以上学历的人才规模,因而结合当前高质量发展阶段科研人才在创新驱动中的主导地位,市级层面以科研行业从业人员数量来衡量各城市的科研人才规模。

人才作为社会生产中的一种重要资源,其自由流动是社会生产力发展的客观要求,不至于使经济体处于封闭固守的状态,能实现人力资源的合理配置(顾明远,1998)。人才流动由人员流动理论演化而来(Slichter,1919),Mobley(1977),强调自身利益在人员流动中的重要作用。本书将人才流动界定为人才因工作变动或人事调动,从一个城市流入另一个城市,人才流动前后引起流入地和流出地人才规模的变动。人才流动可以使错配人才找到适合自己的岗位,帮助人才更加充分实现自身的价值(Lipparini & Fratocchi,1999),以保证人才社会地位的不断提升,有助于取长补短,互相启迪,从而产生新思想、新认识,发挥更大的价值(李丽莉和张富国,2010)。

从国内区域间的人才流动来看,"孔雀东南飞"在改革开放后轮番上演,中西部人才向东南部地区流动速度不断加快。人才流动与人才流失相伴而生,需要密切关注人才流动的具体情况,保持一定的人才流动率,同时也要对人才偏离进行适当控制,以防止人才过度流动造成人才大规模流失情况的发生。黄海刚等(2019)研究了人才跨区域流动的影响因素,发现地区经济发展水平在人才流动中起到了重要作用,此外,工资水平、地区研发投入以及产业升级能力和创新水平也是影响人才流动的重要因素。

按照流动结果,可以将人才流动划分为人才流失和人才回流。当前,市场法则主导了人才流动的方向,国际人才流动总体趋势为发展中国家流向发达国家,从社会和政治不稳定国家流向社会相对稳定、政治气候宽松的国家。近些年,我国经济高速发展,良好的发展环境为人才发展提供了机遇,吸引了留学人员回国服务。

由上述分析可知,人才流动水平必须保持在适度的区间,合理的人才流动有利于生产力的发展,但人才的无序盲目流动会给社会带来负面效应,需要清醒地认识到我国在促进人才科学合理流动方面还有很长的路要走,亟须建立人才流动约束机制,加强人才自身责任感。

二、人才配置及人才区域配置

人才配置是通过合理地安排使各地人才产出效率达到最优状态的一个过程,人才需求和供给的协调就是人才竞争和流动的过程,也是人才优化配置的过程。人才作为生产要素存在配置问题,区域人才规模过大或者过小都不利于人才配置水平的提升,人才规模过大可能会导致人才冗余,不能合理地使用人才,造成人才浪费;而人才规模过小不仅容易造成创新动力不足,人才集聚效应也难以发挥,既不利于人才产出效率的提升,也不利于人才配置水平的提升,人才的优化配置需要对人才供求总量、空间分布和结构层次等方面进行适度调整。

人才区域配置是指将最合适的人才分配到最能发挥作用的区域、岗位或者是角色中去,反映了人才配置的空间效应水平,一旦人才群体通过区域配置使整体作用达到最优化,就会实现人才聚集的空间效应。人才区域配置包括现实空间配置和虚拟空间配置,两者之间的实现形式和影响机理有所不同,现实空间配置主要是指合适的人才资源按区域、行业或者是岗位进行合理配置。人才的空间分布往往遵循的是经济分布法则,不同的经济发展阶段,人才空间分布模式也不同,人才合理分布将有助于推动人才聚集空间效应的发挥。因此,人才区域配置就是在一定的经济发展阶段,通过人才的合理配置实现人才分布合理化(张敏等,2009)。

在市场化改革之前，人才计划调配制度是我国人才区域配置的主要方式，国家对人才的统一计划、培养、使用的配置管理按照地域、产业、所有制等分类，在短期为各个行业提供了短缺人才，但是限制了人才的区域间流动，最终造成人才区域配置效率低下，也逐渐形成了我国人才分布和结构不合理的状况。随着市场化改革的不断推进，建立人才流动市场也被提上日程，通过引入市场机制配置人才，允许人才的合理流动，使人才流动的国别界限、区域界限、户籍界限逐步被打破，市场这只"无形的手"越来越发挥重要作用（朱慧娟和白玲，2003）。当前，我国人才配置更多依靠市场机制进行，优化人才配置进入了新的发展阶段（刘兵等，2017；戈艳霞，2020）。

三、增长目标约束

经济增长目标指某经济体在一定经济周期相对上个经济周期所实现的经济增长；经济增长目标约束是为实现既定经济增长目标所需要付诸行动或采取的措施而对经济主体行为本身产生的约束，约束有主动和被动之分，经济主体能够针对不同的经济增长目标约束主观能动做出反应。地区经济增长目标制定需要以当地资源禀赋和发展潜力为依据（魏建和鉴闻，2018），但由于经济增长目标事关地方官员的晋升考核，各级政府工作的开展也受此约束，因此，地方官员对经济增长目标设定方式、实现目标规划的资源配置方向以及目标最终完成程度等极为重视（王旦和王业斌，2021）。官员晋升同侪压力的存在，驱使地方官员为避免与邻近地区相比"数字不如人"进而在同级官员竞争中胜出，在经济增长目标的制定上展现出一定的竞争性（马亮，2013；余永泽和杨晓章，2017；魏建和鉴闻，2018），最终导致地方经济增长目标呈现出"层层加码"的特征，具体表现为设定的经济增长目标与实际经济增长目标、上下级经济增长目标之间的偏离等等；也有部分地方政府在经济增长目标制定上表现出"标尺竞争"特征（周黎安，2007；魏建和鉴闻，2018），事实上经济增长目标与上级经济增长目标差值越大，为实现经济增长目标所采取的措施对经济主体造成的约束就越强。

在以 GDP 考核为主的"晋升锦标赛"机制下,地方经济增长速度与地方官员晋升高度"挂钩",地方官员在这一外在约束下依赖制定较高的经济增长目标来向上级政府释放"能力信号"(周黎安,2007)。但偏离地方实际资源禀赋和发展潜力的增长目标不仅不利于绩效改进(Christopher & Hood,2006),在后期的执行过程中,为了实现预先设定的目标,"周期短、见效快、风险低、不确定性小"的生产性投资成为政府投资的重点(吴延兵,2017),虽然短时间内会促成经济快速增长,但也会造成区域间产业发展雷同的后果,尤其是将财政资金划拨至收益高、见效快的行业,也不利于经济内生动力的培育(周黎安,2007;白俊红和王林东,2016;Wu et al.,2019;Li et al.,2019)。

此外,为实现短期经济增长目标而展开的恶性竞争会导致要素市场的扭曲,造成要素资源的严重浪费,成为经济高质量发展的掣肘(徐现祥等,2018;余永泽等,2019;赵新宇和郑国强,2020)。余泳泽等(2019)在新增长理论分析框架下,基于罗默(Romer,1986)、格罗斯曼和赫尔普曼(Grossman & Help-man,1991)以及阿罗(Arrow,1962)资本增量对技术水平的影响,考察地方经济增长目标约束与经济效率间的相互作用及技术进步和经济总产出最大时的最优研发比例,发现技术进步率随着经济增长目标的增加而下降。经济增长目标之所以能带动实际经济增长,关键在于经济增长目标能引导政府经济行为、改变其资源配置方向和政策扶持方向(王旦和王业斌,2021);因此,在经济增长目标约束下,地方官员罔顾资源扭曲与错配,选择粗放的发展方式促进短期经济增长,易导致对特定产业投资产生"潮涌现象"(林毅夫,2007),这种短期投资行为会对研发科技支出产生挤出效应,进而抑制区域创新水平。

我国步入高质量发展阶段,意味着经济增长目标由追求规模数量向追求效率和质量转变(张车伟等,2019),各地的发展目标从 GDP 增长速度转向创新能力的提升,此时经济增长目标约束会激励政府通过降税、产业扶持等政策引导资源的流向研发部门,进而促进区域创新水平(查英和庞学光,2022),因此,经济增长目标约束在不同的发展阶段对关键资源的配置可能会产生和以往截然不同的效应。

第二节　相关研究理论基础

一、人力资本及其外部性理论

(一)人力资本理论

人力资本理论既是经济增长理论的重要组成部分,也是政府制定人才政策的理论基础,长期以来一直都是西方主流的经济理论。人力资本思想的雏形可追溯到公元前4世纪柏拉图《理想国》中"接受教育能够为人们带来经济价值"的思想(申林,2010),而威廉·配第(William Petty,1676)则以"人的能力的差异(人力资本的差异)",首次提出了人力资本的概念,后来亚当·斯密(Adam Smith,1776)在《国富论》中对人力资本思想进行了扩展,极大推动了人力资本思想的发展。马歇尔(Marshall,1890)、庇古(Pigou,1920)等其他经济学家将知识和技能归属到资本的范畴,从各个层面和角度对作为生产要素的人力资本进行了阐释,认为人的劳动是创造价值的源泉,然而,由于当时的物质资本递增弥盖了人力资本对经济发展的重要作用,使得人力资本未得到有效重视;直至李斯特(Friedrich List,1961)指出要创造出新的生产力仅能依靠劳动者的知识和技能,人力资本才日益受到经济学家们的重视。

二战后,发达国家产出增长率和要素投入增长率间的悖论难以用新古典经济学理论解释,西方经济学家便逐渐将研究视角聚焦在人力资本方面并将其视为破解此类"经济学之谜"的新突破点,人力资本理论也因此得以迅速发展。舒尔茨(Schultz,1960)首次系统提出人力资本理论,他强调人力资本相较于物质资本在经济发展中的重要地位。贝克尔(Becker,1964)在舒尔茨人力资本理论的基础上从微观角度详细阐述了人力资本理论,提出改善人口质量以及增进知识等途径措施能够改善发达国家在经济发展过程中出现的"余增长率"现象,有效弥补了舒尔茨人力资本理论在微观方面的疏忽。随后,贝克尔进一步按照经济学均衡理论,将人力资本作为要素投入,构建了人力资本投资均衡模型,并于 1975 年提出了人力资本要素的供给与需求曲线。梅西(Massey,1988)将人力资本理论应用于家庭决策行为,关注于微观个体的教育水平和收入回报之间的关系,拓宽了人力资本的研究视角,为后续人力资本研究奠定了基础。

随着相关研究的不断推进,人力资本理论在 20 世纪 80 年代进一步得到重视,其中较具代表性的是以罗默(Romer,1986)、卢卡斯(Lucas,1988)等西方经济学家为代表的研究。罗默(Romer,1986)在《收益递增经济增长模型》中认为随着资本积累和生产规模的不断扩大,知识和技术作为经济发展的原动力能够通过细化分工不断增加劳动者的知识,进而提高人力资本存量水平,加快经济增长速率。卢卡斯(Lucas,1988)则进一步指出人力资本是经济增长的源泉,强调了专业性的人力资本在经济增长中的特殊地位。至此,人力资本在经济发展中的神秘面纱在众多经济学家研究的推动下被揭开,人力资本理论也逐渐在世界范围拓展。

(二)人力资本外部性理论

在经济学中,正外部性指的是一个生产者在另一个生产者的生产活动中不付出代价而能获取到正的副作用的一种现象(约翰·伊特维尔等,1996)。外部经济的概念,最早是由马歇尔(Marshall,1890)于 19 世纪末首次提出的,通过研究企业成本如何受外部和内部两个方面的影响,揭示了劳动者相互沟通交流有利于产业间、产业内部、企业之间的技术研发与工艺改进,马歇尔的这一理论为后来的外部性理论提供了思路、奠定了基础。与马歇尔不同的是,庇古(Pigou,1920)用现代经济学方法从福利视角解释了外部性理论,并且把外部性对企业的影响进一步拓展到企业对居民和其他企业的影响,以及其他企业和居民对该企业的影响；之后科斯(Coase,1937)吸收了庇古的繁荣理论，将其纳入自己的理论当中，强化了"市场是美好的"这一观点，"科斯定理"成为经济自由主义的理论支撑。

到20世纪八九十年代，人力资本外部性理论逐渐在经济增长和收入增长理论中获得认可。新增长理论关于人力资本对经济的内生增长机制有3种代表性观点。一是以 Murphy et al.(1989)为代表的策略性互补和需求外溢模型，该模型指出政府行为可以短时间内拉动投资需求，从而弥补发展中国家私人投资规模较小的缺陷，通过改善需求结构而提高人均资本水平，然而许多国家推进这类政策均以失败告终，该理论因缺乏实证验证未得到学界的普遍认可。

二是以 Young(1991)为代表的技术扩散模型，多集中于贸易与经济增长理论的文献之中，该类模型是基于阿罗(Arrow,1962)的干中学模型进一步演化发展得到的，如王菲(2014)在 Levin & Raut(1997)的模型基础上，考察了中国经济增长中不同出口贸易模式和人力资本积累的关系，得出人力资本对经济的作用是通过对人"赋能"，从而推动技术创新间接推动经济发展的结论。

三是以罗默(Romer,1986)为代表的生产要素外溢效应和人力资本积累理论，该理论强调知识创新对生产效率存在正外部性，可以按其传导机制划分为生产外部性和消费外部性；研究发现，人力资本通过社会生产关系发挥作用，并且其效应在空间上存在一定的相关性，人口聚集和人力资本聚集使得城市间的人力资本流动变得愈发密切，而人力资本流动所引起的技术扩散则推动了区域生产力水平的提升。

二、要素流动与市场分割理论

(一) 要素流动理论

区域要素流动是指要素资源在地区间发生空间流动，具体来说是要素资源在区域内和区域间的优化配置的过程,同时也是具有资源禀赋优势的地区向其他市场拓展的过程(杜肯堂和戴士根,2005)。在市场经济条件下价格机制往往是资源配置的关键,能够引导要素资源在区际市场交易中实现流动。同时,地区发展水平与区域要素流动相伴而生,一方面是因为区域经济发展迥异,要素资源在区域内或者区域间呈现出明显的非均衡特征,在市场机制的驱动下大量的要素资源向发达地区集聚,区域内和区域间要素资源极化、扩散、回流和滴涓作用明显;另一方面,区域内和区域间的各种资源要素为了追求效率,会不断从效率低的区域流向效率高的区域,进而推动区域经济社会的发展。

事实上,地区间由于资源禀赋的不同、制度环境的差异以及历史发展差距导致了要素需求的不同,而要素跨区域流动有助于各个地区按照自身的相对比较优势来选择相匹配的要素流入,进而满足地区间不同的要素需求(蔡昉和王德文,2002),甚至能在一定程度上缓解资源要素在空间上的错配,缩小地区生产要素报酬差异,从而缩短地区发展差距;在要素市场上,劳动力倾向于从资本稀缺地区流向资本丰富地区,而资本流动方向相反,生产要素的流动最终使得地区间资本—劳动比趋于相等,资本—劳动力流动路线如图1-1所示。

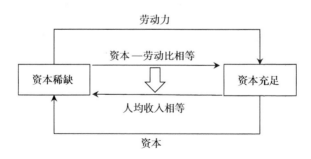

图1-1　资本—劳动力流动路线图

此外,在实际生产过程中,生产要素在其逐利性本质的驱使下往往会从生产效率较低的地区流向生产效率较高的地区(白井文,2001),在达到要素跨区域自由流动的条件下这种流动趋势会进一步得到强化,从而优化要素资源在区域整体上的配置效率(周加来和李刚,2008)。在要素流动的过程中,随着要素在区域间的交换配置,各地区要素配置和组合方式也会随之改变,原来某种要素的缺少会随着新要素的流动得到补充,而原先生产活动剩余的要素则会流向其他所需地区,进而盘活闲置要素的利用效率,资源配置得以优化。

要素流动同中国经济发展进程紧密联系在一起,我国经济从高速增长阶段转向高质量发展阶段亦是对资本、技术、劳动力等资源重新配置的一个过程,资源开发、生产和组织将打破区域限制,在更大范围甚至全球范围内流动,从而为中国发展提供动力。譬如,高质量发展过程中强调的创新驱动尤其是信息技术的进步促进了高层次人才的流动,人才以及其他资源不再被地域的界限所牢牢束缚,资源的这种双向流动最终能够帮助国家或者地区实现跨区域的资源整合。

(二) 劳动力市场分割理论

新古典经济理论认为,劳动力市场与其他要素市场一样,市场竞争机制能够实现劳动力资源的有效配置,进而实现劳动力市场出清。理论上来看,均衡的劳动力市场的工资水平会达到一个新的均衡水平,然而现实情况是,劳动力市场中各部门、各行业的工资收入水平差异巨大,并且失业率居高不下,现实情形明显与新古典理论描述的情况相差甚远。克拉克·克尔(Kerr,1954)认为劳动力市场可能存在内部和外部的区别,劳动力市场分割理论应运而生;之后,Guthrie(1970)、Terrell(1971)在此基础上进行了拓展,认为劳动力市场资源配置状况的差异应分为首要和次要两个市场,首要市场的待遇、工资水平和稳定性等方面要远远好于次要市场。从目前来看,有关市场分割的相关研究逐渐达成共识,制度性、社会性和结构性因素一般被认为是造成劳动力市场分割的重要成因,在这种情形下,若多个具有不同特征或不同运行规则的市场在工资决定机制等方面存在明显差异,则会对劳动力跨市场流动产生阻碍,进而导致不同层次劳动力在就业部门、职位以及收入模式上呈现出鲜明的差别。

劳动力市场分割理论主要由发达国家的学者提出并进行验证,发展中国家因为经济、社会以及历史等原因尚未取得相关验证。改革开放后我国市场经济不断完善,要素自由流动程度亦不断提高,学术界也随之展开关于劳动力市场分割的研究,相关研究发现,我国劳动力市场分割的原因主要是政府权力和市场力量交织改变了各部门的结构特征,致使劳动力市场分割为体制内和体制外两个市场(宋艳菊和安立仁,2005);进入 21 世纪后,随着劳动力市场内部不同所有制间、不同区域以及不同行业间的市场分割现象逐渐受到重视,劳动力市场的体制性分割逐渐趋于弱化,但仍被划分为正规劳动力和非正规劳动力市场(王甫勤,2010);这种非正规劳动力市场的存在意味着劳动力市场分割现象无法根除,但同时也为劳动力市场缺陷给予适当补充,一方面为农村劳动力和受正规劳动力市场排斥的工人拓展了就业空间,适度增加了劳动力市场的流动性和弹性,另一方面亦削弱了户籍制度和所有制因素对劳动力市场分割的影响。

三、区域均衡发展理论

区域经济发展差异是伴随世界各国经济发展进程中普遍存在的问题,而区域均衡发展则是世界各国的发展共识,区域均衡发展理论的代表主要有:赖宾斯坦的临界最小努力命题论、纳尔森的低水平陷阱理论、罗森斯坦·罗丹的大推进理论、纳克斯的贫困恶性循环理论和纳克斯的平衡增长理论。其中,最小努力命题论指出不发达经济中经济提高和下降的力量并存,必须努力将经济提高到临界水平,冲破最低均衡发展水平,才能维持经济长期发展;低水平陷阱理论重视人均资本、收入与产出增长的关系,强调发展中国家在赶超过程中的症结在于要提高人均收入水平,而事实上,依靠提高国民收入总量来实现人均收入水平提高会造成人口明显激增,反而会导致人均收入降低,所以要突破低收入陷阱必须使经济增长速率大于人口增长速率,其模型如图 1-2 和

图 1-3 所示。

根据低水平陷阱理论,从图 1-2 可以看出,当人均收入水平低于一定值,因人均占有资源较少,人口死亡率较高;图 1-3 中,纵轴为国民收入增长率,横轴为人均收入,曲线 DE 表示国民收入增长率和人均收入的关系,根据低水平陷阱理论,人均收入水平随国民收入的增加而增加,但是在已有资源和技术水平不变情况下,劳动和资本边际生产率逐渐下降。推进理论认为资本投资的不可分性,强调了社会分摊资本、需求、储蓄供给的不可分性,主张发展中国家突破发展瓶颈的方式是在投资上稳定各个产业和部门的速度和规模;贫困恶性循环理论从发展中国家陷入长期贫困的根源入手,认为资本形成不足是发展中国家经济发展的主要障碍,通过大规模增加储蓄和投资能够打破贫困恶性循环,使恶性循环转为良性循环。

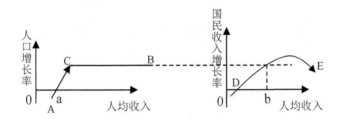

图 1-2　人口增长率对人均收入影响模型分析图
图 1-3　国民收入增长率对人均收入影响模型分析图

平衡增长理论则强调经济部门和地区应该齐头并进、共同发展,认为要素间存在相互依赖性和互补性,一味地侧重某一地区的投资将会造成投资在地区间的失衡,使得落后地区变成发达地区发展的阻碍。总的来说,区域均衡发展理论更看重资本、劳动和技术等资源要素的数量效应,强调这些要素投入量的大小将直接决定地区的经济增长,在生产要素资源逐利性本质的驱使下,劳动、资本以及技术资源往往会流向工资、收益较高的地区,这就导致区域间均衡发展难以实现,只有进一步提升要素资源流动,促使各种要素资源在地区间实现收益平均化,方能促进区域经济平衡发展(周玉龙和孙久文,2015)。

第三节 相关研究文献综述

一、经济增长目标约束相关研究

(一) 经济增长目标约束特征及成因研究

经济增长目标约束是指层级越低的政府部门越倾向于使用硬约束方式制定经济增长目标的一种方式(王展祥等,2021),从经济增长目标数值本身来看存在明显的加码现象,中央、省级、地市级政府制定的经济增长目标年平均值呈现出政府层级越低制定的经济增长目标数值越高的特征。周黎安(2007)、魏建和鉴闻(2018)的研究发现,不同层级政府制定的经济增长目标和实际增长潜力存在偏离;在以 GDP 考核为主的"晋升锦标赛"机制下,地区经济增长目标制定不再以当地资源禀赋和发展潜力为依据(王展祥等,2021),地方经济增长速度与地方官员晋升高度"挂钩",导致地方官员在政治晋升激励下通过制定较高的经济增长目标来向上级政府释放"能力信号"(周黎安,2007),表现为各级政府在制定经济增长目标时往往以上级政府目标为基准并进行加码,产生"层层加码"现象(周黎安等,2015)。此外,各地方的"标尺竞争"机制使得这一加码幅度维持在较高水平(张军等,2007),造成地方经济增长目标设定普遍过高现象的发生(Li et al.,2019;余永泽和潘妍,2019)。

有学者研究发现政府官员的出身和任期会对经济增长目标的设定造成影响,年轻官员制定高经济增长目标的倾向更强(周黎安等,2015);而本地升迁的官员面临晋升的同侪压力,为获得"竞争锦标赛"的有限"入场券",亦会设置较高水平的经济增长目标,反观中央调任和外地平调过来的政府官员在增长目标设置方面却没有显著差异(马亮,2013;余永泽和杨晓章,2017)。GDP增长作为政绩考核的关键量化指标,成为地方官员晋升过程中的有效信号机制,地方官员在经济增长目标设定中采用的不同方式既体现了地方官员晋升意愿的强弱,也从侧面反映出地方官员在经济发展中是否有较为激进的战略导向(余永泽等,2019)。江飞涛等(2012)认为地方政府在经济增长目标设定上的层层加码现象更多地反映出同辖区内的横向竞争,层层加码的程度越强,地方政府调动资源参与地区间横向竞争的动力也越强。

在任期考核机制的压力下,地方官员具有实施短期行为追求经济增长的强烈动机(周黎安,2007),投资成为地方政府官员推动当地经济增长最直接、最有效和最常用的手段(张军等,2007)。从地方财政支出行为来看,经济增长目标约束使得地方政府在预期经济增长目标无法达成时,通常会选择投资基础设施的方式以确保经济增长速度在短期内超过目标值(余永泽和潘妍,2019);徐现祥等(2018)、刘淑琳等(2019)分别对省级层面和市级层面经济增长目标与地方投资的关系进行检验,发现经济增长目标能够显著促进投资水平提升,尤其是基础设施投资;对基础设施的过度投资势必会挤占教育、科技方面的财政投入,引起财政资源的错配问题(傅勇和张晏,2007)。增长目标设置过高除了会推动高投资,还会对政府供地策略产生影响,“标尺竞争”机制使得降低土地价格成为各地政府招商引资的“筹码”(陶然等,2007),地方政府为化解扩大土地财政收入和降低土地价格吸引外资之间的矛盾,常采用“两块地”策略,而更高的经济增长目标会促使地方政府扩大土地出让规模(胡深和吕冰洋,2019)。

(二) 经济增长目标约束后果相关研究

适度的经济增长目标约束能够促进经济平稳发展,而过度的经济目标约束容易抑制产业结构升级、阻碍创新,不利于经济高质量发展。目标设置过高不利于绩效改进(余永泽和杨晓章,2017),地方政府为实现任期内经济的快速增长以获得较为突出的显性政绩,倾向于采取压低劳动力成本、土地成本和税收减免政策等方式作为参与区域间横向竞争的手段,这会造成重复建设问题严重（周黎安，2004）、财政支出结构性扭曲（傅勇和张晏，2007）、过度的基础设施投资（王贤彬和徐现祥，2009）、减少环境规制的"逐底竞争"（朱平芳等，2011）等问题的产生，从而致使要素市场扭曲，抑制技术创新（徐现祥等，2018；余永泽等，2019；赵新宇和郑国强，2020）。

首先是导致土地要素价格扭曲、服务业成本提升等问题的产生，进而抑制地方服务业结构升级；此外，以"层层加码"和"硬约束"的方式制定经济增长目标还会通过影响要素资源在服务业内部的配置来抑制服务业结构升级；地方政府为追求超额完成经济增长目标，在招商引资时通常倾向于引入可以带来短期经济高速增长的低端制造业企业，易造成地方产业的低端"锁定"和高端制造业发展滞后，从而降低生产性服务业需求，最终抑制服务业结构升级（余永泽和潘妍，2019）。王旦和王业斌（2021）利用我国 260 个地级市 2004—2016 年数据，就经济增长目标约束对产业结构升级的影响进行检验，发现较高的经济增长目标约束会扭曲地方政府行为，且对产业结构升级具有显著的抑制作用。

在经济增长目标硬约束下，政府的首要任务就是保证地区经济增长，而投资被认为是推动地区短期经济增长最直接、最有效的手段（张军等，2007）。政府投资在经济增长目标的约束下需要有所取舍，若增长目标设置过高导致任期内难以兑现，会致使投资偏向短时间能产生收益的项目，地方政府通过加大基础设施投资等方式增加投资，而基础设施投资支出的增加往往会挤占在人力资本和科技创新方面的投入，从而降低区域创新水平（余永泽和张少辉，2017；余永泽，2018；聂长飞和冯苑，2020）。余泳泽（2018）、徐建斌和李春根（2020）指出，地方官员为了维护自身信誉需要在上级政府和当地民众面前交出漂亮的经济增长答卷，如果在其有效任期内无法完成承诺的经济增长目标，那么正常的市场经济发展规律将会被打破，激进的经济发展方式和谋求短期目标的行为就会出现（余泳泽，2018），其直接后果就是政府财政资源更多地配置到生产性领域，较少配置到科技创新领域，或通过区域分工来影响技术创新及经济增长（丁焕峰和邱梦圆，2018）。蔡晓慧和茹玉骢（2016），强调在经济增长目标的压力下政府投资与技术创新之间存在关联，地方政府为实现增长目标，在招商引资时倾向于那些短期内能够带来显著效果的资本密集型企业，也会通过基础设施和房地产等方面投资快速拉动经济增长，但此类公共支出的增加亦会导致市场利率提高，进而导致企业融资成本增加，企业为了减少成本被迫采取削减研发支出、降低研发投入等策略，从而抑制了区域创新水平的提高。王展祥等（2021）认为地方政府在面对经济增长压力时常常会压低工业用地价格来降低工业企业用地成本，虽然这种方式能够扩大企业获利空间，但也间接导致企业对技术创新产生惰性，促使企业形成使用廉价土地要素的依赖，造成土地要素资源的超额需求，迫使企业投入大量资金进行寻租，从而挤占研发支出，对技术创新、制度环境带来负面影响，其结果是降低区域技术创新水平；此外，长期依赖这种模式驱动经济增长不仅容易导致地方产业陷入低端锁定陷阱、投资扭曲，还会挤占研发和技术投资从而对技术创新产生挤出效应（毛其淋，2013）。

有研究发现，经济增长目标约束不仅会造成技术创新不足，而且还会影响经济增长速度、质量。徐现祥和刘毓芸（2017）从理论上证明在一定条件下经济增长目标能够形成倒逼机制，最终促成资源配置的高效化，促进经济总量规模的扩大，但是对于经济发展质量的提升效用不大。在以经济增长为导向的晋升考核机制下，下级官员在上级政府制定经济增长目标后，会力求实现或者超额完成既定的增长目标，以获得领导的赏识从而达到晋升的目的，倘若各地以经济增长目标为竞争标杆去发展经济，虽然短时间内会促成经济快速增长，但也会造成区域间产业发展雷同的后果，尤其是将财政资金划拨至资金收益大、见效快的行业，也不利于经济内生动力的培育（周黎安，2007；白俊红和王林东，2016；Wu et al.，2019；Li et al.，2019）。查英和庞学光（2022）对经济增长目标约束与经济发展质量之间的关系进行考察发现，一方面，经济增长目标所构成的约束可以加大政策执行力度，通过降税、产业扶持等政策激励市场主体的生产积极性,从而提高生产效率和市场活力;另一方面,政府在制定经济增长目标、干预经济增长过程中可能存在一定的弊端,即地方政府在目标责任制或者"晋升锦标赛"的制度体系下,"驱动"企业进行粗放型生产,从而产生了环境污染等负面效应,进而降低经济发展质量。经济增长目标的设定主要是针对短期经济增长而言的,地方官员在聘期内晋升压力的驱使下,配置财政资源时可能将更多的资源投入到有利于促进短期经济增长的领域中去,以确保完成事先制定的经济增长目标,会挤占有利于科技创新水平提高和长期经济增长的教育、科技等领域的投入,从而抑制创新水平的提升(聂长飞和冯苑,2020);余泳泽等(2019)就地方经济增长目标约束对经济效率的作用展开的研究发现,经济增长目标约束下竞相投资的潮涌效应扭曲投资结构、抑制产业结构升级、挤占技术创新以及导致企业间资源要素错配等降低了全要素生产率水平;进一步的研究发现,当经济增长目标制定在相对合理区间内能够有效提高区域全要素生产率水平,而在采用过高的经济增长硬约束时,区域全要素生产率水平则出现了下降现象,并发现经济增长目标硬约束对全要素生产率的抑制作用更多地体现在技术效率(TE)上。此外,与过高的经济增长目标相伴的还有地方财政支出、实际利用外资、资本存量、就业人数等增加,工业增加值占 GDP 比重和人均地区生产总值下降,污染产业产值占工业总产值比例上升,环境治理水平下降等状况,上述现象均不利于城市绿色发展水平的提升,而选择适度的经济增长目标则有利于城市绿色发展水平的提升(周瑞辉和杨新梅,2021)。

还有少量文献探讨了经济增长目标压力对环境污染的影响,郭晓辉(2020)基于经济增长目标视角对地方政府行为与环境效应的关系进行探究,发现过高的经济增长目标压力会造成环境污染水平上升,而降低经济增长在政绩考核中的权重能明显改善增长目标加剧环境污染的状况;沈伟腾等(2021)就经济增长目标约束对近海污染的影响展开研究,发现相比未采用任何约束,施加经济增长目标硬约束会导致沿海城市污染加剧,这种效应在财政压力和晋升激励更强的省市更为明显；此外，经济增长目标压力会使地方政府放弃区域生态环境保护，激励地方政府将资源配置到见效快的领域中，通过阻碍产业结构升级、抑制技术创新和加剧工业用地价格扭曲而加剧环境污染，但环境目标的引入能够促进区域技术创新，从而削弱经济增长目标对环境污染的负面影响（石磊，2022）。

（三）创新驱动模式下的经济增长目标约束研究

经济步入高质量发展阶段要求增长方式由要素驱动向创新驱动转变，意味着经济增长目标由追求规模、数量向追求效率、效益、质量转变，在经济增长目标设定上也需要由"硬约束"转向"软约束"（张车伟等，2019）。创新驱动增长阶段，地方政府会侧重于高新技术产业的发展，提高企业的进入门槛，同时还会出台有利于企业创新的政策，因此，创新目标的引入会降低经济增长目标压力造成的技术创新挤占（石磊，2022）。王展祥等（2021）发现经济增长目标约束会影响地方政府资源配置偏好，"重生产、轻创新"的自利性投资偏好和"为增长而干预"的土地出让策略导致资源错配从而抑制技术创新，但使用带有软约束特征的经济增长目标制定方式能够促进技术创新；吕贤杰和陶锋（2021）、余永泽和潘妍（2019）对创新驱动增长模式下经济增长目标约束与企业实质性创新的关系展开研究，发现在创新驱动约束下地方政府会加大对本辖区企业的扶持力度和税收减免力度，帮助企业从商业银行获得更多低利率贷款，极大地缓解了企业的融资约束（王贤斌和陈春秀，2021），有效地激发企业加大研发投入的积极性，提高企业的实质性创新能力（Bloch，2013），降低由于创新投入中断而导致创新失败的风险（Nohria & Gulati，1996），为企业提高研发投入强度提供了良好的资本保障（陈东和刑霖，2020），从而促进了企业实质性创新。此外，地方政府对企业的研发补贴也能向外界传递该企业具有良好发展前景的信号，产生政策导向作用，为企业吸引更多的外部资金投入，从而保障企业研发活动的持久性（Kleer，2010；吕贤杰和陶锋，2021）。

二、人才及人才配置状况相关研究

(一) 人才与创新相关研究

人才是立国之本,是决定引进技术适宜性的关键,发挥人才的作用可以在很大程度上保证一个国家的长盛不衰,当人才资源足够丰富且人才配置有效时,国家的科研和经济可以实现蛙跳(潘士远等,2021)。然而长期以来,我国区域创新与人力资本积累存在不平衡发展的矛盾未能得到有效解决,造成我国创新增速显著低于人力资本积累增速(谭莹和李昕,2019),这需要相应的人力资本与引进技术相匹配,从而实现经济追赶(邹薇和代谦,2003)。

内生增长理论认为技术创新是影响经济增长的重要因素,而人力资本则是创新的动力来源(Lucas,1988)。有研究表明,人力资本具有更高的技术熟练程度和创新效率(Ciccone & Papaioannou,2009;Jones & Romer,2010),中等层次的人力资本通过生产过程中的"干中学"能够累积经验、带动创新,而高层次人力资本则更倾向于通过产品和技术方面的自主研发带动创新(Young,1993);亦有研究表明,人力资本可以提高技术扩散速度(Nelson & Phelps,1996;Storper & Venables,2004;牛冲槐等,2006;杜伟等,2014),而技术进步和TFP 的增长源于人力资本的提升(Benhabib & Spiegel,1994;Vandenbussche et al.,2004);考虑到人力资本的异质性,Vandenbussche et al.(2004)、李光龙和江鑫(2020)的研究发现,受过大学教育的人力资本才能有效提升创新水平和TFP;Zhang et al.(2010)的研究发现,人力资本积累水平越高,对新技术的吸收和转化能力越强,因此,创新驱动本质上是人力资本驱动、人才驱动,经济高质量发展的实现离不开人才配置效率所引致的技术进步。虽然创新可以有效促进经济增长已被诸多学者的研究所证实,但有关人才配置的问题未能得到有效的重视(庄子银,2007)。

（二）人才流动相关研究

由于人才兼具知识性和创新性等特质，其流动过程中往往伴随着显著的外部效应，因而人才流动这一现象逐渐受到学术界的关注（徐倪妮和郭俊华，2019）。库兹涅茨（Kuznets，1979）关注到要素在不同部门间的流动推动了经济的高速增长；随后的"结构红利假说"（Peneder，2002）揭示了要素从低效率部门向高效率部门流动时会推动总生产效率提升的经济现象。在人才流动的影响因素方面，对影响人才流动的宏观因素进行梳理发现，区域间人才流动受教育环境、政策环境的影响尤为明显（徐倪妮和郭俊华，2019）。杜聪慧和崔永伟（2004）研究发现人才个体行为理性和利益目标的异同导致了人才流动；亦有研究表明决定人力资本去留的关键是收入水平（张再生，2000）；此外，家庭因素也是人才流动意愿强弱的重要原因（Shaw et al.，2005）。当前，很多地方政府与企业热衷于以物质激励来吸引人才流入，然而物质条件一旦兑现，就会失去预期的激励效果，因此，构建易于人才融入的软环境逐渐成为地方政府吸引人才的新举措。然而，陈剑（2013）指出宽松的人文环境正是导致人才区域分布失衡的主要原因，亦是产生异质型知识交流、突破知识创新与创造的重要条件。此外，区域间人才流动的方向以及频率与经济发展水平有着密切联系（徐倪妮和郭俊华，2019），发达城市对人才具有一定的"虹吸效应"，使得人才偏向于向经济发达和政策优惠地区流动（于斌斌，2012）；与之相反，经济落后地区的人才引进却困难重重（潘朝晖和刘和福，2012）。Zhou et al.（2018）的研究发现，人才净流入仅发生在我国东部地区，其他地区均表现为人才流出。尽管西部地区相继出台了诸多引人引智的优惠政策，然而"孔雀东南飞"的人才流向仍难以制止或逆转（翁清雄和胡倍，2008）。

相对于人才流动的决定因素，人才流动可能引致的后果却长期遭到忽视（Mobley，1982）。Staw（1980）明确指出，罔顾人才流动的结果而只关注致使其流动的原因，会产生人才流动只会带来消极影响的错误认知。随后学术界就人才流动的效应展开了一系列研究,Argote et al.(1995)指出人才能够在流动中找到最能发挥作用的岗位,从而提高了人才技能和岗位的匹配效率。事实上于个人而言,人才流动能够调动其学习动力,甚至激发其创新潜能,有利于人才的创新能力维持在较高水平,显著提高其工作效率。对于企业而言,一定的人才流动能够减缓员工思维固化而导致的工作创新停滞,为组织带来开拓性的认知与创新活力;同时,一定的流动率可以遴选出与企业目标最一致的员工,不仅有利于员工个人才干的发挥,而且能够有效提高企业绩效(赵峰等,2012)。对于市场而言,人才流动有助于优化区域发展环境吸引更多人才,人才数量增加有利于提高区域整体劳动力素质水平,依靠人才支撑产业发展,有利于促进经济高质量发展目标的实现(李培园等,2019)。陈清萍(2020)的研究发现,技术进步是实现高质量发展的关键,但受限于创新协同机制的长期缺失;人才作为知识载体,其流动不仅有利于异质型知识交流与技术经验的分享(李培园等,2019),而且有助于加强企业间的联系,形成聚集创新模式,从而推动创新水平的提升(张平等,2014)。此外,人才的不断流入加速了城市的人才聚集,这种集聚带来的知识积累与合作创新促进了城市间创新网络的形成,并转化为城市创新积淀,能够有效提升城市创新水平(聂晶鑫和刘合林,2018),而创新正是促进经济高质量发展的关键。

（三）人才配置状况相关研究

近些年,学者们从产业、行业、部门和地区等多个维度对我国的人才配置展开研究。从产业层面来看,我国第一产业中人才供给过剩且不断加剧的态势愈演愈烈;第二产业除了制造业人才供给紧缺外,整体供给不足的状况得到一定程度的缓解;第三产业中高附加值的生产性服务业人才供给不足,而低价值的公共和生活性服务业却相对过剩(马颖等,2018);卓玛草(2021)的研究亦发现公共服务业中人才配置明显过度。亦有诸多学者将产业进一步细分,发现行业间人才结构层次呈现出"金字塔"型,低层次劳动力明显过多,中等层次劳动力规模不断提高,而高等人才因难以获得补充而严重不足(袁富华等,2015);任韬和孙潇筱(2021)对人才在行业间的错配程度进行了估算,发现我国不同行业间人才扭曲错配程度较大;根据2020年《中国劳动统计年鉴》数据,大学本科和研究生毕业生从事前五的行业分别是:教育、公共管理及社会保障和社会组织、制造业、卫生和社会工作、金融业,人才在行业间配置依然不平衡(陈丽娴,2021)。

从部门间来看,有学者研究发现长期以来人才沉淀在科教文卫和公共管理部门(张平等,2014);也有研究发现规模庞大的人才并没有集中在资本和技术密集型产业,大量的人才挤压在政府高度管制的公共服务部门和非市场化的事业单位(李静等,2017)。当下有才能的人才不愿意进入生产性部门而愿意到政府部门工作(李世刚和尹恒,2014);有学者研究表明中国大量的人才就业选择去向主要为非生产性的虚拟经济行业,而生产性的实体经济行业却门可罗雀(王启超等,2020)。项松林(2020)的研究发现我国服务业中人才规模呈现稳中向好的增长态势,但在整个服务业内部,生产性服务业的人才存量却有下降的趋势,非生产性服务业则与整体服务业发展趋势相同;李飚和孟大虎(2019)的研究发现人才在虚拟经济部门和实体经济部门之间做选择会倾向于后者。有学者对人才在垄断部门和公共部门的配置状况展开调查,发现这两个部门人才规模严重过剩(纪雯雯和赖德胜,2015);李世刚和尹恒(2017)的研究发现人才配置过度偏向政府部门造成我国人才在企业和政府部门间的配置高度扭曲;李静和楠玉(2019)的研究发现,薪酬激励和员工福利的差异造成公共服务部门和不完全竞争的垄断生产性部门中充斥着大量人才,而市场化竞争水平较高的生产性部门人才十分紧缺;葛晶和李勇(2019)对我国人才错配的测算结果显示,行政垄断程度较高的事业单位和公共服务部门人才配置扭曲程度愈演愈烈,人才配置被严重扭曲,人力资本配置的扭曲程度和行政垄断的程度成正比。

有学者从区域层面展开研究,发现我国城市间人才分布存在巨大差异,大城市由于"虹吸效应"吸纳了大量人才甚至造成过剩,小城市由于经济实力差吸引不了人才,使得经济发展不起来,造成"强者恒强、弱者恒弱"的"马太效应"局面(朱慧娟和白玲,2003)。黄群慧等(2019)对二线重点城市的人才引进政策进行梳理,发现二线城市在吸引人才方面处于弱势地位,指出二线城市若要发展必须挖掘其自身的比较优势,与一线城市差异化、错位发展;解晋(2019)对我国人才在省际间的分布展开研究,发现我国人才错配在空间上存在异质性,中西部地区人力资本错配程度远小于沿海东部地区;杨仲山和谢黎(2021)的研究发现空间地域和初始禀赋的差异使得人力资本配置的扭曲在空间上具有关联性;李静和陈月萍(2019)对我国人才区域分布展开研究,发现各区域人才分布存在"马太效应",在经济发达的省份人才规模较大,而落后省份人才匮乏且很难得到补充,发达省份和不发达省份间的差距越来越大,两极分化越来越严重。

从上述文献来看,已有研究主要集中于人才在公共部门和私有部门间的配置,区域层面我国人才分布结构不合理主要表现在越是需要把"经济蛋糕"做大的领域越是缺乏人才,大量的人才聚集在发达地区和"存量经济"部门;国有单位、机关事业单位、经济发达地区等成了人才就业的优先选择,而非国有单位、企业、经济欠发达地区对人才的吸引力弱;此外,我国教育培养的主要为"知识型人才","技术型人才"的紧缺导致整个劳动力市场中专业知识结构和能力素质结构畸形(蔡吉臣,2012)。

三、人才配置成因、后果、优化相关研究

(一) 人才配置成因相关研究

在资源有限的前提下,生产效率提升的关键在于如何把资源重新合理配置,从而使得资源能够"物尽其用",而资源的错配无疑会抑制其效应的发挥(Peretto & Valente,2015;杨志才和柏培文,2017;李静和楠玉,2019)。虽然改

革开放后我国的劳动力市场改革在优化人才配置方面发挥了重要作用,但我国人才资源仍存在着诸如结构不合理甚至错配等问题(卢圣泉和卢君,2008),究其成因,主要集中在以下几个方面。

首先是寻租方面,鲍莫尔(Baumol,1996)指出,创新等生产性活动的回报率和产权保护制度的完善程度呈正向变动关系,产权保护制度越完善,整个市场的"寻租"行为就越能得到抑制,非市场化竞争的垄断部门对人才的吸引力就会减弱,能够引导人才进入生产性领域,人才资源的错配得到改善。Murphy et al.(1991)、Zhang et al.(2010)从寻租视角对人力资本错配的原因展开研究,他们指出寻租是分配性而非生产性的活动,从事生产性活动的企业家的低报酬通常是寻租活动报酬太高致使,这就导致人才在就业选择上会偏好于高回报率的寻租部门;因此,高租金会诱使人才从事寻租活动造成人才误配置。亦有学者发现"寻租"活动的存在是导致人才流向公共部门的主要诱因,因此应最大限度地减少公共部门的"寻租"活动以缓解人才配置的扭曲(谭莹和李昕,2019)。在当今世界,不仅我国面临着寻租导致的人才误配置问题,拉丁美洲一些国家中受过高等教育的政治精英们通过公共部门的寻租活动"掠夺"了大量国民财富,致使社会贫富差距不断扩大,从而陷入以停滞为典型特征的"拉美陷阱"。寻租导致人才浪费,进而造成经济增长损失,尤其在精英参与寻租的情况下,经济增长损失将是灾难性的。沿着这一思路,Natkhov & Polishchuk(2012)指出在诸多影响人才就业选择的因素中,人才对制度质量尤为敏感,通常来说生产性部门的高质量制度更能吸引人才,而低质量制度则提高再分配部门的吸引力。人才配置被扭曲,一方面源于非法寻租活动,另一方面源于合法的再分配活动,创造性岗位的稳定性和工资待遇远不如再分配活动相关的岗位,大量优秀的青年倾向于后者造成人才资源的浪费,人力资本配置被扭曲(李世刚和尹恒,2014)。因此,要实现从要素驱动向创新驱动的转变,必须改善激励环境,引导人才进入生产性、创造性的部门而非分配性的寻租部门(李世刚等,2016)。上述寻租导致人才错配的文献分析了寻租活动的作用机制,寻租活动的高回报使得高等知识型劳动者趋之若鹜,造成人才的壅塞,从而扭曲人力资本配置,相关研究亦指出了人才参与寻租的危害,为解决人才错配问题敲响了警钟(李世刚和尹恒,2014)。

其次是政府干预方面,公共利益理论和公共选择理论分别从正反两个方面揭示了政府干预的作用:政府干预不仅是弥补市场失灵的重要手段,亦会助长寻租活动造成人力资源的错配(Thorp,1990;Shleifer & Vishny,1993)。国外的相关实践经验表明,弥补市场失灵的政府干预如果过于严格,不但无法修正市场失灵,反而会加剧市场失灵的破坏性(Djankov,2009)。陈刚(2020)的研究发现,政府干预过多造成体制外获得高回报的预期不断降低,而体制内官员的预期回报却在不断提高,致使体制内的岗位吸引力远大于体制外,进而导致人才配置的扭曲。亦有研究表明,人才市场本身具有自动调节人才配置的机制,市场被政府职能的过多替代会干扰人才的市场配置,造成人才配置效率的损失(许丽娟,2009)。李勇等(2017)发现地方政府通过政府规制、行政命令获得行政垄断,而行政垄断引起的所有制差异是导致人才错配的根本原因,行政垄断的程度越高,人力资本错配的程度便越严重。此外,地方政府为吸引人才出台各种福利政策,政策优待亦干扰了人才的择业选择,在其干扰下人才往往容易配置至次优岗位(易明和吴婷,2021),同样会造成人才错配。

再次是市场扭曲方面,新二元经济增长理论将人力资本错配归因于要素流动障碍的设置(Lagakos & Waugh,2013),相对报酬结构差异因劳动力市场制度性分割而日益加剧,体制内与体制外劳动力市场之间的流动障碍进一步形成,越接近体制内的行业部门人才越难流入,越接近体制外的行业部门人才越不愿流入,这种双向流动障碍使人才在行业间配置逐渐形成垂直化状态(纪雯雯和赖德胜,2018)。在劳动力市场所有制分割等因素的影响下,中国的垄断和公共服务部门存在着工资和福利溢价,这也是人力资本过度沉积到垄断部门的根本原因(李勇和马芬芬,2021);同时,在地区市场分割和政府最大化本地经济增长却忽视全局效率的现实背景下(靳来群等,2019),要素市场分割在地方保护下得以形成,抑制了创新资源在地区之间的自由流动,会导致创新资源在国家整体层面的优化配置进程受到阻碍,削弱了市场机制对人才资源的优化配置功能(葛立宇,2018)。戴魁早和刘友金(2015)的研究指出,人才配置受市场扭曲和信息不对称的影响,要素市场的不完善会造成创新资源的非有效配置,信息不对称和缺乏需求导向也会导致创新资源配置与最优状态的偏移。李静等(2017)发现人力资本市场不会一直有效,一旦人力资本市场的作用偏离有效的区间会导致人力资本配置在技术密集部门和最终产品部门间发生扭曲。葛立宇(2018)指出创新行为被抑制的程度与要素市场扭曲程度呈正向变动关系,要素市场被严重扭曲时,创新型人才就业越是偏好于非生产性部门,从而导致市场化竞争下的企业家们谋求更多的寻租活动,弱化了地区的创新强度。London et al.(2008)发现人力资本的错配或者闲置的原因在于社会的需求和人力资本积累的错位。

最后是薪酬激励方面,"理性人"优先追求自身利益最大化,因此,人才在就业选择上的驱动力来自个人利润最大化,由此导致的人才流动是人力资源配置扭曲的主要原因(马颖等,2018),因此,在造成人才错配的诸多因素中,薪酬因素受到学者们的重视。有研究发现,在工资薪酬以及福利待遇等因素的作用下,大量受过高等教育的知识型人才过度集中在非生产性部门,如垄断、公共服务部门,而创新效率较高的生产性部门的人才集中度则较低,创新效率较低的垄断部门和市场化的竞争部门间存在着人力资本配置的扭曲(葛晶和李勇,2019)。亦有研究表明,垄断行业的岗位能带来高收入且较稳定,我国大量高学历的人才毕业后优先选择进入该行业,尤其是以金融业为代表的非生产性部门,说明非生产性垄断部门的薪酬福利激励对具有创新潜力的知识型人才更具有吸引力,而需要更多高质量创新型人才的生产性部门却由于人才流动的畸形导致创新效率下降,加剧了人力资本在部门间配置的扭曲(李静等,2017)。

（二）人才配置后果相关研究

内生经济增长理论认为，能够提升全要素生产效率和促进创新的决定性因素来自人力资本而不是资本和劳动力这种传统生产要素（Lucas，1988；Romer，1990），全要素生产率的增长会因人才在不同部门间的扭曲配置而被抑制（李静等，2017）。国内外诸多文献对人才错配的后果展开了探讨，就人才在体制内部门错配来看，人才哪里都需要，政府部门需要优秀人才注入以保证优良公共服务的提供，但人才在政府部门的过度集聚势必会造成人才不能尽其能，人力资本被严重浪费，同时，需要人才创新的科技型企业却由于人力资本配置的扭曲而得不到发展，人才配置从数量到质量都需要合理化，避免大量人才的寻租活动造成社会的两极分化（Baumol，1996；Zhang et al.，2010）。如果政府部门比生产性部门对人才的吸引力更强，会导致大量人才进入政府部门，技术创新会由于行政垄断部门壅塞大量的人力资本而被显著抑制（陈刚，2020）；赖德胜和纪雯雯（2015）指出，人才大量壅塞于垄断部门致使市场化竞争部门缺乏创新型人才，抑制了我国企业自主创新水平提升；李勇等（2017）的研究同样发现人才过多地分布在行政垄断部门，抑制了我国自主创新水平的提升。李世刚和尹恒（2017）的研究表明人才在政府和企业之间的错配与经济增长存在联系，人力资本的扭曲配置不利于我国经济的发展。亦有学者认为，大量具有创新能力的高技能、高学历人才集中在非生产性部门造成需要创新驱动的生产性实体部门无人才可用（李世刚和尹恒，2014），仅能发挥人才的要素功能，外部性功能难以发挥。人才配置的扭曲不仅会抑制全要素生产率和技术创新，同时也会阻碍生产性部门劳动收入的增长，造成部门间收入的两极分化，产业结构升级被抑制（纪雯雯和赖德胜，2018；李静和司深深，2020）。

有学者提出人才聚集的适度原则，指出人才聚集存在饱和上限（芮雪琴等，2015），人才过度拥挤将会导致恶性竞争。王启超等（2020）研究发现由于金融业集聚了过多的人才，使得制造业全要素生产率不断被拉低；陈言和李欣泽（2018）指出人才配置的扭曲影响物质资本配置效率，从而降低总体全要素生产率。此外，人才配置偏向虚拟经济部门容易造成经济结构失衡、提高"脱实向虚"重大风险概率（周彬和谢佳松，2018；魏后凯和王颂吉，2019）；此外，"金融热"本质上属于寻租活动在行政垄断部门的显现，寻租活动不是生产性活动却参与经济的再分配活动，大量的人才如果被寻租活动的高回报所吸引，那么创新型生产性部门就不能够得到发展，人才配置的扭曲导致社会经济发展畸形（李世刚和尹恒，2014；李晓敏，2017）。

　　国内外学者针对人才错配与产业结构之间关系展开的研究发现，人才错配不利于产业结构和人力资本结构的协同发展（Lucas，1988；邹薇和代谦，2003；Dash，2006；Ciccone & Papaioannou，2009；Fabio，2012）；人才结构与产业结构的不匹配还会显著抑制技能创新活动的开展（Sequeira，2003；Vandenbussche et al.，2006；袁志刚和解栋栋，2011；Raustiala & Sprigman，2012），从而阻碍劳动生产率提升；若劳动生产率因人力资本等创新所需要素被扭曲配置而不能得到提高，那么社会经济发展将陷入静态比较优势困境（Development Research Center of the State Council，2013；Teixeira & Queirós，2016）。也有国内学者结合我国现状对人才与产业结构错配的后果进行了研究，发现产业结构优化升级和技术创新与人才数量增加没有必然关系，但人才与产业结构配置的扭曲不利于各种生产要素的充分发挥，会制约创新和技术进步（靳卫东，2010；李静等，2017）；李静和楠玉（2017）对我国产业比较优势演进过程展开研究，发现产业结构升级的基础条件在于产业发展方向的正确选择以及相关方向人才的及时配套补充，人才结构与产业结构协同发展才能够促进产业结构升级，从而使得产业比较优势顺利动态演进（李静，2017）。此外，亦有学者指出人才错配和行业实际产出的损失大小之间呈正向变动关系，行业产出的过剩程度会因人才供给的过多而愈发严重（马颖等，2018）。李勇和马芬芬（2021）的研究发现，垄断部门和竞争部门人才错配，不仅使得创新活动难以开展、产业结构升级难以实现;又造成了非生产性的行政垄断部门和生产性的竞争部门收入产生两极分化。

综上所述,人才过度拥挤将会导致恶性竞争,人才大量壅塞于垄断部门致使市场化竞争部门缺乏创新型人才,抑制我国企业自主创新水平;金融业容纳了过多的人才使得制造业全要素生产率不断被拉低,人才配置偏向虚拟经济部门容易造成经济结构失衡,加剧"脱实向虚"重大风险,产业间和部门间人才配置扭曲易造成部门间收入两极分化,抑制产业结构升级;因此,优化人才配置亦成为新时期推进经济高质量发展的必要环节。

(三) 人才配置优化研究

在对人才配置扭曲的成因梳理时,发现亦有学者提出了人才错配的改善机制,以期人才创新潜能得到释放。鲍莫尔(Baumol,1996)指出英国在工业革命前的产权保护制度建设得较为完善,其创新型生产性活动的收益率不断提升,能够吸引人才进入创新部门;陈刚(2020)的研究发现政府的"放管服"政策在一定程度上降低了人才对体制内回报的期望值,相对提高了生产性行业的回报期望,有利于增加生产性活动所在行业对人才的吸引力,促进人才在体制内外的优化配置;李勇等(2020)对国有企业混合所有制改革影响人才配置扭曲的机理进行探讨,发现混合所有制改革有助于完善国有企业的公司治理结构和利润分配机制,有利于缓解人才技术配置扭曲和规模配置扭曲程度。李静等(2017)的研究发现人才错配与失灵的市场化配置有关,如果政府干预促使企业转型为创新型企业,人才错配问题可以得到缓解。沿着新经济地理学理论框架,Duranton 和 Turner(2012)、Duranton et al.(2014)以及李静和楠玉(2018)指出,交通基础设施不仅可以显著缩短"中心—外围"的距离,促进要素在区域间充分流动,还可以加速信息、知识、教育、思想和创意等要素在区域间的流动,人力资本在要素流动中得到外溢,人才的扭曲配置得到缓解。此外,陈丽娴(2021)的研究发现生产性服务业空间布局优化深化了城市之间产业的分工与协作,有助于各城市比较优势产业的形成,促进人才在城市间重新流动与分配,使得人才流向与自身技能相匹配的岗位,达到改善人才配置的效果,尤其是大城市高端生产性服务业空间布局的优化对人才配置的改善作用会更加明显。亦有学者将数字金融与劳动力配置纳入统一框架展开研究,发现数字金融能缓解劳动力金融约束,为劳动力转移提供资金支持,增强了劳动力跨地区流动频率(柴国俊和王军辉,2017);同时,数字金融的发展能在一定程度上增强劳动力在流动过程中抵御风险的能力(刘锋和邱俊杰,2012),有利于劳动力在过剩和匮乏区域间的合理流动,从而提高劳动力技能和岗位的匹配度,使得劳动力配置扭曲得到缓解(肖兴志和李沙沙,2018)。

四、文献述评

根据上述分析,现有研究主要围绕经济增长目标特征及后果,人才区域间流动及配置,人才错配形成的原因、后果及优化等方面展开了比较深入的理论和实证研究,为本书的后续研究奠定了良好基础。尤其是对部门间人才错配的形成机制和后果的研究,学者们从不同视角分析了人才在不同所有制企业间、行业间、政府—企业间错配的成因和后果,但对于区域间人才配置不均衡形成的原因及影响则关注较少。整体来看,相关研究的不足或者继续深入研究的空间主要有:

第一,缺乏从经济增长目标约束的视角对人才区域配置问题进行研究,更鲜有文献追溯不同经济增长目标约束对人才配置影响效应的差异。以往研究主要聚焦于寻租活动、政府干预、市场扭曲、薪酬激励等方面对人才配置的影响(Murphy et al.,1991;庄子银,2007;李静等,2019;陈刚,2020),少有研究从经济增长目标约束的角度考虑其对人才配置的影响。区域间人才合理配置对实现我国经济高质量发展目标具有重要作用,因此厘清我国人才区域配置不均衡的前因、后果及优化问题具有重要现实意义,尤其是经济高质量发展阶段经济发展方式需由以往的要素、投资驱动向创新驱动转变,在这一过程中经济增长目标约束也随之发生改变,将不同发展阶段面临的目标约束压力与人才配置纳入统一研究框架,并将经济增长目标约束划分为要素驱动增长阶段的经济增长目标约束和创新驱动增长阶段的创新约束,分别研究不同阶段经济增长目标约束对人才区域配置的影响。

第二,现有研究对人才区域分布与区域配置的测度分析指标较为单一,方法较为陈旧,且缺乏统一的指标框架体系。目前大多学者对人才配置变量的度量往往都是采用各地大专及以上学历或本科及以上学历就业人数,或者用其在就业人员中的占比来度量,这种度量方式仅能够度量出各区域内部的就业结构,难以考察出各地人才存量与全国人才总量的关系,而人才区域配置强调的是人才总量在不同区域间的配置效率,仅仅用各地人才绝对规模来度量是不合适的,如何基于各地区人才规模、各地区 GDP、全国人才规模以及全国总 GDP 等变量构建统一的指标体系,以准确测度出人才区域配置情况,有待进一步研究。

第三,有关人才错配后果方面,现有研究多从微观和中观角度考量,诸如人才大量壅塞于垄断部门致使市场化竞争部门缺乏创新型人才,抑制我国企业自主创新水平(赖德胜和纪雯雯,2015;李勇等,2021);金融业容纳了过多的人才使得制造业全要素生产率不断被拉低,人才配置偏向虚拟经济部门容易造成经济结构失衡加剧"脱实向虚"重大风险概率(陈言和李欣泽,2018;王启超等,2020);产业间和部门间人才配置扭曲不仅会抑制全要素生产率和技术创新,同时也会阻碍生产性部门劳动收入的增长,造成部门间收入的两极分化,抑制产业结构升级(李静,2017;李勇和马芬芬,2021)。以往研究忽略了人才区域配置对经济高质量发展的影响,缺乏融合宏观角度的研究,在当前经济迈向经济高质量发展阶段,各地方政府纷纷以创新驱动为抓手努力实现经济高质量发展,这一过程必然会塑造出新的人才分布格局,因此,就创新驱动增长模式下人才区域配置对经济高质量发展的效应问题,有进一步研究的空间和必要。

　　本章重点梳理了本书的理论基础和相关文献。在理论基础方面:从人力资本及其外部性理论出发,明晰了人力资本研究的进程,以及人力资本外部性的传导机制;其次,梳理了要素跨区域自由流动对资源配置的影响,发现人才作为一种人力资源其流动对社会生产力的促进作用,但劳动力市场分割会限制社会生产力的发挥;第三,梳理了区域均衡发展理念下的人才区域配置理论,为后续研究中的人才区域配置提供理论基础;最后,探讨了不同发展阶段经济增长目标约束对关键资源的配置效应。在相关文献方面,按照本书的研究思路,本章依次对经济增长目标约束、人才及人才配置状况和人才配置成因、后果、优化等方面进行展开,为后续研究正常开展奠定了文献基础。本章通过对理论和文献的梳理发现,现阶段研究对于区域间人才配置不均衡形成的原因及影响关注较少,缺乏从经济增长目标约束的视角对人才区域配置问题进行研究,创新驱动增长模式下人才区域配置对经济高质量发展的效应问题仍需解决,这为后续研究提供了很好的思路。

第二章　人才规模区域比较及其配置分析

第一节　人才规模区域比较

人才区域配置度量是进行人才区域配置研究的关键,人才区域配置的度量主要包括人才规模和人才配置两个方面。人才规模主要是对人才绝对数量分布的度量,人才区域配置更强调人才的产出效率,是指在人才总量一定的条件下,通过合理的安排使各地人才产出效率达到最优状态的一个过程,区域人才规模过大或者过小都不利于人才配置水平的提升;人才规模过大可能会导致人才冗余,造成人才浪费;而人才规模过小不仅容易造成创新动力不足,人才集聚效应也难以发挥,既不利于人才产出效率的提升,也不利于人才区域配置水平的提升。

关于省级层面的各地人才规模的测度,本书参考董直庆等(2014)的做法,将大专及大专以上受教育程度作为人才的衡量标准用以计算各地区的人才绝对规模;关于市级层面人才绝对规模的测度,因城市统计数据未包含各城市的大学受教育程度情况,本书利用全国流动人口动态监测调查数据(China Migrants Dynamic Survye,CMDS)按照个人受教育程度和所在城市进行匹配以获取我国各城市的受教育程度数据,结果发现 CMDS 数据库中的样本在匹配到各城市后,存在大量城市无样本的情况(如:衡水市、抚顺市、本溪市、阜新市、吉林市、辽源市、鸡西市、伊春市、淮安市、盐城市、衢州市、泰安市、菏泽市、开封市、鹤壁市、许昌市、漯河市、商丘市、周口市、襄阳市、茂名市、梅州市、阳江市等),即使个别城市有样本存在,但据此样本计算的城市受教育程度数据也严重失真(如:阳泉市、长治市、鞍山市、锦州市、长春市、齐齐哈尔市、鹤岗市、牡丹江市、黑河市、镇江市、马鞍山市、黄山市、阜阳市、龙岩市、鹰潭市、青岛市、鹤壁市、驻马店市、黄石市、黄冈市、长沙市、韶关市、雅安市、商洛市等),因而难以通过微观数据获取中国市级层面受教育程度数据。基于此,参考郭晔(2010)的方法,结合科研从业人员在创新驱动方面的主导地位,选取具有一定知识和技能基础的科研行业从业人员来间接衡量市级层面人才规模。

一、人才规模的区域比较与分析

表2-1报告了2003—2019年中国省级人才规模情况,结果发现样本期间内中国各省市人才规模有较大提升。2003年仅有广东、山东、河北三个省份的人才规模达到500万人,2019年则有13个省市的人才规模超过了1000万人。其中,广东、江苏人才规模已超过2000万人,在诸多省市中人才规模增幅最大的是广东省,其人才规模从2003年的672万人增长至2019年的2765万人;与之相对的是青海、宁夏等西部地区,无论是人才规模还是考察期内人才规模增幅均远远低于东部地区。此外,从表2-1中能够看出,截至2019年,各地区人才规模均值约为1013万人,北京、河北、上海、江苏、浙江等12个省市高于平均水平,考察样本中有18个省市低于平均值,且海南、甘肃、青海、宁夏等省区在各年份中人才规模均低于500万人,远远低于全国均值,可见我国人才分布在地域间呈现出不均衡的特征。根据国务院发布的《关于西部大开发若干政策措施的实施意见》将我国的经济区域划分为东部、中部、西部和东北四大地区,其中,北京、天津、河北、上海、江苏、浙江、福建、山东、广东和海南

为东部地区,山西、安徽、江西、河南、湖北和湖南为中部地区,内蒙古、广西、重庆、四川、贵州、云南、西藏、陕西、甘肃、青海、宁夏和新疆为西部地区,辽宁、吉林和黑龙江为东北地区。

表2-1　2003—2019年各省市部分年份人才规模

单位:万人

地区	年　份								
	2019	2017	2015	2013	2011	2009	2007	2005	2003
北京	1340	1246	1182	1087	1015	669	575	475	381
天津	675	559	552	467	363	221	194	155	136
河北	1420	1316	1247	811	807	401	305	378	582
山西	906	829	796	555	465	270	269	268	252
内蒙古	645	554	474	433	409	200	191	247	174
辽宁	1027	961	933	686	593	531	417	416	459
吉林	560	497	472	382	342	234	204	223	208
黑龙江	806	674	735	419	364	272	286	327	240
上海	1233	1168	1098	846	754	692	571	414	358
江苏	2235	2184	1997	1349	1079	568	514	584	462
浙江	1790	1573	1443	1053	872	548	414	323	398
安徽	1203	832	863	610	519	238	209	299	327
福建	858	778	726	643	585	441	262	243	217
江西	761	569	627	489	362	329	386	235	396
山东	1944	1671	1598	1565	1338	563	484	466	657
河南	1726	1300	1331	966	813	471	379	475	377
湖北	1227	1015	1043	779	810	450	389	341	313
湖南	1515	1194	1088	988	968	364	353	350	393
广东	2765	2278	2138	1513	1311	782	775	694	672
广西	759	684	705	393	371	216	202	238	272
海南	199	144	139	127	100	53	45	58	67

续表

地区	年份								
	2019	2017	2015	2013	2011	2009	2007	2005	2003
重　庆	800	633	597	369	333	156	116	154	104
四　川	1558	1171	1080	863	716	447	331	346	376
贵　州	529	383	360	328	291	128	150	170	279
云　南	709	490	507	469	406	148	159	173	88
陕　西	953	840	737	703	600	314	301	282	297
甘　肃	474	394	375	356	296	129	101	147	150
青　海	146	121	109	101	95	57	51	55	38
宁　夏	202	155	135	92	95	58	56	59	45
新　疆	671	611	572	410	352	244	222	247	263
均　值	1055	894	855	662	581	340	297	295	299

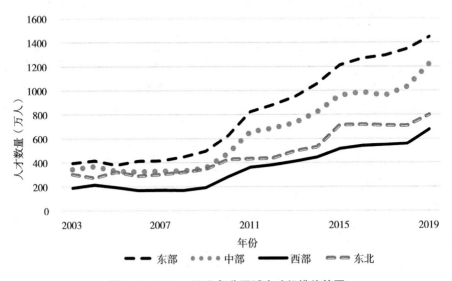

图 2-1　2003—2019 年分区域人才规模趋势图

分区域来看,从图2-1中能够看出,考察期内东部地区人才规模最高,中部地区次之,东北地区人才规模低于中部地区,而西部地区人才分布规模处于最低水平。通过对比不难发现,我国人才规模较大的地区多是市场化快速推进,且要素市场发育相对成熟的东部沿海省份,上述省份同样是技术创新的"高地",充足的创新资源和技术储备使上述地区的产业结构不断向高新技术产业转变,通过产业上的"腾笼换鸟",改变了相应的劳动力需求结构,在一定程度上也吸引了中西部地区的人才向东部地区流动。与之对应的是,由于要素市场发育不足等原因,人才规模增长不明显的地区多集中于中西部地区和东北地区,其中西部地区最为严重。

二、人才结构的区域比较与分析

从上述分析能够看出我国人才在省际间的分布呈现出不均衡的特征,但上述分析难以考察各省市内部不同层次的人才结构情况,因此,将我国各省市人才按学历进一步划分为本科及以上学历的高层次人才和大专学历的低层次人才,以此来考察我国各省市内部的人才结构情况。

从图2-2至图2-5能够发现,考察期内仅有北京的本科及以上学历人才规模高于大专人才规模;就2004年(如图2-2)我国各省市的人才情况来看,除北京本科及以上学历人才的规模高于大专人才规模外,在其余省市的人才中,大专人才规模均高于本科及以上学历的人才规模,从大专人才规模和本科及以上学历人才规模差距来看,广东省两种类型的人才规模差距最大,山东省和河南省较之其他省市两种类型的人才规模差距亦排在较前列。

就2009年(如图2-3)我国各省市的人才情况来看,除北京本科及以上学历人才规模高于大专人才规模外,上海市本科及以上学历人才规模也超过了当地大专学历人才规模,其余省市的大专人才规模依旧高于本科及以上学历的人才规模。从大专人才规模和本科及以上学历人才规模差距来看,相较于2004年,2009年各省市两种类型人才规模差有所缩小。

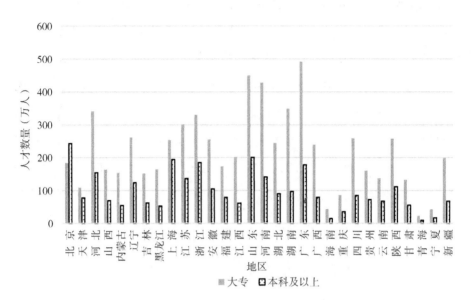

图 2-2　2004 年各省市人才结构

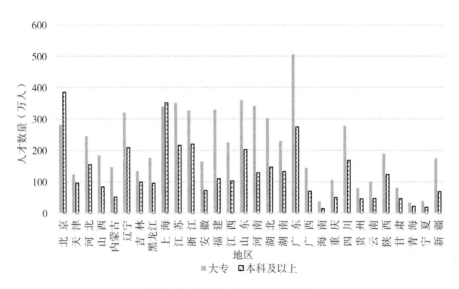

图 2-3　2009 年各省市人才结构

就 2014 年(如图 2-4)我国各省市的人才情况来看,本科及以上学历人才规模高于大专学历人才规模的省市依然只有北京和上海,除北京本科及以上学历人才规模与大专学历人才规模差距进一步扩大外,其余省市两种类型人才规模差距相较于 2009 年均有所缩小。两种类型人才规模的变化趋势说明了高层次人才向大城市集聚,低层次人才向小城市集聚的现象。

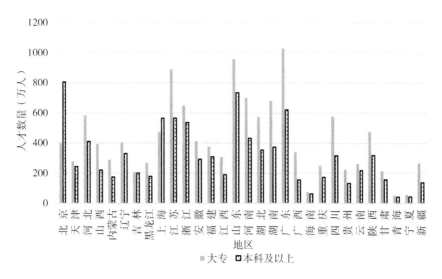

图 2-4　2014 年各省市人才结构

截至 2019 年(如图 2-5)我国各省市人才中,北京、上海、天津、吉林、辽宁、福建等地本科及以上学历人才规模均已超过大专学历人才规模,而贵州省两种类型人才规模持平,部分省份(如云南、甘肃、青海等)两种类型人才规模接近持平,其他省市两种类型人才规模虽然仍有差距,但差距比 2014 年已明显缩小。由此可见我国高等教育扩招已初见成效,但经济发展水平越高的地区高学历层次人才占比依然越高,这主要是因为经济发展水平高的地区相对于经济发展落后地区而言,在政策福利上更优,能够吸引落后地区人才向此集聚,而在人才岗位一定的情况下,高层次人才必将挤出低层次人才,从而使得发达地区高层次人才占比更高。

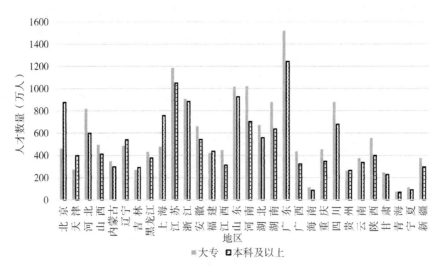

图 2-5　2019 年各省市人才结构

三、科研人才规模的区域比较与分析

（一）科研人才规模的省际比较与分析

前文对我国各省市人才绝对规模的分析主要是利用大专及以上受教育程度人数来衡量的,然而即使是大学以上学历,在现实中真正对创新起作用的却是就业于创新或研发部门的从业人员。经济进入高质量发展阶段,我国经济增长方式亟须由要素投入驱动向创新驱动转变,而人才尤其是科研人才作为创新的核心要素,受到各级政府的重视。因此,进一步对在区域创新中起主导作用的科研人才分布情况进行考察,各地科研人才规模主要用科研从业人员来衡量,各省市科研人才规模如下表 2-2 所示。

表2-2 2003—2019年各省市部分年份科研人才规模

单位:万人

地区	年 份								
	2019	2017	2015	2013	2011	2009	2007	2005	2003
北 京	68.9	71.2	59.3	59.7	50.6	43.77	35.49	31.64	36.32
天 津	11.1	11.9	11.3	10.7	5.3	5.91	5.83	5.31	5.29
河 北	16.4	14.1	14.8	14	10	8.41	7.41	7.56	7.25
山 西	7.7	7.1	7.5	7	6.1	5.89	5.9	5.86	5.46
内蒙古	7	6	6.3	6.1	4.4	4.24	4.02	4.08	3.93
辽 宁	9.8	12.1	15.9	16.9	13.9	10.82	9.75	9.13	9.06
吉 林	7.8	7.7	7.5	8	6.8	6.44	6.2	5.83	5.99
黑龙江	8.6	10.7	11.2	11.2	12.2	11.44	10.41	9.38	8.8
上 海	36.2	24.6	22.5	20.4	12.4	20.91	15.63	13.21	10.31
江 苏	27.3	22	21.8	19.2	12	9.85	9.2	9.24	8.39
浙 江	18	19	16.1	16	15.5	10.48	8.91	7.42	7.06
安 徽	10.6	8.9	9.2	8.3	7.5	6	5.33	5.29	5.11
福 建	7.9	7.8	8.6	7.7	5.7	4.79	4.27	3.94	3.75
江 西	6.4	6.2	5.7	5.7	5.5	4.96	5.48	5.52	4.94
山 东	18.2	18.3	18	16.9	10.8	10.04	8.76	8.14	7.49
河 南	17.6	17.1	17.2	14.8	12.3	11.08	11.56	11.09	10.73
湖 北	17	15.4	16.3	15.1	11.6	10.65	9.51	9.5	9.82
湖 南	13.4	11.4	11.5	12.4	8.5	7.58	6.44	5.92	6.78
广 东	47.3	33.9	34.7	29.5	18.6	15.41	14.23	12.32	9.3
广 西	7.4	8.3	9.5	9.4	7.6	6.4	5.58	5.35	4.48
海 南	2.1	2	2.2	2	1.6	1.55	1.68	1.47	1.43
重 庆	7.6	8.2	8	6.4	5.1	5.39	5.15	5.06	5.94
四 川	15.3	21.9	21	19.9	14.6	13.13	11.64	11.16	11.04
贵 州	4.8	7.2	7.7	6.5	4.6	4.59	3.89	3.61	2.76
云 南	9.4	10.4	10	9.2	6.4	6.42	5.74	5.56	6.16

续表

地区	年 份								
	2019	2017	2015	2013	2011	2009	2007	2005	2003
陕 西	12.9	18.7	18.3	16.7	14.4	12.79	12.44	12.52	11.76
甘 肃	6.6	7.1	7	6.9	5	4.96	4.98	4.78	4.77
青 海	1.8	2.3	2.2	2.3	2.7	2.1	1.66	1.84	1.93
宁 夏	1.4	1.5	1.5	1.4	1.3	1.24	1.21	1.09	1.24
新 疆	6.6	6.3	6.4	6.5	5	4.67	4.52	4.4	4.06
均值	14.44	13.98	13.64	12.89	9.93	9.06	8.09	7.57	7.38

从表 2-2 可以看出,考察期内我国各省市的科研人才规模均明显提升,然而科研人才的区域分布却极不平衡。其中,2019 年科研人才规模超过全国平均值的仅有北京、上海、江苏等 10 个省市,高达 20 个省市科研人才规模均低于当年全国平均值,更有诸如青海、宁夏、海南等科研人才规模严重稀缺的省份科研人才规模不及北京十之一二。表 2-2 的结果表明,科研人才主要集中在北京、上海、江苏、广东等发达地区,说明高层次的科研人才更热衷于向经济发达地区迁移,这可能是因为,一方面经济发达地区拥有更多的企业总部和行业内顶尖企业,不仅对人才的需求相对于其他地区更大,同时也能够为科研人才提供更好的发展空间;另一方面,出于事业发展的考量、对子女教育的期望以及医疗和其他公共服务的追求,人才也倾向于到经济较为发达的地区就业,因此,北京、上海、江苏、广东等地区凭借自身经济实力和其他优越条件,吸引了更多的人才集聚。此外,大多数省份科研人才规模较低的现状表明高技能科研人才相对稀缺,这也是自我国进入经济高质量发展阶段后各省市纷纷提高引人力度展开人才争夺的重要原因。

分区域来看,根据 2003 — 2019 年分区域科研人才规模趋势图(见图 2-6),东部地区科研人才规模趋势曲线位于最上方,表明东部科研人才规模大于其他地区;西部地区科研人才规模趋势曲线位于最下方,表明考察期内西部地区科研人才规模最小。就各个地区科研人才规模走势来看,近年来东部地区科研人才规模增长较快,中部地区科研人才规模增长平缓,而西部地区和东北地区科研人才规模相较于前几年反而有下降的趋势,使得东部地区和其他地区科研人才差距呈现出进一步扩大的趋势。具体而言,从 2011 年开始,东部地区科研人才规模增长速度明显高于其他地区,且从 2013 年开始西部和东北地区科研人才规模呈现区域性下降。说明在区域人才竞争过程中,东部处于优势地位,西部和东北地区处于弱势地位,在区域人才争夺中东部地区呈现出人才流入的状态,而西部和东北地区则处于人才流失状态,人才流向呈现出人才东流的趋势。

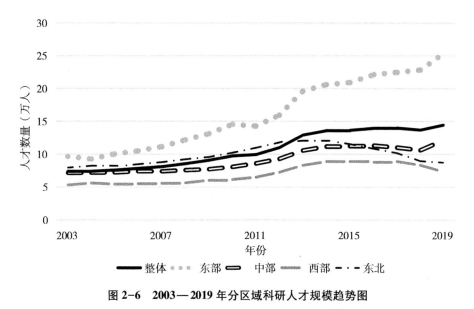

图 2-6　2003—2019 年分区域科研人才规模趋势图

（二）科研人才规模的市级比较与分析

前文对我国省际间人才规模的比较与分析虽然揭示了我国省级层面人才的增长趋势和人才在省际间的分布特征,却难以识别出各省市内部的人才分布情况,尤其是将几个直辖市与各省份进行比较难免失之偏颇,也难以识别人才对不同城市的偏好。而研究人才在城市间的分布和配置,有利于掌握各省内部不同城市间的人才规模和配置差距情况,更能直观地观察到不同经济发展水平、不同行政级别以及不同城市群的人才分布情况,便于对错配人才在不同城市间进行流动调节,有利于缩减城市间人才配置差距,同时也有利于减缓各城市对人才的恶性竞争,从而促进城市均衡发展。因此,在省际间人才分布分析的基础上,本书进一步对我国各城市人才的分布情况进行研究,以揭示人才在城市间的分布特征。

因市级层面统计数据缺失,难以用受教育程度对我国市级层面人才规模进行度量,考虑到高质量发展阶段各级政府对区域创新的重视以及科研人才对创新的主导作用,故市级层面考察科研人才的分布和配置情况。在城市层面考察对象上,虽然目前在行政划分上我国有 300 多个地级市和诸多县级市,但由于部分省份个别城市设市时间较短或者部分城市统计数据严重缺失,因此在剔除部分数据缺失严重的城市后,对 2003—2019 年我国 258 个城市的人才分布特征进行识别,2003—2019 年我国 258 个城市的科研人才规模状况如表 2-3(见附录)所示。

从表 2-3 可以看出,2003—2019 年间 258 个城市的科研人才规模均明显提升,对比各省内城市间科研人才规模能够发现,就各省单独来看,省会城市科研人才规模远远高于非省会城市;就全国各城市科研人才来看,北京的科研人才规模一城独高,这主要是因为北京可以凭借其自身特殊地位以及丰厚的资源和发展机会,吸引大量科研人才涌入,因而考察期内,北京科研人才规模与其他城市相比遥遥领先。但在全国人才总量一定的情况下,科研人才过度集聚在北京或者部分经济发展较好的城市,不仅会导致部分城市人才聚集过度,也会造成其他城市人才分布不足的问题,各地政府应注重对科研人才进行引导,使得科研人才在城市间合理、有序流动,避免人才资源浪费情况的发生。

根据 2019 年各城市 GDP 水平将考察样本划分为高水平、中等水平和低水平三类经济发展水平样本,同时根据行政区位划分为东中西三个样本,结果见图 2-7。

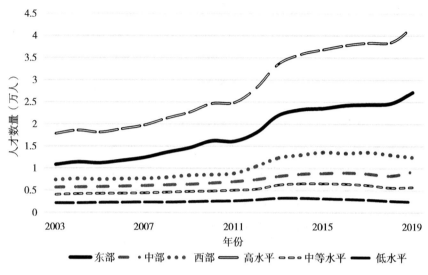

图 2-7　2003—2019 年分区域/分 GDP 水平科研人才规模趋势图

从图 2-7 能够发现经济发展水平越高的城市科研人才规模越高,对比东中西经济发展水平和人才规模依然能得出这一结论。此外,结合表 2-3 可知,在所有省份中,考察期内省会城市科研人才规模明显高于非省会城市,且省会城市与非省会城市科研人才规模差距明显,随着时间的推移省会城市和非省会城市间科研人才规模差距明显扩大。

为揭示当前我国人才分布存在的问题,刻画出人才在城市间的分布特征,进一步对我国不同城市群、不同行政级别以及不同经济发展水平城市的人才分布情况进行剖析。表 2-4 报告了我国 2003—2019 年间省会城市、直辖市和非省会城市(228 个非省会城市人才规模均值代替)科研人才规模的统计结果。结果发现在所有直辖市、省会城市中,北京市在考察期内无论是科研人才规模还是增长幅度均排在各城市之首;其次是上海市,虽然合肥市作为我国三大科教城市之一,但其科研人才规模却远远不及同为科教城市的北京市和上海市,这主要是因为北京和上海无论是经济实力、资源禀赋还是创新水平抑或发展机会均处于全国前列,合肥在资源禀赋、发展机会、经济发展等方面远远不及北京和上海,而这些因素对人才选择就业城市时均有着较大的影响,因此,合肥科研人才规模远远不及北京和上海,甚至不如许多综合实力更强的城市。

从表2-4中能够看出,东部省份省会城市科研人才规模要明显高于中西部省份省会城市科研人才规模,这主要是因为东部地区省会不仅经济发展水平更高,且大都属于技术创新高地,拥有充足的创新资源和技术储备,能够提供充足的科研岗位和良好的发展机会,因此吸引了大量科研人才集聚;而西部地区无论是经济发展还是资源禀赋或者是工作机会都不如东部地区,当地科研人才很可能被东部优越的条件吸引而流向东部地区,因此,西部地区省会城市人才规模相对较低。

表 2-4　2003—2019 年省会城市、直辖市和非省会城市部分年份人才规模

单位:万人

地区	年　份								
	2019	2017	2015	2013	2011	2009	2007	2005	2003
北京	68.945	71.248	59.347	59.65	50.57	43.77	35.49	31.64	36.32
天津	11.084	11.944	11.318	10.75	5.34	5.91	5.82	5.31	5.27
石家庄	3.468	3.573	3.905	3.2	2.45	2.22	2.1	2.09	1.99
太原	4.155	3.956	4.127	3.72	3.13	3.13	3.17	3.01	2.92
呼和浩特	2.775	2.123	2.11	2.03	1.42	1.36	1.23	1.26	1.3
沈阳	4.647	4.486	6.236	6.38	5.38	4.02	3.8	3.28	3.3
长春	5.094	4.533	4.293	4.2	4.25	3.8	3.545	3.75	3.18
哈尔滨	2.868	3.931	4.084	3.77	4.53	3.66	3.44	3.31	3.51
上海	36.205	24.551	25.533	20.3	12.36	20.91	15.63	13.21	10.31
南京	9.606	8.62	8.109	6.59	4.67	3.84	3.4	3.35	3.01

续表

地区	年　份								
	2019	**2017**	**2015**	**2013**	**2011**	**2009**	**2007**	**2005**	**2003**
杭州	9.643	11.418	8.689	8.62	9.26	5.24	4.14	3.03	2.88
合肥	5.293	3.952	3.785	2.95	3.06	2.33	1.96	1.81	1.83
福州	3.776	3.214	4.291	3.85	3.12	2.45	1.82	1.69	1.48
南昌	3.276	2.782	2.433	2.33	1.72	1.4	1.94	1.99	1.75
济南	6.374	3.796	3.212	3.39	2.65	2.4	2.25	1.96	2.22
郑州	7.652	6.204	6.059	4.99	3.25	2.73	2.97	3.1	2.93
武汉	9.88	8.445	7.778	6.64	5.84	5.69	5.04	4.69	5.05
长沙	6.359	4.944	4.568	5.26	4.06	3.51	2.72	2.43	2.67
广州	17.216	13.867	17.251	13.95	7.87	6.45	5.88	5.2	4.36
南宁	3.717	3.406	3.694	3.38	2.71	2.4	2.13	2.13	1.94
海口	1.546	1.507	1.48	1.42	0.97	0.9	0.92	0.66	0.59
重庆	7.587	8.219	10.89	9.68	4.65	5.39	5.15	5.06	5.94
成都	19.377	17.967	14.438	12.15	7.52	6.49	5.97	5.69	5.67
贵阳	3.065	3.015	3.07	2.38	1.71	1.93	1.77	1.51	1.42
昆明	4.49	5.236	5.169	4.56	3.37	3.7	3.11	3.06	3.81
西安	12.088	14.142	13.211	12.12	9.71	8.83	8.12	8.05	7.52
银川	1.022	0.985	1.544	1.01	1.02	0.96	0.97	0.89	1.04
乌鲁木齐	2.988	2.751	2.616	2.54	1.95	1.89	1.74	1.67	1.59
东部	16.786	15.374	14.313	13.172	9.926	9.409	7.745	6.814	6.843
中部	6.102	5.047	4.792	4.315	3.51	3.132	2.967	2.838	2.858
西部	5.644	5.785	5.631	4.995	3.483	3.336	3.036	2.982	3.05
东北	4.203	4.317	4.871	4.783	4.72	3.827	3.595	3.447	3.33
合计（省会）	279.175	260.606	248.434	226.91	172.79	161.06	139.435	128.31	129.12
均值（省会）	9.306	8.687	8.281	7.564	5.76	5.369	4.648	4.277	4.304

续表

地区	年 份								
	2019	2017	2015	2013	2011	2009	2007	2005	2003
合计 (非省会)	152.177	146.438	151.313	143.39	106.46	95.18	87.915	83.495	76.67
均值 (非省会)	0.667	0.642	0.664	0.629	0.467	0.417	0.386	0.366	0.336

进一步分析发现,省会城市和直辖市 30 个城市的科研人才规模要远远高于其他 228 个非省会城市的科研人才规模,说明在省会城市和非省会城市间,科研人才更倾向于在经济发展较好、资源相对较多、晋升空间相对较大的省会城市就业。从图 2-8 来看,考察期内省会城市科研人才规模均值增长明显,而非省会城市科研人才规模均值增长微乎其微。对比发现省会城市科研人才不仅增长幅度大,增长趋势也比非省会城市明显。从图 2-8 能够看出省会城市和非省会城市科研人才的规模差随着时间的推移也在扩大;这说明科研人才不仅在省级层面分布不平衡,即使在各省内部也呈现出省会城市人才规模一城独高的特征,且省会城市与非省会城市之间科研人才规模差距还在进一步扩大,这不利于省份内部城市间的协调发展。各省应提高非省会城市对科研人才的培养力度,减少省会城市与非省会城市的恶性竞争,引导科研人才往非省会城市流动,以缩小省内各城市间的人才差距,促进省份内部协调发展。

城市作为人才的主要集中地,能够将人才集聚起来充分发挥人才的集聚效应和知识溢出效应,从而实现自身快速发展,然而中国各城市由于资源禀赋或由于地理位置等原因导致经济发展差距明显。国家"十三五"规划提出要建立城市群协调发展机制,城市群的协调发展离不开城市的协调发展,而城市的协调发展离不开人才的支撑,故推动人才在城市及城市群间的均衡分布,不仅对实现区域协同创新、推进城市群协调发展具有重要作用,对实现我国经济高质量发展也起着至关重要的作用;因此,在前文分析的基础上,根据"十四

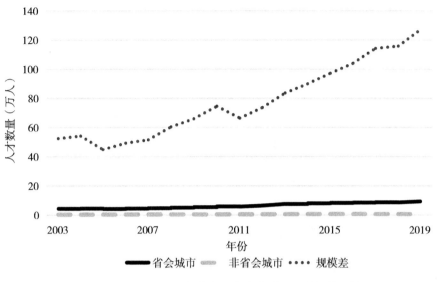

图 2-8　2003—2019 年省会—非省会科研人才规模趋势

五"规划纲要将城市群划分为京津冀城市群、长三角城市群、珠三角城市群、成渝城市群、长江中游城市群、山东半岛城市群、海峡西岸(粤闽浙沿海)城市群、中原城市群、关中城市群、中原城市群,进一步对研究样本 258 个城市中的城市群城市人才分布情况进行研究,以期为推进人才在城市群间均衡分布提供现实依据,各城市群人才规模(均值)如表 2-5 所示。

表 2-5　十大城市群科研人才规模

单位:万人

年份	城市群										均值
	京津冀	长三角	珠三角	长江中游	成渝	海峡西岸	山东半岛	辽中南	中原	关中	
2003	3.752	1.044	0.571	0.649	1.182	0.364	0.639	0.675	0.886	1.018	1.078
2004	3.962	1.084	0.661	0.649	1.187	0.369	0.633	0.706	0.913	1.041	1.120
2005	3.418	1.194	0.776	0.628	1.129	0.388	0.696	0.685	0.908	1.095	1.092
2006	3.565	1.270	0.829	0.649	1.152	0.407	0.704	0.716	0.926	1.111	1.133
2007	3.748	1.361	0.906	0.651	1.172	0.406	0.801	0.731	0.919	1.091	1.178

续表

年份	城市群										均值
	京津冀	长三角	珠三角	长江中游	成渝	海峡西岸	山东半岛	辽中南	中原	关中	
2008	4.209	1.514	0.964	0.657	1.226	0.426	0.841	0.765	0.956	1.078	1.264
2009	4.467	1.689	0.989	0.702	1.260	0.450	0.919	0.808	0.886	1.148	1.332
2010	4.698	1.980	1.170	0.740	1.296	0.495	1.041	0.893	0.919	1.167	1.440
2011	5.070	1.652	1.208	0.775	1.307	0.530	1.006	1.035	1.004	1.231	1.482
2012	5.758	1.774	1.377	0.869	1.768	0.598	1.144	1.184	1.070	1.335	1.688
2013	6.485	2.282	1.963	1.004	2.233	0.686	1.353	1.258	1.276	1.542	2.008
2014	6.536	2.567	2.131	1.072	2.233	0.727	1.528	1.259	1.433	1.613	2.110
2015	6.573	2.604	2.331	1.078	2.495	0.736	1.497	1.182	1.470	1.650	2.162
2016	7.445	2.620	2.145	1.107	2.505	0.733	1.499	1.041	1.517	1.626	2.224
2017	7.485	2.672	2.262	1.088	2.552	0.688	1.614	0.905	1.472	1.692	2.243
2018	7.573	2.685	2.553	1.096	2.601	0.666	1.639	0.782	1.203	1.555	2.235
2019	7.416	3.354	3.184	1.238	2.296	0.692	1.850	0.739	1.545	1.512	2.383

从表2-5可以看出,虽然考察期内各城市群科研人才规模有所提升,但城市群之间科研人才分布差距较大。其中,2003年京津冀城市群平均科研人才规模最高,达到3.752万人;在十个城市群中,2003年平均科研人才规模超过城市群平均科研人才规模的仅有京津冀和成渝城市群,说明城市群间科研人才规模分布也不平衡。2019年十大城市群平均科研人才规模虽然均有所提升,但提升幅度差别较大。截至2019年,十个城市群中科研人才较高的为京津冀城市群、长三角城市群、珠三角城市群,其科研人才规模均超过了整体科研人才均值,但海峡西岸城市群和辽中南城市群平均科研人才规模截至2019年依然不足1万人。

如图2-9所示,纵观十个城市群的科研人才规模波动趋势,除京津冀和长三角、珠三角城市群增长趋势明显外,其余城市群科研人才规模增长趋势较为平缓,这可能是因为京津冀、长三角和珠三角城市群发展较为成熟,无论是经济发展水平还是创新水平,均处于这些城市群前列;因此,其他城市群为缩小与京津冀等发展较好城市群的差距,在当前区域人才竞争日益激烈的背景下,应提高科研人才自主培养力度,健全人才激励机制,防止在竞争中流失人才。

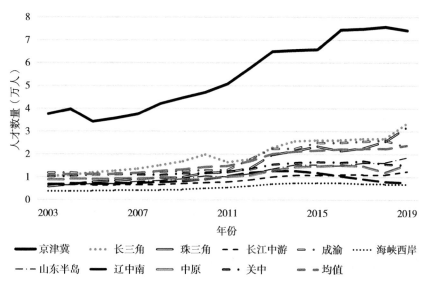

图 2-9　2003—2019 年分城市群科研人才规模趋势图

第二节　人才区域配置测度及其比较

一、人才区域配置测度

Ciccone 和 Hall(1996)提出利用人口密度度量人口的空间集聚特征,随后诸多学者采用密度指标来衡量人口的空间集聚;若采用该指标来度量人才的区域配置,更多地反映的是区域内部的特征,难以突显出人才总量在区域间的分布情况。由于人才区位熵最大的地区其人才区域配置水平并不一定是最高的,若采用人才区位熵度量人才的区域配置情况,难以真实反映区域配置水平的差异。为对我国人才区域配置有一个直观的了解,本书在计算出各地人才绝对规模的基础上,参考赖德胜和纪雯雯(2015)的做法:首先,选取人才区域就业结构比例,用各地区人才占当年全国人才总量的比重代表人才区域就业结构;其次,确定人才区域配置调整因子,参考金玉国(2005)提出的行业"相对垄断程度",将地区人才与当地总人数的比值作为人才区域配置拟合指标,用拟合指标除以该地区产出增加值占全国 GDP 的比例构成人才区域配置的基本调整因子(x);最后,用人才区域就业结构比例与调整因子的乘积表示人才区域配置变量,具体计算方法如下:

$$talalloc_{i,t} = \frac{talent_{i,t}}{\sum\limits_{i=1}^{258} talent_{i,t}} \times \left(\frac{talent_{i,t}}{L_{i,t}} \div \frac{gdp_{i,t}}{\sum\limits_{i=1}^{258} gdp_{i,t}} \right) \qquad (2-1)$$

式(2-1)中 $talalloc_{i,t}$ 为 i 地区 t 时期人才区域配置水平, $talent_{i,t}$ 为 i 地区 t 时期人才数量, $L_{i,t}$ 为 i 地区 t 时期人数, $gdp_{i,t}$ 为 i 地区 t 时期生产总值。

二、人才区域配置比较与分析

表 2-6 报告了 2003—2019 年部分年份我国各省市人才区域配置结果,从表中能够看出 2003 年各地区人才区域配置水平都比较低,配置水平最高的地区是北京,为 0.2903,配置水平最低的是云南,配置水平为 0.0102,中部地区的人才区域配置水平在 0.032 至 0.2 之间,西部地区人才区域配置水平在0.111 上下波动,东北地区人才区域配置水平介于 0.064 和 0.115 之间。值得一提的是,人才区域配置水平的排名与当年人才规模的排名有较大差别,这主要是因为人才区域配置更侧重于对人才产出效率的考量,在人才区域配置的测算过程中将 GDP 因素纳入指标体系,因部分城市人才集聚过多或过少,导致人才产出效率下降,从而致使部分省份的人才区域配置水平排名与人才规模排名差别较大。2005 年,北京人才配置水平仍然处于全国之首,虽然大部分地区大专以上学历人才区域配置水平增加,但也有广西、海南、四川、贵州、

陕西、新疆等 13 个省份的人才区域配置水平出现下降趋势,人才区域配置整体呈现出由中部向其他地区扩散的趋势。

表 2-6　2003—2019 年各省市部分年份人才区域配置结果

地区	年　份								
	2019	2017	2015	2013	2011	2009	2007	2005	2003
北 京	0.729	0.741	0.701	0.795	0.836	0.640	0.574	0.438	0.290
天 津	0.643	0.499	0.488	0.448	0.337	0.239	0.245	0.155	0.125
河 北	0.235	0.233	0.214	0.111	0.118	0.051	0.034	0.051	0.121
山 西	0.402	0.397	0.394	0.213	0.155	0.102	0.109	0.112	0.103
内蒙古	0.295	0.252	0.186	0.199	0.201	0.079	0.088	0.154	0.081
辽 宁	0.302	0.302	0.265	0.168	0.138	0.174	0.119	0.120	0.130
吉 林	0.308	0.258	0.218	0.169	0.155	0.126	0.113	0.141	0.115
黑龙江	0.397	0.302	0.328	0.116	0.098	0.092	0.106	0.126	0.064
上 海	0.511	0.531	0.501	0.385	0.341	0.472	0.372	0.210	0.164
江 苏	0.195	0.214	0.189	0.116	0.085	0.041	0.040	0.053	0.035
浙 江	0.272	0.258	0.233	0.163	0.123	0.085	0.054	0.034	0.051
安 徽	0.191	0.115	0.137	0.090	0.078	0.029	0.027	0.055	0.061
福 建	0.136	0.142	0.138	0.146	0.145	0.146	0.062	0.055	0.041
江 西	0.156	0.107	0.139	0.111	0.071	0.110	0.179	0.069	0.200
山 东	0.165	0.137	0.127	0.160	0.134	0.039	0.033	0.032	0.066
河 南	0.178	0.122	0.136	0.094	0.075	0.042	0.031	0.050	0.032
湖 北	0.173	0.145	0.165	0.124	0.161	0.092	0.085	0.067	0.055
湖 南	0.258	0.190	0.165	0.186	0.212	0.055	0.064	0.065	0.076
广 东	0.190	0.157	0.152	0.103	0.087	0.052	0.059	0.051	0.048
广 西	0.169	0.167	0.189	0.079	0.081	0.046	0.047	0.069	0.083
海 南	0.245	0.155	0.153	0.174	0.131	0.069	0.058	0.098	0.117
重 庆	0.269	0.201	0.199	0.106	0.105	0.044	0.030	0.053	0.022

续表

地区	年 份								
	2019	2017	2015	2013	2011	2009	2007	2005	2003
四川	0.194	0.135	0.127	0.104	0.085	0.059	0.039	0.043	0.049
贵州	0.143	0.093	0.094	0.116	0.123	0.041	0.066	0.085	0.215
云南	0.138	0.084	0.098	0.110	0.105	0.025	0.034	0.041	0.010
陕西	0.282	0.265	0.216	0.248	0.223	0.113	0.131	0.121	0.142
甘肃	0.302	0.249	0.223	0.245	0.199	0.068	0.046	0.097	0.096
青海	0.369	0.310	0.272	0.309	0.326	0.211	0.196	0.235	0.107
宁夏	0.487	0.343	0.286	0.168	0.207	0.146	0.181	0.214	0.119
新疆	0.407	0.424	0.402	0.266	0.242	0.223	0.204	0.257	0.290
均值	0.291	0.251	0.238	0.194	0.179	0.124	0.114	0.112	0.104

　　截至 2019 年,人才区域配置水平排名前三的分别为北京、天津、上海,排名后三的分别为贵州、云南、福建,从 2003 年至 2019 年,我国各省市人才区域配置水平除江西和贵州略微下降外,其余 28 个省市的人才区域配置水平均有所提升。在 28 个人才区域配置水平提升的省市中,天津的人才配置水平提升最高,从 2003 年的 0.125 增加至 2019 年的 0.643;其次是北京,从 2003 年的 0.290 增加至 2019 年的 0.729。从增长速度看,云南和重庆人才配置水平增速较快,云南人才配置水平从 2003 年的 0.010 增长至 2019 年的 0.138,增长了近 13 倍,其次是重庆,其人才区域配置水平从 2003 年的 0.022 增长至 2019 年的 0.269,增长了十余倍。然而,因这些省市初始人才区域配置水平较低,截至 2019 年其人才区域配置水平依然处在较低水平。分区域来看,东部、中部、西部和东北地区人才区域配置水平增长趋势明显,从图 2-10 中能够看出,考察期内东部地区人才区域配置水平处于最高位置,且与人才区域配置水平最低的中部地区差距明显,随着时间的推移,东部和中部地区人才区域配置水平差距进一步扩大。在几个地区中,东北地区人才区域配置水平波动较大,

从 2003 年的 0.103 增长至 2019 年的 0.336,在 2019 年甚至超过了东部地区,与其人才规模分布形成鲜明对比。从图中明显看出东部地区人才区域配置水平在各个年份中稳健增长,而其他地区人才区域配置水平先后都经历了增长—衰退—再增长的过程,各个地区人才区域配置水平的这种变化也进一步揭示了我国人才东流的人才流动规律。

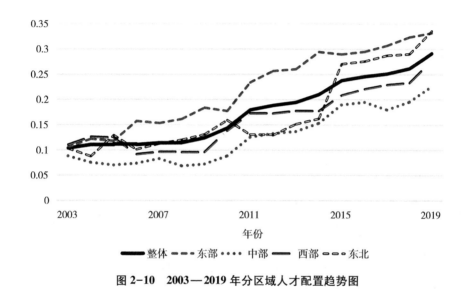

图 2-10　2003—2019 年分区域人才配置趋势图

从上图 2-10 仅能看出 2003—2019 年我国各区域人才区域配置整体水平波动趋势,难以对各区域人才配置的内部特征进行考察。本书进一步计算出我国东部、中部、西部和东北地区人才区域配置水平的标准差,以挖掘各区域人才配置的内部特征。从图 2-11 能够看出,考察期内东部地区人才区域配置水平组内标准差最大,说明在各个区域中,东部地区人才区域配置水平差距大,相对于其他地区而言,东部地区人才区域配置最不平衡;其次是西部地区,考察期内东北地区人才区域配置水平组内标准差处于最低水平,说明东北地区内部人才区域配置较为均衡。综合图 2-10 和图 2-11 来看,东北地区在考察期内不仅人才区域配置水平提升快,而且区域内部人才区域配置相对均衡,而东部地区虽然人才区域配置水平提升快,但区域内部人才区域配置却不

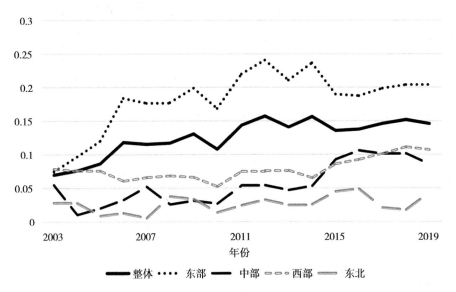

图 2-11　2003—2019 年分区域人才配置水平标准差趋势图

如其他地区配置平衡,而中西部地区在考察期内呈现出配置水平稳步提升,区域内部人才区域配置较为平衡的特征。

表 2-7　2004 年各省市人才区域配置位次

位次	省市	地区	人才配置水平	位次	省市	地区	人才配置水平
1	北京	东部	0.333	16	河北	东部	0.081
2	新疆	西部	0.283	17	浙江	东部	0.080
3	上海	东部	0.229	18	山西	中部	0.079
4	天津	东部	0.220	19	青海	西部	0.077
5	宁夏	西部	0.204	20	安徽	中部	0.069
6	陕西	西部	0.202	21	河南	中部	0.067
7	贵州	西部	0.143	22	湖北	中部	0.061
8	甘肃	西部	0.143	23	山东	东部	0.059
9	吉林	东北	0.118	24	福建	东部	0.054

位次	省市	地区	人才配置水平	位次	省市	地区	人才配置水平
10	广 西	西部	0.108	25	云 南	西部	0.052
11	内蒙古	西部	0.105	26	黑龙江	东北	0.051
12	辽 宁	东北	0.093	27	广 东	东部	0.045
13	湖 南	中部	0.091	28	四 川	西部	0.040
14	海 南	东部	0.088	29	重 庆	西部	0.030
15	江 西	中部	0.081	30	江 苏	东部	0.029

2004 年中国人才区域配置及位次如表 2-7 所示,如果将 2004 年人才配置按照配置水平划分成高配置区间,中等配置区间、低配置区间,其中高配置区间为 0.108 — 0.333,中等配置区间为 0.069 — 0.108,低配置区间为 0-0.069,从表中能够看出,2004 年人才配置水平落在高水平配置区间的省市有北京、新疆、上海、天津、宁夏、陕西等 10 个省市,其中,东部地区占了 3 个,西部地区占了 6 个;落在低配置区间的 10 个省市中,东部地区占了 4 个,东北地区 1 个,中部地区 2 个,西部地区 3 个;其余 10 个省市的人才配置水平均落在中等配置区间。

依据表 2-8 将 2009 年我国人才区域配置水平划分为三个区间,其中 0.113—0.640 为高配置区间,0.055—0.113 为中等配置区间,0—0.055 为低配置区间,从表中能够看出,2009 年人才区域配置水平落入高配置区间的 10 个省市中,东部地区有 4 个,东北地区有 2 个,西部地区有 4 个;落在低配置区间的 10 个省市中,东部有 4 个,中西部有 6 个;和 2004 年相比,东部地区高等配置区间占比上升,中西部地区在低配置区间的比例逐渐上升,人才区域配置有由中西部地区向东部地区演化的迹象。

表 2-8 2009 年各省市人才区域配置位次

位次	省市	地区	人才配置水平	位次	省市	地区	人才配置水平
1	北京	东部	0.640	16	内蒙古	西部	0.079
2	上海	东部	0.472	17	海南	东部	0.069
3	天津	东部	0.239	18	甘肃	西部	0.068
4	新疆	西部	0.223	19	四川	西部	0.059
5	青海	西部	0.211	20	湖南	中部	0.055
6	辽宁	东北	0.174	21	广东	东部	0.052
7	福建	东部	0.146	22	河北	东部	0.051
8	宁夏	西部	0.146	23	广西	西部	0.046
9	吉林	东北	0.126	24	重庆	西部	0.044
10	陕西	西部	0.113	25	河南	中部	0.042
11	江西	中部	0.110	26	贵州	西部	0.041
12	山西	中部	0.102	27	江苏	东部	0.041
13	湖北	中部	0.092	28	山东	东部	0.039
14	黑龙江	东北	0.092	29	安徽	中部	0.029
15	浙江	东部	0.085	30	云南	西部	0.025

同样依据表 2-9 将 2014 年我国人才区域配置水平划分为三个区间,其中 0.188—0.865 为高配置区间,0.126—0.188 为中等配置区间,0—0.126 为低配置区间,从表中能够看出,2014 年人才区域配置水平落入高配置区间的 10 个省市中,东部地区有 4 个,西部地区有 5 个,中部地区有 1 个;人才区域配置水平落在低配置区间的 10 个省市中,东部地区有 2 个,中部地区有 3 个,西部地区有 5 个;其余 10 个省市人才区域配置水平均处在中等配置区间;和 2009 年相比,中西部地区在低配置区间的比例依然呈现出上升趋势。

表 2-9 2014 年各省市人才区域配置位次

位次	省市	地区	人才配置水平	位次	省市	地区	人才配置水平
1	北 京	东部	0.864	16	山 东	东部	0.170
2	上 海	东部	0.520	17	河 北	东部	0.156
3	天 津	东部	0.490	18	湖 北	中部	0.155
4	陕 西	西部	0.282	19	福 建	东部	0.146
5	山 西	中部	0.251	20	黑龙江	东北	0.126
6	青 海	西部	0.250	21	江 苏	东部	0.121
7	甘 肃	西部	0.242	22	重 庆	西部	0.121
8	新 疆	西部	0.228	23	贵 州	西部	0.117
9	内蒙古	西部	0.208	24	河 南	中部	0.115
10	浙 江	东部	0.188	25	广 西	西部	0.113
11	湖 南	中部	0.187	26	广 东	东部	0.110
12	宁 夏	西部	0.186	27	安 徽	中部	0.107
13	辽 宁	东北	0.180	28	云 南	西部	0.103
14	吉 林	东北	0.180	29	江 西	中部	0.102
15	海 南	东部	0.179	30	四 川	西部	0.100

表 2-10 2019 年各省市人才区域配置位次

位次	省市	地区	人才配置水平	位次	省市	地区	人才配置水平
1	北 京	东部	0.729	16	湖 南	中部	0.258
2	天 津	东部	0.643	17	海 南	东部	0.245
3	上 海	东部	0.511	18	河 北	东部	0.235
4	宁 夏	西部	0.487	19	江 苏	东部	0.195
5	新 疆	西部	0.407	20	四 川	西部	0.194
6	山 西	中部	0.402	21	安 徽	中部	0.191
7	黑龙江	东北	0.397	22	广 东	东部	0.190

续表

位次	省市	地区	人才配置水平	位次	省市	地区	人才配置水平
8	青 海	西部	0.369	23	河 南	中部	0.178
9	吉 林	东北	0.308	24	湖 北	中部	0.173
10	辽 宁	东北	0.302	25	广 西	西部	0.169
11	甘 肃	西部	0.302	26	山 东	东部	0.165
12	内蒙古	西部	0.295	27	江 西	中部	0.156
13	陕 西	西部	0.282	28	贵 州	西部	0.143
14	浙 江	东部	0.272	29	云 南	西部	0.138
15	重 庆	西部	0.269	30	福 建	东部	0.136

依据表 2-10 将 2019 年我国人才区域配置水平划分为高中低三个区间，其中 0.302—0.730 为高配置区间，0.194—0.302 为中等配置区间，0—0.194 为低配置区间，从表中能够看出，2019 年人才区域配置水平落入高配置区间的 10 个省市中，东部、东北和西部各占 3 个，中部仅占 1 个；人才区域配置水平落在低配置区间的 10 个省市中，东部地区有 3 个，中部地区有 4 个，西部地区有 3 个；其余 10 个省市人才区域配置水平均处在中等配置区间；通过对比能够发现，随着时间的推移，高中低配置区间的门槛值明显提升，但落入高等配置区间的省市中东部和东北地区数量趋于增多，低配置区间中，中西部地区省份数量趋于增多，人才配置呈现出由中西部向东部演化的趋势。

三、不同层次人才区域配置的比较与分析

如果将人才的不同受教育程度视为个体拥有的特有特征，那么不同受教育程度的人才的技能水平也会存在差异；考虑到高技能人才与低技能人才在劳动生产率上存在差距，因此，将我国各省市本科及以上学历的人才视为高层次人才，大专学历人才视为低层次人才，进一步对我国不同学历层次的人才区域配置进行考察。

（一）高层次人才区域配置

其中,表 2-11 为 2003—2019 年各省市部分年份高层次人才区域配置情况统计表,表 2-16 为 2003—2019 年各省市部分年份低层次人才区域配置情况统计表。

从表 2-11 可以看出考察期内北京高层次人才区域配置水平始终处于领先位置,但其高层次人才区域配置水平呈现出倒"U"型特征,从 2003 年的 0.272 增长至 2011 年的 0.840,而后便缓慢下降,2019 年其人才区域配置水平达到 0.660。

表 2-11　2003—2019 年各省市部分年份高层次人才区域配置结果

地区	年　份								
	2019	2017	2015	2013	2011	2009	2007	2005	2003
北　京	0.660	0.705	0.581	0.794	0.840	0.569	0.519	0.360	0.272
天　津	0.474	0.379	0.337	0.292	0.207	0.122	0.139	0.087	0.056
河　北	0.089	0.076	0.074	0.038	0.044	0.020	0.013	0.016	0.032
山　西	0.174	0.165	0.188	0.069	0.046	0.027	0.034	0.026	0.024
内蒙古	0.132	0.103	0.075	0.066	0.050	0.015	0.022	0.038	0.021
辽　宁	0.177	0.161	0.137	0.066	0.062	0.072	0.049	0.046	0.040
吉　林	0.176	0.132	0.112	0.094	0.077	0.061	0.044	0.055	0.035
黑龙江	0.182	0.156	0.148	0.044	0.040	0.031	0.021	0.037	0.014
上　海	0.408	0.448	0.396	0.259	0.216	0.325	0.250	0.142	0.084
江　苏	0.091	0.088	0.082	0.043	0.039	0.016	0.013	0.020	0.014
浙　江	0.140	0.143	0.119	0.073	0.055	0.037	0.026	0.013	0.020
安　徽	0.082	0.045	0.056	0.034	0.026	0.007	0.004	0.016	0.017
福　建	0.074	0.076	0.072	0.075	0.074	0.025	0.025	0.020	0.013
江　西	0.056	0.039	0.048	0.033	0.027	0.029	0.056	0.013	0.041

续表

地区	年 份								
	2019	2017	2015	2013	2011	2009	2007	2005	2003
山 东	0.079	0.055	0.046	0.066	0.049	0.013	0.008	0.010	0.019
河 南	0.063	0.035	0.042	0.029	0.023	0.008	0.004	0.012	0.004
湖 北	0.076	0.063	0.069	0.039	0.063	0.026	0.033	0.022	0.012
湖 南	0.096	0.070	0.065	0.047	0.061	0.020	0.016	0.017	0.007
广 东	0.082	0.051	0.052	0.039	0.030	0.017	0.022	0.016	0.010
广 西	0.065	0.059	0.058	0.025	0.022	0.013	0.008	0.017	0.029
海 南	0.096	0.065	0.059	0.052	0.048	0.015	0.014	0.028	0.028
重 庆	0.107	0.080	0.082	0.051	0.043	0.012	0.005	0.017	0.007
四 川	0.078	0.045	0.042	0.040	0.030	0.022	0.014	0.013	0.013
贵 州	0.076	0.053	0.036	0.043	0.049	0.015	0.014	0.022	0.087
云 南	0.065	0.043	0.048	0.047	0.044	0.007	0.010	0.013	0.003
陕 西	0.105	0.097	0.075	0.088	0.076	0.047	0.030	0.042	0.039
甘 肃	0.147	0.124	0.106	0.104	0.075	0.024	0.011	0.020	0.024
青 海	0.176	0.138	0.114	0.111	0.139	0.091	0.062	0.062	0.026
宁 夏	0.202	0.152	0.120	0.055	0.082	0.043	0.049	0.057	0.020
新 疆	0.167	0.199	0.177	0.091	0.058	0.047	0.059	0.063	0.127
均 值	0.153	0.135	0.121	0.097	0.090	0.059	0.052	0.044	0.038

从2003年至2019年各省市高层次人才增幅来看,直辖市中天津市高层次人才配置水平增幅最大,从2003年的0.056增至2019年的0.474,增幅高达0.418;非直辖市省会城市来看,增幅最大的是宁夏,从2003年的0.020增长至2019年的0.202,增幅达到0.182;增长幅度最低的是贵州省,其人才区域配置水平反而从2003年的0.087降至2019年的0.076,是所有省份中唯一一个人才配置水平下降的省份。从增长速度来看,在所有省份中,增长速度最快的是云南省,从2003年的0.003增长至2019年的0.065,增长了20余倍,增长速度

最慢的是贵州省。从表中能够发现,北京、上海、天津、重庆四个直辖市的人才区域配置水平相对于其他省份而言处在较高水平,这可能是因为几个直辖市本身经济发展水平相对较好,不仅能够对高层次人才产生"虹吸效应",而且相比各个省份而言人才分布相对集中,有利于人才规模效应的发挥;反之,即使人才绝对规模相对较高的省份,由于人才在省内的各个城市分布不均衡,且城市间的经济发展水平亦参差不齐,导致人才绝对规模相对较高的省份其人才区域配置水平反而不容乐观。

表 2-12　2004 年各省市高层次人才区域配置位次

位次	省市	地区	人才配置水平	位次	省市	地区	人才配置水平
1	北京	东部	0.351	16	广西	西部	0.022
2	上海	东部	0.140	17	安徽	中部	0.019
3	天津	东部	0.124	18	海南	东部	0.019
4	陕西	西部	0.060	19	云南	西部	0.019
5	新疆	西部	0.060	20	山东	东部	0.018
6	宁夏	西部	0.055	21	福建	东部	0.017
7	贵州	西部	0.045	22	江西	中部	0.015
8	甘肃	西部	0.041	23	湖北	中部	0.014
9	浙江	东部	0.033	24	湖南	中部	0.014
10	吉林	东北	0.033	25	河南	中部	0.013
11	辽宁	东北	0.031	26	广东	东部	0.010
12	河北	东部	0.025	27	黑龙江	东北	0.010
13	内蒙古	西部	0.024	28	江苏	东部	0.009
14	山西	中部	0.023	29	重庆	西部	0.008
15	青海	西部	0.022	30	四川	西部	0.008

从表 2-12 能够看出,2004 年各个地区高层次人才区配置水平都比较低,排名靠前的北京、上海、天津三个地区均位于东部,这三个地区的人才配置水

平明显高于其他地区,对比能够发现,2004 年中部地区高层次人才配置水平要低于东部和西部地区。

就 2009 年人才配置区间划分来看,中低区间人才配置水平明显低于 2004 年,可能是受金融危机的冲击,造成高层次人才区域配置水平降低;依据前文人才配置区间划分方法,从表 2-13 中能够看出,2009 年仅北京、上海和天津三个直辖市的高层次人才配置水平高于 0.1,落在高水平配置区间的东部和东北地区数量相对于 2004 年有所提升;落在低水平配置区间的中西部地区省份数量有所提升。

表 2-13　2009 年各省市高层次人才区域配置位次

位次	省市	地区	人才配置水平	位次	省市	地区	人才配置水平
1	北京	东部	0.569	16	甘肃	西部	0.024
2	上海	东部	0.325	17	四川	西部	0.022
3	天津	东部	0.122	18	河北	东部	0.020
4	青海	西部	0.091	19	湖南	中部	0.020
5	辽宁	东北	0.072	20	广东	东部	0.017
6	吉林	东北	0.061	21	江苏	东部	0.016
7	新疆	西部	0.047	22	海南	东部	0.015
8	陕西	西部	0.047	23	内蒙古	西部	0.015
9	宁夏	西部	0.043	24	贵州	西部	0.015
10	浙江	东部	0.037	25	山东	东部	0.013
11	黑龙江	东北	0.031	26	广西	西部	0.013
12	江西	中部	0.029	27	重庆	西部	0.012
13	山西	中部	0.027	28	河南	中部	0.008
14	湖北	中部	0.026	29	安徽	中部	0.007
15	福建	东部	0.025	30	云南	西部	0.007

就 2014 年来看,从表 2-14 能够看出,相对于 2009 年,2014 年高层次人

才区域配置水平明显提升,从表中明显看出,东部地区人才区域配置水平落入高水平配置区间的省市数量较多,与 2009 年相比,高水平配置区间省市明显由西部过渡到东部。

表 2-14 2014 年各省市高层次人才区域配置位次

位次	省市	地区	人才配置水平	位次	省市	地区	人才配置水平
1	北京	东部	0.916	16	河北	东部	0.063
2	上海	东部	0.362	17	新疆	西部	0.062
3	天津	东部	0.250	18	湖南	中部	0.056
4	青海	西部	0.114	19	湖北	中部	0.053
5	陕西	西部	0.107	20	云南	西部	0.050
6	甘肃	西部	0.102	21	重庆	西部	0.048
7	吉林	东北	0.101	22	黑龙江	东北	0.047
8	浙江	东部	0.091	23	安徽	中部	0.043
9	海南	东部	0.088	24	江苏	东部	0.043
10	辽宁	东北	0.086	25	河南	中部	0.040
11	宁夏	西部	0.083	26	贵州	西部	0.038
12	山西	中部	0.076	27	广东	东部	0.037
13	山东	东部	0.076	28	江西	中部	0.035
14	福建	东部	0.070	29	四川	西部	0.030
15	内蒙古	西部	0.069	30	广西	西部	0.026

依据表 2-15,将 2019 年我国高层次人才区域配置水平划分为高中低三个区间,其中 0.167—0.660 为高配置区间,0.082—0.166 为中等配置区间,0—0.081 为低配置区间,从表中能够看出,西部地区 2019 年高层次人才区域配置水平位次和 2014 年相比进一步降低;高层次人才区域配置水平落在低配置区间的有 9 个省市,其中,东部地区有两个,中部地区有 3 个,西部地区有 4 个,和 2014 年相比,中西部省市数量占比进一步提升;对比能够发现,高层次

人才区域配置呈现出由中西部向东部扩散的态势,但随着时间的推移,高层次人才区域配置的峰值有所下降,这可能与区域间人才竞争造成的人才分布极化现象有关,因此,在增长方式亟须由要素驱动转向创新驱动的紧要关头,改善高层次人才区域配置水平,是当下面临的重要问题,高层次人才区域配置水平下降应当引起重视。

表 2-15　2019 年各省市高层次人才区域配置位次

位次	省市	地区	人才配置水平	位次	省市	地区	人才配置水平
1	北京	东部	0.660	16	海南	东部	0.096
2	天津	东部	0.474	17	湖南	中部	0.096
3	上海	东部	0.408	18	江苏	东部	0.091
4	宁夏	西部	0.202	19	河北	东部	0.089
5	黑龙江	东北	0.182	20	安徽	中部	0.082
6	辽宁	东北	0.177	21	广东	东部	0.082
7	青海	西部	0.176	22	山东	东部	0.079
8	吉林	东北	0.176	23	四川	西部	0.078
9	山西	中部	0.174	24	湖北	中部	0.076
10	新疆	西部	0.167	25	贵州	西部	0.076
11	甘肃	西部	0.147	26	福建	东部	0.074
12	浙江	东部	0.140	27	云南	西部	0.065
13	内蒙古	西部	0.132	28	广西	西部	0.065
14	重庆	西部	0.107	29	河南	中部	0.063
15	陕西	西部	0.105	30	江西	中部	0.056

(二) 低层次人才区域配置

从表 2-16 我国低层次人才区域配置情况来看,2003—2019 年间,在考察样本 30 个省市中,绝大多数省市低层次人才区域配置水平均有所提升,仅有江西和贵州两个省份的低层次人才区域配置水平下降。在低层次人才区域配置水平提升的 28 个省市中,宁夏、黑龙江、山西三个省份提升幅度较大。

表 2-16　2003—2019 年各省市部分年份低层次人才区域配置结果

地区	年　份								
	2019	2017	2015	2013	2011	2009	2007	2005	2003
北京	0.165	0.161	0.197	0.172	0.180	0.183	0.168	0.147	0.092
天津	0.205	0.157	0.176	0.176	0.142	0.120	0.116	0.075	0.072
河北	0.149	0.161	0.142	0.074	0.075	0.031	0.021	0.035	0.089
山西	0.229	0.233	0.207	0.147	0.112	0.077	0.075	0.088	0.079
内蒙古	0.163	0.150	0.112	0.134	0.158	0.068	0.067	0.117	0.061
辽宁	0.129	0.143	0.130	0.102	0.076	0.102	0.071	0.075	0.089
吉林	0.135	0.127	0.107	0.078	0.079	0.066	0.069	0.086	0.080
黑龙江	0.215	0.147	0.180	0.073	0.058	0.062	0.089	0.090	0.051
上海	0.144	0.142	0.151	0.146	0.139	0.183	0.152	0.086	0.087
江苏	0.104	0.127	0.107	0.073	0.046	0.025	0.027	0.033	0.022
浙江	0.132	0.118	0.115	0.090	0.068	0.049	0.029	0.021	0.032
安徽	0.110	0.070	0.081	0.056	0.053	0.023	0.024	0.039	0.045
福建	0.062	0.067	0.067	0.073	0.072	0.131	0.037	0.035	0.028
江西	0.102	0.069	0.092	0.080	0.045	0.083	0.124	0.058	0.161
山东	0.086	0.083	0.082	0.093	0.085	0.025	0.027	0.021	0.047
河南	0.119	0.091	0.097	0.067	0.054	0.035	0.030	0.039	0.031
湖北	0.098	0.082	0.096	0.087	0.098	0.067	0.052	0.045	0.044
湖南	0.164	0.121	0.100	0.146	0.154	0.036	0.049	0.049	0.075
广东	0.109	0.109	0.102	0.065	0.058	0.035	0.037	0.035	0.038
广西	0.106	0.109	0.135	0.055	0.061	0.034	0.042	0.054	0.054
海南	0.150	0.090	0.094	0.125	0.084	0.057	0.044	0.071	0.089

地区	年 份								
	2019	2017	2015	2013	2011	2009	2007	2005	2003
重 庆	0.164	0.122	0.117	0.056	0.062	0.032	0.027	0.036	0.016
四 川	0.117	0.091	0.086	0.064	0.055	0.037	0.024	0.030	0.036
贵 州	0.068	0.042	0.059	0.073	0.074	0.027	0.054	0.063	0.130
云 南	0.073	0.041	0.050	0.063	0.061	0.018	0.024	0.028	0.007
陕 西	0.181	0.170	0.143	0.161	0.147	0.067	0.103	0.078	0.104
甘 肃	0.154	0.126	0.117	0.141	0.125	0.044	0.035	0.079	0.073
青 海	0.193	0.172	0.157	0.199	0.187	0.121	0.134	0.174	0.081
宁 夏	0.286	0.191	0.166	0.114	0.126	0.104	0.134	0.158	0.102
新 疆	0.242	0.225	0.224	0.177	0.193	0.183	0.146	0.197	0.168
均值	0.145	0.125	0.123	0.105	0.098	0.071	0.068	0.071	0.069

截至 2019 年,无论是低层次人才区域配置水平还是考察期内低层次人才区域配置水平增长幅度,北京、天津、上海等几个直辖市均处在中间水平,这可能是因为直辖市对人才更有吸引力。然而相对于高层次人才,低层次人才在竞争中处于弱势地位,高层次人才在竞争中处于优势地位。在人才岗位一定的情况下,低层次人才在竞争中难以胜出,所以这些城市的高层次人才区域配置水平较高,即使在全国各省市排名中也处于领先地位,而这些城市的低层次人才区域配置水平不如高层次人才区域配置突出,处于中间水平。

低层次人才区域配置在考察期内的增速来看,云南省低层次人才配置水平从 2003 年的 0.007 增长至 2019 年的 0.073,而重庆市的低层次人才配置水平则从 2003 年的 0.016 增长至 2019 年的 0.164,两者低层次人才配置的增长速度均在 9 至 10 倍之间,在所有考察样本中增长速度排在较前列。将表 2-16 与表 2-11 的结果进行对比发现,直辖市中仅重庆的低层次人才配置水平高于其高层次人才配置水平,在其余 26 个省份中,截至 2019 年仍有 21 个省份的低层次人才区域配置高于其高层次人才区域配置。

表 2-17　2004 年各省市低层次人才区域配置位次

位次	省市	地区	人才配置水平	位次	省市	地区	人才配置水平
1	新 疆	西部	0.227	16	山 西	中部	0.056
2	宁 夏	西部	0.149	17	青 海	西部	0.055
3	陕 西	西部	0.142	18	河 北	东部	0.055
4	天 津	东部	0.108	19	河 南	中部	0.055
5	上 海	东部	0.106	20	安 徽	中部	0.050
6	甘 肃	西部	0.102	21	浙 江	东部	0.047
7	贵 州	西部	0.098	22	湖 北	中部	0.047
8	北 京	东部	0.089	23	黑龙江	东北	0.042
9	广 西	西部	0.088	24	山 东	东部	0.041
10	吉 林	东北	0.085	25	福 建	东部	0.037
11	内蒙古	西部	0.082	26	广 东	东部	0.035
12	湖 南	中部	0.081	27	云 南	西部	0.033
13	海 南	东部	0.071	28	四 川	西部	0.032
14	江 西	中部	0.069	29	重 庆	西部	0.022
15	辽 宁	东北	0.062	30	江 苏	东部	0.020

就 2004 年来看,从表 2-17 能够看出,考察对象 30 个省市中,西部地区低层次人才区域配置水平位次较高,在将人才划分为低层次人才和高层次人才之后,低层次人才区域配置水平较低的省份大都集中在东部地区,四个地区中东部地区低层次人才区域配置水平最低,与高层次人才区域配置恰恰相反。

表 2-18　2009 年各省市低层次人才区域配置位次

位次	省市	地区	人才配置水平	位次	省市	地区	人才配置水平
1	新疆	西部	0.183	16	海南	东部	0.057
2	北京	东部	0.183	17	浙江	东部	0.049
3	上海	东部	0.183	18	甘肃	西部	0.044
4	福建	东部	0.131	19	四川	西部	0.037
5	青海	西部	0.121	20	湖南	中部	0.036
6	天津	东部	0.120	21	广东	东部	0.035
7	宁夏	西部	0.104	22	河南	中部	0.035
8	辽宁	东北	0.102	23	广西	西部	0.034
9	江西	中部	0.083	24	重庆	西部	0.032
10	山西	中部	0.077	25	河北	东部	0.031
11	内蒙古	西部	0.068	26	贵州	西部	0.027
12	湖北	中部	0.067	27	山东	东部	0.025
13	陕西	西部	0.067	28	江苏	东部	0.025
14	吉林	东北	0.066	29	安徽	中部	0.023
15	黑龙江	东北	0.062	30	云南	西部	0.018

从表 2-18 来看，2009 年低层次人才区域配置水平落在高水平配置区间的东部地区省市数量增多，落在低水平配置区间的西部地区省市数量增多，低水平配置省份较多的地区已由东部转变为西部地区，东部地区低层次人才配置水平位次与 2004 年相比提升较为明显，这一过程也伴随着西部地区人才流失现象的发生。

表 2-19　2014 年各省市低层次人才区域配置位次

位次	省市	地区	人才配置水平	位次	省市	地区	人才配置水平
1	天津	东部	0.244	16	河北	东部	0.093
2	上海	东部	0.188	17	广西	西部	0.093

位次	省市	地区	人才配置水平	位次	省市	地区	人才配置水平
3	山　西	中部	0.179	18	海　南	东部	0.092
4	陕　西	西部	0.176	19	吉　林	东北	0.081
5	新　疆	西部	0.173	20	贵　州	西部	0.080
6	北　京	东部	0.164	21	黑龙江	东北	0.079
7	内蒙古	西部	0.141	22	江　苏	东部	0.079
8	甘　肃	西部	0.140	23	福　建	东部	0.076
9	青　海	西部	0.136	24	河　南	中部	0.076
10	湖　南	中部	0.135	25	广　东	东部	0.074
11	宁　夏	西部	0.103	26	重　庆	西部	0.074
12	湖　北	中部	0.103	27	四　川	西部	0.072
13	浙　江	东部	0.098	28	江　西	中部	0.068
14	辽　宁	东北	0.095	29	安　徽	中部	0.064
15	山　东	东部	0.094	30	云　南	西部	0.054

2014 年,考察样本 30 个省市中东部地区低层次人才区域配置水平处在高水平区间的省市数量与 2009 年相比有所下降,西部地区省份数量占比提升;而低水平配置区间中西部省市数量占比保持不变,说明低层次人才区域配置有向西部转移的趋势。

表 2-20　2019 年各省市低层次人才区域配置位次

位次	省市	地区	人才配置水平	位次	省市	地区	人才配置水平
1	宁　夏	西部	0.286	16	吉　林	东北	0.135
2	新　疆	西部	0.242	17	浙　江	东部	0.132
3	山　西	中部	0.229	18	辽　宁	东北	0.129
4	黑龙江	东北	0.215	19	河　南	中部	0.119
5	天　津	东部	0.205	20	四　川	西部	0.117

位次	省市	地区	人才配置水平	位次	省市	地区	人才配置水平
6	青海	西部	0.193	21	安徽	中部	0.110
7	陕西	西部	0.181	22	广东	东部	0.109
8	北京	东部	0.165	23	广西	西部	0.106
9	湖南	中部	0.164	24	江苏	东部	0.104
10	重庆	西部	0.164	25	江西	中部	0.102
11	内蒙古	西部	0.163	26	湖北	中部	0.098
12	甘肃	西部	0.154	27	山东	东部	0.086
13	海南	东部	0.150	28	云南	西部	0.073
14	河北	东部	0.149	29	贵州	西部	0.068
15	上海	东部	0.144	30	福建	东部	0.062

就2019年来看,从表2-20能够看出,低层次人才区域配置水平落入高水平配置区间和低层次配置区间的中西部省份数量与2014年相比没有变化,但是西部地区低层次人才区域配置位次却明显上升,东部地区低层次人才区域配置位次下降;综合来看,低层次人才区域配置呈现出由东部地区向中西部地区扩散的趋势。

四、科研人才区域配置的比较与分析

(一)科研人才区域配置的省际比较与分析

表2-21报告了2003—2019年我国科研人才空间配置结果,发现考察期内考察样本30个省市中,有青海、陕西、宁夏、四川、云南、贵州等13个省(自治区)科研人才配置水平降低,山西、福建和辽宁3个省份考察期内科研人才区域配置水平上下小幅波动,最终其科研人才区域配置水平保持不变,科研人才区域配置水平提升的有北京、天津、上海、河北、广东等14个省市。在科研

人才区域配置水平降低的 13 个省市中,青海科研人才配置水平从 2003 年的
0.141 降至 2019 年的 0.037,降幅为 0.104,在考察期内降幅最大。在科研人才
区域配置水平提升的 14 个省市中,北京科研人才配置水平从 2003 年的 0.316
增至 2019 年的 0.383,增幅为 0.067,在考察期内增幅最大。

表 2-21　科研人才区域配置结果

地区	年　份								
	2019	2017	2015	2013	2011	2009	2007	2005	2003
北　京	0.383	0.413	0.309	0.351	0.358	0.308	0.247	0.230	0.316
天　津	0.074	0.084	0.067	0.059	0.021	0.039	0.045	0.038	0.040
河　北	0.030	0.024	0.022	0.019	0.014	0.012	0.010	0.011	0.010
山　西	0.018	0.016	0.018	0.014	0.014	0.016	0.017	0.019	0.018
内蒙古	0.023	0.017	0.017	0.017	0.013	0.013	0.014	0.016	0.016
辽　宁	0.018	0.026	0.034	0.033	0.034	0.023	0.021	0.019	0.017
吉　林	0.042	0.035	0.029	0.031	0.035	0.037	0.040	0.039	0.036
黑龙江	0.035	0.045	0.042	0.035	0.053	0.050	0.039	0.031	0.026
上　海	0.109	0.058	0.050	0.045	0.025	0.093	0.057	0.047	0.028
江　苏	0.013	0.008	0.007	0.006	0.006	0.005	0.005	0.006	0.006
浙　江	0.012	0.013	0.009	0.010	0.012	0.008	0.007	0.007	0.008
安　徽	0.012	0.010	0.012	0.010	0.014	0.012	0.012	0.012	0.011
福　建	0.005	0.005	0.007	0.006	0.005	0.005	0.005	0.005	0.005
江　西	0.008	0.008	0.007	0.008	0.012	0.014	0.020	0.023	0.020
山　东	0.010	0.009	0.008	0.007	0.005	0.005	0.004	0.004	0.004
河　南	0.013	0.011	0.012	0.010	0.011	0.011	0.014	0.014	0.015
湖　北	0.022	0.018	0.021	0.020	0.019	0.023	0.023	0.023	0.025
湖　南	0.017	0.013	0.014	0.017	0.011	0.012	0.011	0.011	0.015
广　东	0.023	0.013	0.014	0.011	0.009	0.007	0.007	0.006	0.004
广　西	0.014	0.019	0.025	0.027	0.027	0.025	0.022	0.022	0.016

续表

地区	年 份								
	2019	2017	2015	2013	2011	2009	2007	2005	2003
海 南	0.018	0.017	0.022	0.020	0.020	0.024	0.033	0.027	0.024
重 庆	0.015	0.016	0.016	0.012	0.013	0.023	0.027	0.029	0.040
四 川	0.014	0.032	0.031	0.027	0.027	0.028	0.026	0.028	0.028
贵 州	0.010	0.024	0.031	0.028	0.026	0.032	0.027	0.026	0.017
云 南	0.023	0.027	0.027	0.024	0.020	0.026	0.024	0.030	0.035
陕 西	0.029	0.063	0.062	0.054	0.071	0.075	0.089	0.102	0.100
甘 肃	0.045	0.053	0.048	0.048	0.043	0.050	0.053	0.052	0.052
青 海	0.037	0.067	0.065	0.074	0.145	0.120	0.094	0.133	0.141
宁 夏	0.017	0.020	0.020	0.018	0.024	0.027	0.032	0.029	0.035
新 疆	0.023	0.021	0.023	0.025	0.023	0.027	0.026	0.026	0.022
均值	0.037	0.040	0.036	0.035	0.037	0.038	0.035	0.036	0.038
东部	0.068	0.064	0.052	0.053	0.048	0.051	0.042	0.038	0.045
中部	0.015	0.013	0.014	0.013	0.014	0.015	0.016	0.017	0.017
西部	0.023	0.033	0.033	0.032	0.039	0.040	0.040	0.045	0.046
东北	0.032	0.035	0.035	0.033	0.041	0.037	0.033	0.030	0.026

在考察样本 30 个省市中,广东科研人才配置水平从 2003 年的 0.004 增至 2019 年的 0.023,增长了 5 倍多,增速最快。2003 年考察样本 30 个省市中,科研人才区域配置水平超过全国平均值的仅有北京、天津、重庆、陕西、甘肃和青海 6 个省市;而在 2019 年,科研人才区域配置水平超过全国平均值的省市为北京、上海、天津、甘肃、吉林和青海 6 个省市。同样在考察样本 30 个省市中,2003 年科研配置水平排在后 10 名的省市中有 6 个省份属于东部地区,4 个省份属于中西部地区。就 2019 年来看,科研配置水平排在后 10 名的省市中有 4 个省份属于东部地区,6 个省份属于中西部地区,对比可以发现考察期

内东部地区科研人才区域配置水平改善情况要优于中西部地区。

从表2-22可以看出,2004年科研人才区域配置水平落入高水平配置区间的10个省市中,东部和东北地区占了4个,中西部共占了6个;科研人才区域配置水平落入低水平配置区间的10个省市中,东部地区占了6个,中西部共占了4个;就2004年来看,中西部科研人才配置水平要优于东部地区。

就表2-23来看,2009年科研人才区域配置水平落入高水平配置区间的10个省市中,东部和东北地区占了5个,中西部共占了5个,虽然各地区数量上没有变化,但东部地区科研人才配置水平位次有所提升;当年科研人才区域配置水平落入低水平配置区间的10个省市中,东部和东北地区占了6个,中西部共占了4个。

表2-22　2004年各省市科研人才区域配置位次

位次	省市	地区	人才配置水平	位次	省市	地区	人才配置水平
1	北京	东部	0.204	16	贵州	西部	0.022
2	青海	西部	0.155	17	江西	中部	0.022
3	陕西	西部	0.101	18	辽宁	东北	0.020
4	甘肃	西部	0.055	19	山西	中部	0.018
5	吉林	东北	0.041	20	广西	西部	0.018
6	天津	东部	0.039	21	内蒙古	西部	0.017
7	重庆	西部	0.039	22	河南	中部	0.015
8	四川	西部	0.036	23	湖南	中部	0.013
9	云南	西部	0.036	24	河北	东部	0.011
10	上海	东部	0.035	25	安徽	中部	0.011
11	宁夏	西部	0.032	26	浙江	东部	0.007
12	新疆	西部	0.029	27	江苏	东部	0.006
13	黑龙江	东北	0.028	28	广东	东部	0.005
14	海南	东部	0.026	29	福建	东部	0.005
15	湖北	中部	0.024	30	山东	东部	0.004

表 2-23　2009 年各省市科研人才区域配置位次

位次	省市	地区	人才配置水平	位次	省市	地区	人才配置水平
1	北京	东部	0.308	16	天津	东北	0.023
2	广东	西部	0.120	17	江西	中部	0.023
3	云南	东部	0.093	18	河南	西部	0.023
4	浙江	西部	0.075	19	甘肃	中部	0.016
5	江苏	西部	0.050	20	海南	中部	0.014
6	四川	东北	0.050	21	吉林	西部	0.013
7	青海	东部	0.039	22	辽宁	中部	0.012
8	重庆	东北	0.037	23	新疆	中部	0.012
9	河北	西部	0.032	24	陕西	东部	0.012
10	湖南	西部	0.028	25	贵州	中部	0.011
11	福建	西部	0.027	26	宁夏	东部	0.008
12	山东	西部	0.027	27	山西	东部	0.007
13	安徽	西部	0.026	28	上海	东部	0.005
14	广西	西部	0.025	29	黑龙江	东部	0.005
15	内蒙古	东部	0.024	30	湖北	东部	0.005

从表 2-24 中能够看出,2014 年 30 个省市中科研人才区域配置水平处在高水平配置区间的 10 个省市中东部和东北地区共占了 5 个,中部和西部地区共占 5 个,与 2009 年相比变化不大;但当年科研人才区域配置水平处在低水平配置区间的 10 个省市中,东部地区省份数量下降,中西部地区省份数量上升。

表 2-24　2014 年各省市科研人才区域配置位次

位次	省市	地区	人才配置水平	位次	省市	地区	人才配置水平
1	北京	东部	0.328	16	云南	东部	0.020
2	上海	西部	0.072	17	江西	中部	0.018

位次	省市	地区	人才配置水平	位次	省市	地区	人才配置水平
3	广东	东部	0.058	18	黑龙江	西部	0.017
4	宁夏	西部	0.056	19	河南	中部	0.017
5	河北	东部	0.049	20	江苏	西部	0.017
6	山西	西部	0.045	21	辽宁	西部	0.016
7	重庆	东北	0.038	22	浙江	中部	0.016
8	四川	东北	0.034	23	山东	中部	0.012
9	陕西	西部	0.034	24	甘肃	东部	0.012
10	新疆	西部	0.030	25	天津	中部	0.011
11	青海	东北	0.030	26	福建	东部	0.009
12	海南	西部	0.028	27	内蒙古	东部	0.008
13	贵州	西部	0.028	28	湖南	东部	0.007
14	湖北	西部	0.024	29	安徽	东部	0.007
15	吉林	东部	0.022	30	广西	中部	0.007

从表 2-25 来看,2019 年考察样本 30 个省市中,科研人才区域配置水平处在高水平配置区间的东部和东北地区省市数量相较于 2014 年有所提升,当年科研人才区域配置水平处在低水平配置区间的东部地区省份数量有所下降;与之相反,中西部地区科研人才配置水平处于高水平配置区间的省份数量下降,而处于低水平配置区间的省份数量反而上升。从以上各年我国科研人才区域配置水平处在高配置水平区间和低水平配置区间省份的变动能够看出,科研人才高水平配置区间中,东部和东北地区省市占比逐渐提高,相应的中西部地区省份占比降低;而在科研人才低水平配置区间中,中西部地区省市占比逐渐提高,东部地区省份占比降低,因此,考察期内我国科研人才空间配置呈现出由中西部向东部演化的趋势。

表 2-25　2019 年各省市科研人才区域配置位次

位次	省市	地区	人才配置水平	位次	省市	地区	人才配置水平
1	北京	东部	0.383	16	宁夏	中部	0.018
2	陕西	东部	0.109	17	山西	东北	0.018
3	上海	东部	0.074	18	黑龙江	中部	0.017
4	内蒙古	西部	0.045	19	安徽	西部	0.017
5	重庆	东北	0.042	20	浙江	西部	0.015
6	湖南	西部	0.037	21	山东	西部	0.014
7	四川	东北	0.035	22	江苏	西部	0.014
8	广东	东部	0.030	23	云南	中部	0.013
9	福建	西部	0.029	24	新疆	东部	0.013
10	天津	西部	0.023	25	青海	东部	0.012
11	河北	西部	0.023	26	海南	中部	0.012
12	广西	西部	0.023	27	吉林	东部	0.010
13	河南	东部	0.023	28	甘肃	西部	0.010
14	江西	中部	0.022	29	湖北	中部	0.008
15	辽宁	东部	0.018	30	贵州	东部	0.005

(二) 科研人才区域配置的市级比较与分析

表 2-26 报告了 2003—2019 年考察样本中直辖市、省会城市和非省会城市科研人才区域配置的均值统计情况,发现考察期内所有直辖市和省会城市中,有 15 个省会城市科研人才区域配置水平有所提升,同样有 15 个省会城市科研人才区域配置水平降低,而北京科研人才配置水平始终处于最高水平,这与北京实际科研人才规模水平最高如出一辙。

表 2-26　2003—2019 年直辖市、省会城市和非省会城市部分年份科研人才区域配置结果

地区	年　份								
	2019	2017	2015	2013	2011	2009	2007	2005	2003
北京	0.359	0.28	0.338	0.347	0.406	0.345	0.285	0.147	0.327
天津	0.068	0.036	0.045	0.038	0.017	0.031	0.039	0.035	0.038
石家庄	0.041	0.051	0.048	0.032	0.031	0.027	0.025	0.025	0.021
太原	0.089	0.06	0.102	0.084	0.099	0.107	0.114	0.119	0.139
呼和浩特	0.13	0.064	0.06	0.052	0.05	0.048	0.053	0.063	0.085
沈阳	0.059	0.04	0.063	0.053	0.072	0.049	0.051	0.046	0.043
长春	0.079	0.04	0.045	0.039	0.084	0.077	0.078	0.048	0.053
哈尔滨	0.032	0.032	0.037	0.029	0.065	0.04	0.038	0.035	0.026
上海	0.102	0.039	0.062	0.044	0.028	0.102	0.063	0.039	0.032
南京	0.069	0.039	0.055	0.035	0.045	0.04	0.042	0.045	0.04
杭州	0.045	0.049	0.045	0.045	0.082	0.036	0.031	0.027	0.031
合肥	0.037	0.027	0.03	0.018	0.047	0.056	0.069	0.084	0.114
福州	0.018	0.019	0.036	0.031	0.036	0.032	0.021	0.02	0.014
南昌	0.032	0.022	0.02	0.019	0.021	0.022	0.05	0.061	0.057
济南	0.062	0.022	0.022	0.021	0.021	0.019	0.019	0.019	0.029
郑州	0.056	0.043	0.043	0.03	0.027	0.029	0.041	0.055	0.056
武汉	0.059	0.03	0.046	0.035	0.047	0.054	0.058	0.059	0.07
长沙	0.054	0.039	0.032	0.042	0.043	0.044	0.048	0.047	0.078
广州	0.066	0.034	0.088	0.055	0.028	0.026	0.025	0.023	0.018
南宁	0.06	0.043	0.072	0.064	0.075	0.074	0.077	0.09	0.09
海口	0.057	0.039	0.066	0.065	0.053	0.072	0.088	0.05	0.043
重庆	0.014	0.01	0.013	0.011	0.013	0.024	0.032	0.034	0.048
成都	0.072	0.062	0.062	0.043	0.073	0.077	0.084	0.09	0.085
贵阳	0.046	0.039	0.054	0.039	0.049	0.076	0.078	0.062	0.06
昆明	0.056	0.066	0.087	0.063	0.072	0.109	0.09	0.109	0.15

续表

地区	年 份								
	2019	2017	2015	2013	2011	2009	2007	2005	2003
西安	0.157	0.172	0.26	0.214	0.287	0.286	0.332	0.366	0.329
兰州	0.156	0.141	0.159	0.136	0.165	0.18	0.155	0.198	0.169
西宁	0.059	0.094	0.111	0.123	0.191	0.157	0.103	0.106	0.124
银川	0.031	0.031	0.035	0.032	0.06	0.073	0.091	0.084	0.153
乌鲁木齐	0.071	0.048	0.063	0.06	0.065	0.095	0.091	0.098	0.086
非省会	0.01	0.019	0.012	0.011	0.011	0.013	0.013	0.012	0.011
省会均值	0.075	0.057	0.073	0.063	0.078	0.08	0.079	0.076	0.087

对比发现在所有科研人才区域配置水平提升的省会城市中,东部地区、东北地区省会全部在列,而所有科研人才区域配置水平降低的省会城市全部属于中西部地区。其中,中部地区占了5个,西部地区占了10个,说明在人才市场竞争中,相对于中西部地区,科研人才更倾向于在东部地区就业,这不仅与东部地区经济发展水平有关,也与东部地区产业结构相关。东部地区相对于中西部高新技术产业较多,能提供的科研岗位也就较多,在同等条件下科研人才不仅选择机会多,晋升空间也大,所以东部地区在竞争中处于优势地位,考察期内科研人才区域配置水平均有所提升;而中西部地区在竞争中处于弱势地位,造成考察期内大部分城市科研人才区域配置水平均有所下降。

对比中西部地区科研人才区域配置变化情况发现,相对于中部地区,西部地区科研人才区域配置下降的地区更多,而西部地区经济发展水平同样不如中部地区。将省会城市和非省会城市科研人才区域配置均值对比,发现省会城市科研人才区域配置水平要远远高于非省会城市,说明即使在各个省份内部,也存在人才向省会城市集中的特征。

结合省会城市和非省会城市在经济发展水平上的差异,以及前文得出的考察期内西部地区科研人才区域配置水平降低的城市较多,可以得出人才区域配置与经济发展水平正相关的结论。为进一步验证这一结论,对本书258个城市按照2019年GDP水平将研究样本划分为经济高水平、经济中水平和经济低水平三个样本,根据三个样本考察期内科研人才平均配置水平画出三个样本科研人才区域配置水平趋势图,见图2-12。从图中可以看出经济发展水平较高的城市科研人才区域配置水平处在最上方,经济发展水平低的城市科研人才区域配置水平处在最下方,这进一步验证了经济发展水平越高,科研人才区域配置水平越高的结论,这一结论也与人往高处走的人才流动规律相吻合。

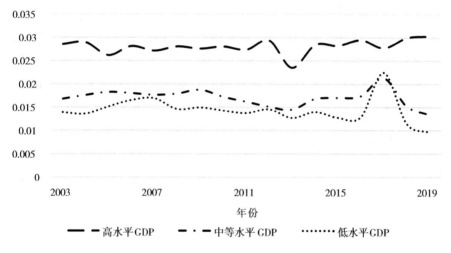

图2-12　2003—2019年不同经济发展水平人才区域配置趋势图

本章利用2003—2019年我国30省市和258个城市的数据,分别对我国各省市的人才规模和人才区域配置情况进行测度考察,发现省级层面,考察期内各省市人才规模均有所提升,但是各省市之间人才规模差距逐渐扩大,人才在各省市间的分布极不均衡;分学历层次来看,人才区域分布呈现出高层次人才向发达地区集聚,低层次人才向落后地区集聚的特征;随着时间的推移,各省市内部高低层次人才差距趋于缩小,内部人才结构趋于合理化;随着我国经济发展步入高质量发展阶段,经济发展方式也亟须由要素驱动向创新驱动转变,而创新驱动的本质在于人才,尤其是科研人才,通过进一步对我国各省市科研人才分布进行考察,发现虽然考察期内各省市科研人才规模均有所提升,但各省市间科研人才分布极不均衡,科研人才分布同样呈现出向发达地区集聚的特征;进一步采用市级样本对科研人才分布情况进行考察,发现科研人才不仅在地区间分布不均衡,在各省内部也呈现出省会城市人才规模一城独高的特征,且省会城市与非省会城市之间科研人才规模差距还在进一步扩大。

从人才区域配置情况来看,人才区域配置水平的高值区始终分布于东部沿海地区,而低值区主要集中在内陆中西部地区,考察期内东部地区人才区域配置水平最高,随着时间的推移,东部和中部地区人才区域配置水平差距进一步扩大,但三个地区相比,东部地区各省市间人才区域配置差距最大;分人才层次来看,考察期内各省市高学历层次人才区域配置水平均明显提升,高层次人才区域配置呈现出由中西部向东部扩散的态势,低层次人才区域配置呈现出由东部地区向中西部地区扩散的趋势;从科研人才区域配置情况来看,无论是省级层面还是市级层面,经济发达地区科研人才区域配置水平都较高,在考察期内我国科研人才空间配置呈现出由中西部向东部演化的趋势。

第三章　增长目标约束对人才
区域配置的影响

　　"致天下之治者在人才",面对错综复杂的国际环境、新一轮科技革命、产业变革和新冠疫情等外部冲击,人才竞争已经成为各国综合国力竞争的核心,人才资源是经济社会发展的第一资源,习近平总书记在党的十九大报告中指出,人才是实现民族振兴、赢得国际竞争主动的战略资源。他在党的二十大报告中指出,人才是第一资源。人才作为现代经济增长的核心动力(Robert et al.,1988),在地方自主创新能力提升、产业结构升级中发挥着重要作用;尤其是人力资本质量的提升,会带动知识密集型产业发展,通过调整不合理的产业结构、纠正资源错配,促进实体经济、创新、金融、人力资源协同发展,进而提高经济运行效率,是实现经济高质量发展的关键。在我国经济步入高质量发展阶段后,以往要素推动经济增长的后发优势日渐消弭,人才愈发受到各部门的重视。人才作为创新驱动的核心力量,其配置水平的提升有利于提高区域自主创新能力和外部溢出知识吸收能力(陈冬华等,2015),从而有效促进经济快速增长。有学者指出,当人才资源足够丰富且配置有效时,国家的科研和经济可以实现蛙跳(潘士远等,2021)。

　　然而,自官员的擢升条件从以往的纯政治指标改为经济指标后,引发地方政府"为经济发展而竞争",即当地经济越发展,官员越有可能晋升,这种极化现象愈发严重。地方政府为了能够在考核中胜出,在同侪压力的作用下会调高增长速度,以确保在锦标赛中不会落于下风(余泳泽和杨晓章,2017),虽然制定增长目标能够调动地方政府发展经济的积极性(徐现祥和刘毓芸,2017),但也导致各地区资源禀赋与增长目标之间的偏离程度不同,而经济增长目标偏离会扭曲资源配置的方向,偏离度越高对资源配置的扭曲效应越强(李茫茫等,2021)。经济增长目标宣布后,政府会出台各种政策将资源配置到某些特定的行业中去;可见,经济增长目标设定与达成的过程具有强烈的纵向干预特征;值得一提的是,尽管改革开放后我国人才区域配置获得明显改善,但人才缺失与冗余共存的情况依然存在,特别是那些发达的省会城市存在着严重的人才拥塞和浪费,而中西部地区发展却缺少相应的人才补偿,人才区域配置失衡严重抑制了人才创新能力发挥并成为创新驱动的阻碍(纪雯雯和赖德胜,2018)。不禁让人深思人才区域配置失衡的现状是否与经济增长目标约束有关,而学术界对此并没有相关的研究,尤其是在增长方式亟须由以往的要素驱动转向创新驱动的关头,厘清增长目标约束与人才区域配置的关系,对促进区域创新驱动、破解经济高质量发展难题具有重要现实意义。

第一节　经济增长目标约束影响人才区域配置机制分析

一、经济增长目标约束、环境污染对人才区域配置的影响

我国政府是多层级的纵向结构,自20世纪80年代初,地方官员的提拔标准从以往的纯政治指标改为经济指标后,不同地区的官员在"官场"上为晋升而竞争,由于官员晋升考核仅限在一个较短的任期内,且设有最高年龄限制,并且官员任职不是固定任期,而是"随时迁调"式的,譬如,厅级官员的平均任期低于五年规划的时间,且多在三年内出现工作调动现象,正因为无法预知自

己的任期,为了彰显任期内的政绩,在晋升竞争中获得一席之地,且为了避免"前人栽树后人乘凉"的现象,其在资源规划配置上更易偏向于风险小、成效快的短期项目(刘春济和高静,2020)。加之中央倾向于以经济绩效考核地方官员,经济增长目标的实现可以提高当地的财政资金留存量,有助于地方官员获得包括名、利、灰色收入与社会关系等"政治控制权收益",因此,强烈鼓舞了地方官员把短期经济增长当作其任期内的首要职责(毛丰付和裘文龙,2013)。另外,中央的考核标准又具有宏观性、模糊性和粗略性,鉴于此,下级政府往往在上级政府的目标基准上"层层加码",地方政府普遍设置较高的经济增长目标以求在竞争中获胜(黄亮雄等,2015)。虽然经济增长目标的设定可以激发我国经济建设的活力,但是也因此诱发了许多结构性矛盾,不合理的经济增长目标甚至与经济高质量发展的理念相违背。

事实上,地区增长目标设立是政府干预市场的集中体现,然而一些地方政府在上级经济增长目标的基准上加码时,往往是基于政绩及自身晋升需要,罔顾当地的实际情况,对能否实现目标欠缺考量,为了达到经济预期目标,一方面严重依赖财政和大规模投资刺激经济增长,偏向投资短期收益大的项目和产业,这种增长方式在削弱经济发展质量的同时也会遏制产业结构升级(吴敏和周黎安,2018),甚至造成诸多浮华无效的形象工程和重复低质量的基础设施建设,譬如,企业创新具有投入大,耗时长,收益风险大等特征,地方官员出于晋升考虑,通常会降低创新研发补贴,利用财政支出去促进经济短期粗放型增长,由此可见,财政分权可以激励政府增加生产性部门财政供给,促进创新部门研发投入,但是也会抑制政府创新偏好,降低创新效率;另外,官员任期不固定也会导致政策的不确定和变化,以及政商关系的调整,从而冲击企业创新意愿和创新强度,因此对技术创新具有消极影响。另一方面,依靠廉价转让工业用地以换取更多的外商投资机会,虽然通过土地财政拉动了生产性投资,在短期内会促进经济高速增长,但将低价转让土地造成的财政收入压力转嫁到商住用地市场会造成土地价格的扭曲(毛丰付和裘文龙,2013),最终导致房价过高、土地违法、产业结构"钝化"、地方政府债务风险溢出等问题,降低了生产效率、抑制了经济健康发展。此外,过度税收优惠、对预算外收入的热衷汲取以及竭泽而渔的粗放型发展模式必将在长期内损害经济增长质量及内生动力(周彬和周彩,2018),会大大降低城市对人才的吸引力。

在考核中排名领先的地方官员可以赢得政治职位上的提拔,因此,地区间存在诸多互相模仿的行为,当个别地区凭借某种举措而赢得竞争优势时,别的地区会跟着效仿,进而造成区域间产业分布呈现出结构雷同的特征(黄亮雄等,2015),致使区域竞争同质化;此外,为保护本地企业发展壮大,地方政府往往采取市场分割策略避免资源外流,地方保护导致的市场分割以及对要素流动的阻挠最终会造成资源误置;同时以各类优惠政策吸引外来资本流入,不仅抑制了人才的合理流动,也导致那些被错配在当地的人才因难以匹配到合适的岗位而人才红利释放受阻(储德银等,2020)。在资源有限的条件下,支持经济主导力量"工业"的发展,就要面对高耗能、高排放、高污染等环境问题,以牺牲环境为代价,大量投入资金治理环境,又要承担费时费力、政绩不明显且见效差不讨好的风险,甚至阻碍短期经济增速的提高,因而政府为实现既有经济增长目标,多数选择会偏好经济增长而疏于对经济增长质量的考量。在此情况下,地方政府会想方设法地降低高新技术企业、出口企业等的评判标准,不惜下调环境标准以招引诸如周期短、风险低的项目,但这类项目往往生产资源破坏性大、污染性较强,助力经济增长的同时也能快速恶化当地环境质量,这种损害地区生态环境快速提升 GDP 的做法导致了地方污染加剧(余泳泽等,2020),截至 2017 年底,我国工业产能利用率为 77%,空气污染超标城市比例却达到 70.7%。

另外,为了追逐经济增长,各地利用政策优惠和土地资源优先发展经济,忽略了环境治理等难见成效的社会领域(Shuai,2012),同时财政支出也更倾向于对区域经济效益影响更大的投资性支出,很少偏向于雾霾污染等的治理(赵娜等,2020);更有甚者,在雾霾治理过程中可能存在相邻区域"搭便车"的行为,不仅进一步加重了当地的环境污染,还可能造成相邻区域环境质量的恶化(张可等,2016)。中央已经意识到生态改善和资源有效利用与经济高质量增长的利害关系,并将环境保护提升到国家战略地位,在官员考核中设置环境治理指标,实施环境质量复核制等行政管理制度,以引导树立顺应高质量发展的政绩观,近年来经济发展方式转变和生态环境保护取得一定成效,截至2022年底,全国工业产能利用率为75.6%,空气质量达标城市占62.8%。环境是具有外部性的公共品,环境质量会影响人类身心健康,因此,人才通常追求优质的生活环境和生活品质,对环境质量呈现出明显的趋利避害特征,宜居宜业的环境能够更好地吸引人才流入,而环境质量的恶化会阻碍人才的流入甚至倒逼本地人才外流;基于此提出假设 H_1。

假设 H_1:经济增长目标约束会阻碍创新、加剧环境污染,从而抑制了人才区域配置水平的提升。

二、经济增长目标约束、市场化对人才区域配置的影响

当今世界正经历百年未有之大变局,新一轮科技革命和产业变革迎来机遇和挑战,国际经济政治格局深刻变化,经济全球化遭遇逆流,单边主义、保护主义和霸权主义威胁加剧,新冠疫情对全球经济造成负面冲击。经济下行压力、人口结构性变化成为经济高质量发展的掣肘,均给劳动力市场带来了冲击,经济增长在未来一段时间将面临常态化的"减速降档"。随着我国人口形势的进一步变化,第七次人口普查反映出我国人口老龄化程度加深、家庭户规模缩小、性别结构调整等一系列人口问题,劳动力供给出现了新的结构特点,适龄劳动力供给数量持续减少会造成我国难以继续依靠人口红利推动经济快速发展,但是经济高质量发展需要提高劳动生产率,创造更多的社会财富,这预示着我们必须要从依靠劳动力基数庞大、成本低廉的人口红利模式,转向依靠高学历、高技能人才推动经济增长的人力资本红利的路径上,随着人才强国战略和新时代科学人才观意识的树立,各地区对优质人才的抢夺之势风起云涌。

为增强自己在人才市场上的竞争力,各城市纷纷出台各具特色的人才政策,"抢人大战"一方面表现了各地对人力资本强国战略的响应,同时也反映了各地在经济建设中对人才的求贤若渴。人才政策往往起到就业形势的风向标作用,各地从人才引进、人才培养、人才吸引等各个方面着手,以期通过降低人才落户门槛和生活成本、增加生活补贴等方式吸引并留下人才,用人单位也倾向于为人才提供愈来愈丰厚的薪酬激励。因各地所处地理位置、环境、经济发展水平、文化、社会保障制度、就业政策、风俗习惯、生活成本、公共服务水平等不同,人才在决定就业岗位时,除薪资福利外还会权衡选择的工作是否能够提升自身知识储备和技能水平以获得更长远的发展(陈剑,2013),亦会考虑就业迁移成本和心理成本等代价,人才择业行为甚至会受到信息技术、科技变革等宏观环境变化的影响,考虑当地消费理念、消费知识结构、消费水平等因素(殷凤春,2016)。总而言之,人才在流动时,涉及就业和生活等一系列问题,通常会综合考虑社会环境、职业能力、经济发展、公共服务水平和自身满足程度等因素,丰厚的薪资待遇虽然可以将人才吸引过来,但并不能确保他们愿意长期留下来。

人才流动是改善人才区域配置的一条重要渠道(孙博等,2020),而人才市场竞争强度低会导致人才流动不畅,从而加剧人才区域配置结构的失衡,对人才造成巨大浪费。市场化水平的提高可以打破条块分割和地区封锁,促进人才的合理流通和市场形成(周文和任丽彬,2006),但是在经济增长目标层层加码和晋升竞争的压力下,增长目标约束会导致地方保护,加剧形成市场分割,且分割程度会随着地方政府对市场干预程度的增强而增大。对于资源禀赋、区位条件和经济基础相近的地区,其相互竞争更加激烈,从而更可能通过市场分割保护当地资源,以期在"晋升锦标赛"中胜出;对于落后地区而言,为了扶持本地经济发展,更是会选择一边阻碍资源流出,一边限制外地产品流入的策略,以期在市场分割中获得更多的财政收入(范子英和张军,2010);此外,落后地区不仅没有吸引人才的经济实力和竞争力,甚至会因发展前景黯淡而难以留住人才。因此,经济增长目标约束会造成要素在市场流动中受阻现象的发生,劳动力、土地、资本要素流动受阻降低了配置和生产效率,会对经济高质量发展产生消极影响。其中,市场分割会破坏劳动力市场,不利于人才流动,难以发挥规模和空间溢出效应(韩帅帅和孙斌栋,2019);劳动力市场分割还造成了"逃离北上广"等现实景象的发生,资本市场分割导致了区域间资本差异(季雷和周博,2021),阻碍了市场化水平的提升。另外,从城市方面来说,一方面,为了控制规模的过度扩大和人口流入过多产生的交通堵塞、公共服务水平跟不上人口需求等社会问题,会实施比较严格的人口管控,提高劳动力区间迁移壁垒;另一方面,当一个地区及其周边具有比较优势时,会产生向心力集聚人才资源,导致地区差距和区域分割加剧。由此可见,从东部向西北部逐渐增强的区域分割,不仅不利于人才流动和异质性知识交流,也难以对人才流入和"留下"产生激励作用,从而降低了人才流动意愿,抑制了人才区域配置水平的提升;基于此提出假设 H_2。

假设 H_2:经济增长目标约束通过阻碍市场化水平,从而抑制了人才区域配置水平的提升。

综上,可梳理出增长目标约束影响人才区域配置的机制,如图 3-1 所示。

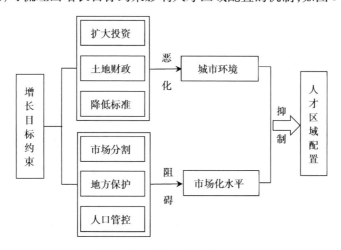

图 3-1 增长目标约束影响人才区域配置机制图

第二节　模型构建和指标选取

一、模型构建

由上述分析可知，经济增长目标的制定呈现出"层层加码"的特征，为深入识别经济增长目标约束对人才区域配置的实际效应，本书构建如下计量模型：

$$talalloc_{i,t} = \beta_0 + \beta_1 targcon_{i,t} + \beta_2 controls + \lambda_i + \varphi_t + \varepsilon_{i,t} \qquad (3-1)$$

$$talalloc_{i,t} = \beta_0 + \beta_1 targcon_{i,t} + \gamma targcon_{i,t} * X + \beta_2 controls + \lambda_i + \varphi_t + \varepsilon_{i,t}$$

$$(3-2)$$

式（3-1）和式（3-2）中，$talalloc_{i,t}$ 为人才区域配置水平，$targcon_{i,t}$ 为增长目标约束水平，$controls$ 为控制变量，包括财政自主权（$fiauto$）、薪酬激励（$incent$）、产业结构高级化程度（$instruc$）、政府支持（$govein$）；X 为机制变量，包括市场化（$compete$）、城市污染度（$pollution$）；λ_i 为个体效应，φ_t 为时间效应，$\varepsilon_{i,t}$ 为随机扰动项，下标 t 为时间，i 为地区，β_i 和 γ 为模型的待估计参数。

二、指标选取及数据说明

（一）指标选取

增长目标约束（$targcon$）：自地方官员的提拔标准从以往的纯政治指标改为经济指标后，下级政府往往在上级政府目标的基准上"层层加码"以求在竞争中获胜，但罔顾现实情况而设定的经济增长目标会对政府行为产生约束，后续政府对经济的种种干预也将对关键资源的配置产生影响。本书对增长目标约束的衡量参考余泳泽等（2019）的做法，采用市级经济增长目标与所在省份经济增长目标的差值来衡量增长目标约束程度。

财政自主权($fiauto$):政府的决策往往引领着各地经济的发展方向,现有政绩考核体制下,地方政府可能会为追求一时政绩而罔顾经济发展的质量,而政府的决策往往受财政的影响较大,因此有必要将政府的财政自主权纳入分析框架。本书参考余泳泽等(2019)的做法,采用财政预算内收入与财政预算内支出的比值来衡量各地政府的财政自主权。

薪酬激励($incent$):薪酬是影响人才找工作和工作积极性的重要因素,因此,各地出台的一系列引人引智的政策中尤为明显的就是薪酬水平,政策的出台掀起了人才流动的狂潮,区域间人才的配置情况也因此受到影响,然而薪酬水平对地方来说是种负担,其能否长久改善人才区域配置情况还有待检验。由于各地市人才薪资水平数据暂未对外公示,本书采用地区人均工资水平来衡量各地的薪酬激励,进而考察薪酬激励对人才区域配置的作用。

产业结构高级化($instruc$):产业结构高级化可以驱使产业向知识集约化方向转型,推动产业向高附加值的知识密集型、战略性新兴型方向发展,为优化人才配置提供了空间。产业结构高级化表现为第一二产业产值占比下降、第三产业产值逐渐占据主要优势的过程,已有研究大都采用第三产业和第二产业的比值来衡量产业结构高级化,然而这种衡量方法却忽视了第一产业的重要地位,基于此,本书参考徐德云(2008)对第一产业赋值为1、第二产业赋值为2、第三产业赋值为3的做法,对三次产业按产值占比加权计算得出产业结构高级化指标。

政府支持($govein$):我国经济已由高速增长阶段转向高质量发展阶段,GDP增长不再是官员政绩考核的核心内容,政府对创新目标的追求会驱使其增加创新要素的投入,而人才作为创新的核心要素必将引起政府的重视;已有学者大都用政府财政支出占GDP的比重来衡量政府干预水平,这种衡量方法难以突显政府对创新的支持,出于对创新目标的追求,政府将会优化其支出结构以保证其创新效率,同时从人才引进层面考虑,区域人才数量的增加可以通过外部引进和自主培养得以实现,因此本书参考张宽和黄凌云(2019)的做法,采取政府财政支出中的教育科技支持占财政支出的比重来衡量政府支持。

市场化(*compete*):促进人才在不同行业、部门和区域间的有效流动是提升企业效率的关键,市场化水平提高为人才跨区域流动创造了有利条件,促进人才流向生产效率更高的部门,进而优化人才区域配置;本书参考樊纲等(2003)的做法,从政府与市场的关系、非国有经济发展、产品市场发育程度、要素市场发育程度、市场服务环境五个方面来衡量地区市场化水平,采用主成分分析法确定各个基础指标权重,然后合成市场化指标,其中市场化五个方面指标明细如下表 3-1 所示。

城市污染度(*pollution*):各地政府致力于经济增长目标的实现可能会无法兼顾经济发展质量,导致工业排放不达标进而加速生态环境的恶化,这种先污染后治理的经济发展模式是不可取的,甚至会陷入生态恶化死循环;经济高质量发展阶段经济增长模式亟须向创新驱动转变,而人才作为创新的基础,对外部环境高度敏感,地区污染程度的上升会阻碍人才的流入从而遏制人才区域配置水平的提升,因此,政府追求层层加码方式设定的经济增长目标的实现不利于人才区域配置水平的提升;本书利用各地工业三废排放数据,采用主成分分析法确定各个基础指标权重,然后合成城市污染度指标。

表 3-1　市场化指标体系

指标维度	衡量方法
政府与市场的关系	地区财政支出占当地 GDP 比重
非国有经济发展	私营、个体从业人数之和占当地从业人数的比重
产品市场发育程度	用当地企业数量来衡量
要素市场发育程度	外商直接投资占 GDP 比重
市场服务环境	商业服务从业人数占单位从业人数比重

（二）数据说明

本书以中国 258 个城市为研究对象,以 2004—2019 年为观测周期,数据来源于我国 258 个城市的《政府工作报告》《中国统计年鉴》《中国人口和就业统计年鉴》《中国城市统计年鉴》《中国省市经济发展年鉴》和各个省市统计年鉴。其中,少数缺失数据用插值法补充。为剔除价格变动对统计数据带来的影响,本书部分指标在计算过程中以 2000 年为基期,利用 GDP 平减指数进行折算。具体变量描述性统计见表 3-2。

表 3-2　变量描述性统计表

Variable	Obs	Mean	Std.Dev.	Min	Max
talalloc	4128	0.020	0.040	0	0.443
targcon	4128	0.019	0.087	0	5.445
fiauto	4128	0.493	0.224	0.026	1.541
incent	4128	40700.72	22398.29	6207.11	321000
instruc	4128	2.259	0.146	1.831	2.832
govein	4128	0.196	0.046	0.006	0.497
compete	4128	0.069	0.050	0.004	0.451
pollution	4128	0.069	0.088	0	0.914

第三节　实证结果及分析

一、基准回归

从前文分析能够看出增长目标约束会抑制人才区域配置水平的提升,但我国长期以来人才区域配置失衡的状况能否归咎于增长目标约束仍需要进一步验证。经豪斯曼检验,本书适用固定效应模型,考虑到增长目标约束主要是针对考察对象在短期的约束,因此,用固定时间和个体的双向固定效应模型对式(3-1)进行回归,通过逐步回归来确保核心解释变量回归结果的稳定性。具体估计结果见表3-3。

表3-3 基准回归结果

变量	（1）talalloc	（2）talalloc	（3）talalloc	（4）talalloc	（5）talalloc
targcon	−0.665**	−0.669**	−0.591**	−0.546**	−0.479*
	(0.276)	(0.276)	(0.275)	(0.274)	(0.274)
fiauto		−0.087*	−0.063	−0.073	−0.128**
		(0.051)	(0.051)	(0.050)	(0.053)
incent			−0.578***	−0.594***	−0.561***
			(0.084)	(0.084)	(0.084)
instruc				2.089***	1.986***
				(0.458)	(0.458)
govein					0.183***
					(0.051)
个体/时间	YES	YES	YES	YES	YES
Cons	−1.135***	−1.141***	4.803***	2.931***	2.991***
	(0.139)	(0.139)	(0.873)	(0.963)	(0.961)
Obs	4128	4128	4128	4128	4128
R^2	0.838	0.838	0.840	0.841	0.841

注:***、**、* 分别表示显著性为1%、5%、10%,括号内数字为稳健标准误。

表3-3第(1)列是将增长目标约束指标纳入回归方程的回归结果,结果显示增长目标约束对人才区域配置的回归系数为−0.665,且通过了5%水平显著性检验,在第(2)至第(5)列逐个加入控制变量后,增长目标约束对人才

区域配置的回归系数依然为负,且通过了至少10%水平显著性检验,说明增长目标约束能够显著抑制人才区域配置水平的提升;这主要是因为:第一,对经济增长目标的追求可能会造成政府做出一些"短视"行为,致使地区盲目招商引资和劣质重复建设问题,不仅会阻碍见效相对较慢的高新技术产业的发展,同时盲目招商引资和低水平建设亦会导致各地区产业高度同质化从而加剧恶性竞争;第二,政府出于地区保护会在一定程度上限制资源和产品的跨区域流动,加之区域划分导致的市场分割和户籍制度限制,人才在企业和区域间的自由流动受到限制,从而抑制了人才在不同地区间的有效配置。

就控制变量而言,第(2)列是在第(1)列的基础上引入政府财政自主权后的回归结果,结果显示财政自主权对人才区域配置的回归系数为负且通过了10%水平显著性检验,说明财政自主权的提升对人才区域配置起抑制作用;这主要是由于政府的决策通常引领着各地经济的发展方向,而政府决策的落实往往受财政的影响较大,财政自主权的提升便于政府调整支出结构,在增长目标约束和晋升考核压力下,地方官员可能会将支出偏向于那些能够快速拉动经济增长的项目上,挤占部分本该用于人才培养或人才引进的投资,因此财政自主权的提升对人才区域配置起抑制作用。第(3)列是加入薪酬激励的回归结果,薪酬激励对人才区域配置的回归系数为-0.578,且通过了1%水平显著性检验,说明区域薪酬水平的提升不利于人才区域配置的改善;这主要是因为相对于人才,普通劳动力的薪酬弹性更高,薪酬水平的提升一方面会引致劳动力涌入对人才产生挤出效应,同时人才和普通劳动力相对薪酬水平的下降不仅会降低人才工作积极性,还会导致当地在区域间人才竞争时处于劣势地位,甚至还可能会导致已有人才的流失,因此,薪酬激励对人才区域配置呈现出显著的抑制作用。就产业结构而言,第(4)列在将产业结构高级化指标纳入回归模型后,结果显示产业结构高级化对人才区域配置的回归系数显著为正,说明产业结构高级化能够有效促进人才区域配置水平的提升;这主要是因为产业结构高级化能够驱使产业向知识集约化方向发展,进而促使产业向高附加值的知识密集型、战略性新兴型方向演化,随着产业结构高级化水平的提升,衍生出的人才岗位也随之提高,人才需求促进人才集聚,有利于集聚效应的发挥和知识溢出效应的吸收,进而改善人才区域配置。第(5)列是加入政府支持的回归结果,政府支持的回归结果为正且通过了1%水平显著性检验,说明政府为教育和创新提供支撑能够显著促进人才区域配置水平提升;这主要是因为对科研和教育的支持不仅为本地的人才供给提供了支撑,同时也提高了对人才的吸引力,不仅有利于人才规模的提升,对人才工作积极性也能产生重要影响,因此提高政府对科教的支持力度能够有效提升人才区域配置水平,然而面临短期增长目标约束,在晋升考核激励下地方往往提高见效快的项目支出比重,削减在科教方面的支出,这种做法不利于改善人才区域配置,与财政自主权提升抑制人才区域配置水平提升遥相呼应。

二、内生性处理及稳健性检验

(一) 内生性处理

从前文分析能够发现增长目标约束会抑制人才区域配置水平的提升,但人才作为创新的核心动力,对区域经济增长目标的实现起到至关重要的作用,因此,人才区域配置也是政府干预经济的重要手段;基于人才区域配置和增长目标约束可能互为因果的考量,猜测本书设定的计量模型可能存在一定的内生性问题,因而通过寻求工具变量来解决模型的内生性问题;有关工具变量的选取,考虑到滞后一期的增长目标约束与当期增长目标约束密切相关,但难以对当期人才区域配置直接产生影响,因而选取增长目标约束的滞后一期作为工具变量;这不仅能有效解决增长目标约束带来的时滞性问题,也能够有效解决内生性问题。具体估计结果见表3-4。

表3-4　内生性处理回归结果

变量	（1）	（2）	（3）	（4）	（5）
	talalloc	talalloc	talalloc	talalloc	talalloc
targcon	−7.479***	−7.129***	−6.673***	−6.003***	−5.606***
	(1.517)	(1.492)	(1.488)	(1.484)	(1.530)
fiauto		−0.119**	−0.093*	−0.101*	−0.137**
		(0.055)	(0.054)	(0.054)	(0.056)
incent			−0.488***	−0.511***	−0.499***
			(0.092)	(0.091)	(0.090)
instruc				1.992***	1.944***
				(0.515)	(0.511)
govein					0.120**
					(0.058)
个体/时间	YES	YES	YES	YES	YES
Cons	−1.212***	−1.249***	4.630***	2.777**	2.876**
	(0.149)	(0.149)	(1.118)	(1.198)	(1.191)
Obs	3870	3870	3870	3870	3870
R^2	0.812	0.815	0.819	0.825	0.827

注：***、**、*分别表示显著性为1%、5%、10%，括号内数字为稳健标准误。

由表3-4的回归结果可知，从第（1）列至第（5）列改用增长目标约束滞后期做工具变量重新回归后，增长目标约束对人才区域配置的回归结果依然为负，且都通过了1%水平显著性检验；由此可见，在处理内生性问题之后，增长目标约束抑制人才区域配置水平提升的结论依然成立，这也进一步证明上述基准回归得出的结论具有稳健性。

（二）稳健性检验

稳健性检验可借助改变变量的衡量方法或改变实证方法来实现，内生性处理的回归结果已对增长目标约束显著抑制人才区域配置的结论进行验证，为使本书结论更具可靠性，进一步采用分位数回归来验证上述结论的稳健性。检验结果见表3-5。

表3-5　稳健性检验结果

变量	（1）	（2）	（3）	（4）
	20%	40%	60%	80%
targcon	−0.246	−0.396	−0.561 **	−0.719 *
	(0.353)	(0.261)	(0.274)	(0.387)
fiauto	−0.112	−0.122 **	−0.133 **	−0.144
	(0.081)	(0.060)	(0.063)	(0.089)
incent	−0.757 ***	−0.631 ***	−0.492 ***	−0.358 **
	(0.162)	(0.120)	(0.126)	(0.178)
instruc	1.913 ***	1.961 ***	2.012 ***	2.062 ***
	(0.730)	(0.540)	(0.566)	(0.800)
govein	0.129	0.164 ***	0.202 ***	0.240 ***
	(0.082)	(0.061)	(0.064)	(0.090)
个体/时间	YES	YES	YES	YES
Obs	4128	4128	4128	4128

注：***、**、* 分别表示显著性为1%、5%、10%，括号内数字为稳健标准误。

表3-5采用分位数回归法对式（3-1）重新估计，增长目标约束的估计系数符号不变，但系数随着条件分布由低分位数向高分位数变动而下降，这表明增长目标约束对处于较高分位数地区人才配置的抑制作用更强，说明基准回归结果是稳健的。

三、机制检验

从以上的分析中可以看出增长目标约束对人才区域配置起抑制作用，增长目标约束越强,对人才区域配置的抑制作用越强;那么,增长目标约束对人才区域配置究竟如何发挥作用值得进一步探讨;本书的机制分析得出增长目标约束分别通过阻碍市场化水平提升、加剧城市污染抑制了人才区域配置水平的提升,为验证这种假设,采用双固定效应模型对式(3-2)进行实证检验;检验结果见表3-6。

表3-6　机制检验结果

变量	(1)	(2)	(3)	(4)	(5)	(6)	(7)	(8)
	compete	talalloc	pollution	talalloc	compete	talalloc	pollution	talalloc
targcon	−0.048***	0.406	0.063***	−5.928***	−0.159***	2.128	0.316***	−11.716***
	(0.012)	(0.527)	(0.016)	(1.694)	(0.024)	(4.376)	(0.033)	(4.063)
targcon * comepete		−25.152**				−132.032*		
		(12.792)				(67.734)		
targcon * pollution				−1.118***				−1.791*
				(0.343)				(1.052)
fiauto		−0.122**		−0.114**		−0.122**		−0.120**
		(0.053)		(0.053)		(0.055)		(0.055)
incent		−0.540***		−0.547***		−0.425***		−0.508***
		(0.085)		(0.084)		(0.095)		(0.087)
instruc		1.988***		1.899***		2.066***		1.915***
		(0.458)		(0.458)		(0.501)		(0.494)
govein		0.175***		0.161***		0.119**		0.121**
		(0.051)		(0.052)		(0.056)		(0.056)
个体/时间		YES		YES		YES		YES
Cons	0 .067***	2.760***	0.063***	2.911***	0.070***	1.851	0.058***	2.998***
	(0.000)	(0.968)	(0.001)	(0.960)	(0.001)	(1.264)	(0.001)	(1.150)
Obs	4128	4128	4128	4128	3870	3870	3870	3870
R²	0.008	0.842	0.004	0.842	0.012	0.837	0.025	0.839

注:***、**、*分别表示显著性为1%、5%、10%,括号内数字为稳健标准误。

表3-6第(1)列是增长目标约束对市场化水平的回归结果,增长目标约束对市场化的回归系数为-0.048,且通过了1%水平显著性检验,说明增长目标约束能够显著抑制市场化水平的提升;第(2)列是将增长目标约束和市场化的交互项纳入回归方程的回归结果,结果显示加入增长目标约束和市场化的交互项后,增长目标约束对人才区域配置的系数由负转正,说明市场化能够改善增长目标约束对人才区域配置的抑制作用;此时,增长目标约束和市场化的交互项对人才区域配置的回归系数为-25.152,且通过了5%水平显著性检验,说明增长目标约束和市场化二者交互项能够显著抑制人才区域配置水平提升,综合第(1)列的结果,说明增长目标约束能够通过抑制市场化水平的提升而阻碍人才区域配置水平提升。这主要是因为在层层加码和政治晋升的激励下,增长目标约束会导致地方保护造成市场分割,阻碍市场化水平的提升,不仅不利于人才流动和异质性知识交流,还会导致市场竞争机制难以对人才产生激励作用,从而降低人才自我提升的积极性,同时,那些被错配的人才也会因市场分割的阻碍而难以流动到适宜的岗位,这同样会降低人才工作的积极性,因此,增长目标约束过高会抑制人才区域配置水平的提升。

表3-6第(3)列是增长目标约束对城市污染度的回归结果,结果显示增长目标约束对城市污染度的回归系数为0.063,且通过了1%水平显著性检验,说明增长目标约束能够显著加剧城市污染;第(4)列是将增长目标约束和城市污染度的交互项纳入回归方程的回归结果,加入增长目标约束和城市污染度的交互项后,增长目标约束对人才区域配置的回归系数为负且通过了1%水平显著性检验,而增长目标约束和城市污染度的交互项对人才区域配置的回归系数为-1.118,且通过了1%水平显著性检验,说明增长目标约束和城市污染度二者交互项能够显著抑制人才区域配置水平提升,综合第(3)列和第(4)列的结果,说明增长目标约束能够通过加剧城市污染从而抑制人才区域配置水平的提升。这主要是因为对经济增长目标的追求会扭曲政府的投资行为,投资一些污染高见效快的工业企业,在环境规制方面也会采取较宽松的

政策,本着先污染后治理的理念盲目追求经济增长目标的实现,不仅会引起盲目投资和低水平建设,加剧恶性竞争,也会挤占见效相对较慢的高新技术产业的投资,随着经营规模的扩大,工业三废的排放会加重当地环境污染程度,加之人才对环境的高度敏感,因而增长目标约束会通过加剧城市环境污染而阻碍人才流入甚至倒逼本地人才流出,进而抑制人才区域配置水平的提升。

为验证机制检验结果的稳健性,本书进一步取增长目标约束的滞后期当作工具变量,采用二阶段最小二乘法重新对式(3-2)估计,此举不仅能解决内生性问题,也能够对机制检验结果进行验证,估计结果见表3-6第(5)至第(8)列。将表3-6第(5)、第(6)、第(7)、第(8)列分别与表3-6第(1)、第(2)、第(3)、第(4)列进行对比,发现无论是回归系数的符号还是显著性均无异常变动,说明机制检验结果是稳健的,因此,增长目标约束能够通过阻碍市场化水平提升、加剧城市污染等途径抑制人才区域配置水平的提升。

四、拓展性分析

上述分析反映了增长目标约束对人才区域配置的整体效应,但我国幅员辽阔,无论是经济发展水平、城市层级结构、地域特征,还是资源禀赋以及经济增长潜力,抑或增长目标约束强度都迥然不同,那些经济发展落后地区的人才区域配置水平与发达城市也相差甚远,有必要进一步考察增长目标约束对人才区域配置的影响是否存在异质性;基于此,本书将研究样本根据2019年经济发展水平排名划分成高水平、中水平和低水平三个子样本,根据城市特征将研究样本划分成省会城市样本和非省会城市样本,根据"十四五"规划纲要城市群划分所列的城市群名单将研究样本划分为城市群样本和非城市群样本,进而考察增长目标约束对人才区域配置的异质性。

(一)基于经济发展水平的异质性分析

将研究样本根据2019年经济发展水平排名划分成高水平、中水平和低水平三个子样本后,对式(3-1)进行估计,结果见表3-7。

表3-7 分经济发展水平回归结果

变量	(1) talalloc	(2) talalloc	(3) talalloc	(4) talalloc	(5) talalloc	(6) talalloc
targcon	−2.214	−2.087 *	−0.353	−5.328	−4.774 **	−6.987 ***
	(1.621)	(1.188)	(0.285)	(3.277)	(2.306)	(2.586)
fiauto	0.129	−0.072	−0.283 ***	0.102	−0.074	−0.286 ***
	(0.129)	(0.087)	(0.075)	(0.127)	(0.088)	(0.093)
incent	−0.539 ***	−0.434 ***	−0.567 ***	−0.405 **	−0.449 ***	−0.425 **
	(0.187)	(0.130)	(0.129)	(0.195)	(0.129)	(0.166)
instruc	2.805 ***	2.135 **	1.305 **	2.319 **	1.971 **	1.700 **
	(1.043)	(0.846)	(0.643)	(1.063)	(0.904)	(0.833)
govein	−0.073	−0.104	0.196 ***	−0.035	−0.148	0.069
	(0.111)	(0.108)	(0.071)	(0.112)	(0.112)	(0.096)
个体/时间	YES	YES	YES	YES	YES	YES
Cons	1.453	−1.291	−1.931	1.484	−0.308	−2.553
	(2.034)	(1.352)	(1.381)	(2.447)	(1.657)	(2.075)
Obs	1376	1376	1376	1290	1290	1290
R²	0.883	0.846	0.786	0.885	0.849	0.686

注:***、**、* 分别表示显著性为1%、5%、10%,括号内数字为稳健标准误。

表3-7第(1)至第(3)列分别是高经济发展水平、中等经济发展水平、低经济发展水平三个子样本采用双固定效应模型对式(3-1)的回归结果,第(4)至第(6)列分别是高经济发展水平、中等经济发展水平、低经济发展水平三个子样本将增长目标约束的滞后期当作工具变量,采用二阶段最小二乘法对式(3-1)的回归结果。从表中能够看出增长目标约束对高经济发展水平的城市影响不显著;就中等发展水平地区而言,增长目标约束对中等发展水平城市人

才区域配置的回归系数为负,且通过了至少 10%水平显著性检验,说明增长目标约束能够显著抑制中等发展水平地区人才区域配置水平的提升;就低发展水平地区而言,增长目标约束对低发展水平地区人才区域配置的回归结果虽然在采用双固定效应模型回归时没有通过显著性检验,但在将增长目标约束滞后期作为工具变量后采用二阶段最二乘法的回归系数不仅为负,且通过了 1%水平显著性检验,说明增长目标约束对低发展水平的人才区域配置同样起抑制作用。将中等发展水平增长目标约束的回归系数与低发展水平增长目标约束的回归系数进行对比,发现低发展水平地区增长目标约束对人才区域配置的回归系数绝对值更大,且显著性更强,即增长目标约束对人才区域配置的抑制作用在低发展水平地区更强。综上能够得出,增长目标约束对人才区域配置的抑制作用随经济发展水平的提升而减弱。这主要是因为发达地区资源禀赋充裕,相对于落后地区更容易实现既定的增长目标,而落后地区在竞争中为不落于下风,制定出的增长目标与实际增长潜力偏离更多,在增长目标的实现过程中对地方政府的行为举措约束更强,因此,经济实力的差异会引发地方政府在增长目标约束下对公共物品供给偏好的不同,在落后地区尚集中精力搞基础设施等硬公共物品的阶段,而发达地区已经开始关注短期效益不明显的基础教育等公共物品和服务,且注重对区域自主创新能力的培养(丁菊红和邓可斌,2008;杜传忠和张丽,2015),增长目标约束引发的公共物品供给的差异最终对人才激励产生不同的影响,造成落后地区人才潜能释放异常,因此产生了增长目标约束对人才区域配置的抑制作用随经济发展水平的提升而减弱的现象。

(二) 基于城市特征的异质性分析

为考察增长目标约束对人才区域配置效应的异质性,进一步将研究样本根据城市行政级别划分成省会城市样本和非省会城市样本后对式(3-1)进行估计,结果见表3-8。

表 3-8 第(1)列是省会城市样本采用双固定效应模型对式(3-1)的回归结果,第(2)列是非省会城市样本采用双固定效应模型对式(3-1)的回归结果。从表 3-8 第(1)列能够看出省会城市增长目标约束对区域人才配置的回归系数为正,但未通过显著性检验,说明省会城市增长目标约束对人才区域配置无影响;同样从表 3-8 第(2)列中可以看出,非省会城市增长目标约束对人才区域配置的回归系数为-0.483,且通过了 10%水平显著性检验,说明非省会城市增长目标约束能够显著抑制人才区域配置水平的提升。这主要是因为,一方面省会城市相对于非省会城市资源禀赋高、工作机会多、晋升空间大,对人才能够产生"虹吸效应",有利于人才集聚效应的发挥和知识溢出效应的转化;另一方面,省会城市因竞争激烈,在市场优胜劣汰机制的作用下,无论是人才规模还是高层次人才占比相对于非省会都更高,对区域自主创新能力的促进作用也更强,在同等增长目标约束下省会城市更有能力实现其增长目标,因此增长目标约束难以扭曲当地政府行为,对人才区域配置难以产生负面影响。而非省会城市在制定经济增长目标时对增长目标的加码相对于省会城市更为严重,增长目标约束更强,在增长目标制定后为实现增长目标而采取的措施偏向于更注重短期效益的短期行为,进而对人才区域配置产生的抑制作用更强。

表 3-8 分城市特征回归结果

变量	(1)	(2)	(3)	(4)
	talalloc	talalloc	talalloc	talalloc
targcon	1.129	−0.483*	1.649	−6.506***
	(1.195)	(0.287)	(2.226)	(1.733)
fiauto	0.158	−0.149***	0.113	−0.154**
	(0.107)	(0.057)	(0.102)	(0.062)

续表

变量	（1） talalloc	（2） talalloc	（3） talalloc	（4） talalloc
incent	−1.081 ***	−0.555 ***	−0.828 ***	−0.493 ***
	（0.223）	（0.089）	（0.224）	（0.098）
instruc	5.412 ***	1.693 ***	5.077 ***	1.615 ***
	（1.247）	（0.488）	（1.250）	（0.557）
govein	−0.008	0.226 ***	0.027	0.132 **
	（0.092）	（0.057）	（0.087）	（0.066）
个体/时间	YES	YES	YES	YES
Cons	4.894 *	−2.264 **	3.616	−1.451
	（2.708）	（0.963）	（3.146）	（1.215）
Obs	480	3648	450	3420
R^2	0.851	0.771	0.857	0.741

注：***、**、* 分别表示显著性为 1%、5%、10%，括号内数字为稳健标准误。

（三）基于城市群特征的异质性分析

为考察增长目标约束对人才区域配置效应的城市特征异质性，进一步将研究样本根据"十四五"规划纲要城市群划分所列的城市群名单将研究样本划分为城市群样本和非城市群样本后对式(3-1)进行估计，结果见表3-9。

表3-9 分城市群回归结果

变量	（1） talalloc	（2） talalloc	（3） talalloc	（4） talalloc
targcon	−0.411	−0.496 *	−2.246	−8.258 ***
	（1.049）	（0.281）	（1.843）	（2.712）

续表

变量	（1）talalloc	（2）talalloc	（3）talalloc	（4）talalloc
fiauto	−0.040	−0.197***	−0.059	−0.218**
	(0.078)	(0.072)	(0.079)	(0.090)
incent	−0.800***	−0.303**	−0.766***	−0.175
	(0.121)	(0.119)	(0.121)	(0.153)
instruc	1.106	2.503***	0.720	2.785***
	(0.722)	(0.596)	(0.739)	(0.802)
govein	0.184**	0.184***	0.193**	0.056
	(0.086)	(0.065)	(0.087)	(0.089)
个体/时间	YES	YES	YES	YES
Cons	6.336***	−1.585	7.532***	−6.212***
	(1.411)	(1.266)	(1.623)	(1.870)
Obs	2384	1744	2235	1635
R^2	0.840	0.845	0.843	0.765

注：***、**、* 分别表示显著性为1%、5%、10%，括号内数字为稳健标准误。

表3-9第（1）列和第（2）列分别是城市群城市样本和非城市群城市样本采用双固定效应模型对式（4.1）的回归结果，第（3）列和第（4）列分别是城市群城市样本和非城市群城市样本采用二阶段最小二乘法对式（3-1）的回归结果。从表3-9第（1）列和第（3）列能够看出增长目标约束对人才区域配置的回归系数在城市群城市不显著，从第（2）列和第（4）列能够看出增长目标约束对人才区域配置的回归系数在非城市群城市显著为负，说明在非城市群地区增长目标约束对人才区域配置的抑制作用更强，而对城市群地区无影响。这主要是因为城市群地区市场一体化程度相对于非城市群地区更高，有利于人才技能的发挥和知识溢出效应的释放及吸收转化，因此，城市群地区面临增长目标约束所带来的压力会更小，增长目标约束对人才区域配置的抑制作用也

小;而非城市群地区恰恰与之相反,增长目标约束对人才区域配置会因市场分割、地方基础设施投资挤占创新支出等原因而对人才区域配置产生抑制作用;因此,增长目标约束对人才区域配置的抑制作用在非城市群地区更为严重。

GDP考核晋升机制引发地方政府"为增长而竞争",尽管明确知晓实际的增长禀赋,为在考核中胜出仍会调高增速,确保在晋升锦标赛中不会落于下风,最终导致各地区其禀赋与增长目标之间的偏离程度并不相同,经济增长目标偏离会扭曲资源配置的方向,偏离度越高对资源配置的扭曲效应越强;本章从官员晋升考核激励下经济增长目标层层加码的现实背景出发,揭示经济增长目标层层加码对地方官员造成约束的潜在后果,就增长目标约束对人才区域配置的影响展开研究,通过梳理发现:增长目标约束能够通过阻碍市场化水平提升、加剧城市污染等途径对人才区域配置产生抑制作用。借助中国258个城市2004—2019年的面板数据对增长目标约束对人才区域配置的影响及其作用机制进行检验,结果表明,增长目标约束对人才区域配置起抑制作用,且抑制作用的强度随增长目标约束强度的提升而增强;机制检验发现,增长目标约束通过阻碍市场化水平提升和加剧城市环境污染从而抑制了人才区域配置水平的提升;进一步考察增长目标约束对人才区域配置的异质性,发现增长目标约束在高经济发展水平、中等经济发展水平和低经济发展水平地区对人才区域配置的抑制效应逐渐增强,即增长目标约束对人才区域配置的抑制效应随着经济发展水平的提升而降低;分城市特征考察发现,经济增长目标约束对省会城市人才区域配置的影响不显著,对非省会城市人才区域配置有着显著的抑制作用;分城市群增长目标约束对城市群地区人才区域配置的影响不显著,对非城市群地区人才区域配置有着显著的抑制作用。本章研究揭示了发达地区和落后地区人才配置失衡的深层次原因,为区域人才配置失衡提供了新的解释。

第四章 创新驱动对人才 区域配置的影响

　　自党的十九大伊始,高质量发展更加强调创新驱动。过去要素投入驱动经济增长基本上是以要素供应充裕为条件的,随着劳动力成本优势弱化以及物质资本报酬递减等困境的显现,这种增长方式将难以满足新的发展要求;从TFP 的新旧动能转换来看,创新驱动发展战略已成为破解动能转换难题的关键,因此,经济增长模式亟须由要素驱动转向创新驱动,各地对创新目标的追求也加快了增长方式由要素驱动向创新驱动转变的进程。无论是中央还是地方政府对创新驱动发展战略都格外重视,陆续出台了很多激励性政策,然而不少地方推进"创新驱动发展战略"的落实时,罔顾了实地考察的必要性,导致对创新驱动发展战略的盲目执行,在现实中无益于关键问题的解决(王海兵和杨蕙馨,2015),致使地区创新驱动发展处于恶化状态,究其原因在于人才区域配置水平不足导致的技术水平停滞不前(刘运转和宋宇,2018)。人才是科技创新的核心要素,人才供应不足会导致对领先技术缺少应有的接收和领悟能力,难以促进创新水平提升(Phelps,1966)。习近平总书记着重指出:"必须坚持科技是第一生产力、人才是第一资源、创新是第一动力,深入实施科教兴国战略、人才强国战略、创新驱动发展战略,开辟发展新领域新赛道,不断塑造发展新动能新优势。"①人才作为创新投入的核心要素,长期来看东部地区的人才聚集度相对较高,西部落后、贫困地区的人才聚集程度则较低,在总量规模不高的情况下配置却极度错位(杜伟等,2014),倘若不能优化人才结构使其合理配置,必将成为创新增长的阻力(李静和楠玉,2019)。

在经济增长动力转换进程中,不仅人才的市场化配置功能会大打折扣,从而影响人才的有效配置,人才在地区间的流动和配置优化也受到体制内外制度性障碍的束缚,在此情况下就不得不由政府进行干预调节;尤其是在创新驱动发展阶段,各地出于对创新目标的追求纷纷出台了一系列引人引智的政策以加快新旧动能转换。2020 年 4 月,中共中央、国务院发布《关于构建更加完善的要素市场化配置体制机制的意见》,进一步强调要加大人才引进力度,然而不合理的干预不仅会引起局部地区人才过度集聚进而产生"人才拥挤"现象(张益丰和孙文浩,2018),甚至会进一步加剧人才在区域间的错配程度,人才在区域间配置扭曲必将抑制人才创新潜能的释放,进而引致创新驱动经济高质量发展进程受阻(李静和楠玉,2019);贯彻落实创新驱动发展战略,需要解决好人才的合理配置问题,人才区域配置的质量是影响区域创新体系运转效率的关键(谭莹和李昕,2019)。已有文献重视行业或部门配置而忽略了人才在区域间的配置,当前人才的非有效配置已成为创新驱动和实现经济高质量发展的主要短板(李静等,2019),各地政府引人引智政策的出台旨在缓解人才区域错配、解决人才的非有效配置问题,各地政府对创新目标的追求,无论是对创新驱动发展战略的落实还是在引导人才区域配置上都功不可没。那么,创新驱动是否能够扭转人才区域配置失衡的局面,不禁让人深思;基于此,本章将创新驱动与人才区域配置纳入统一框架,探讨创新驱动的人才区域配置效应,以期为提升人才区域配置,促进区域创新驱动经济高质量发展汇聚新思路。

---

① 《习近平著作选读》第一卷,人民出版社 2023 年版,第 28 页。

第一节　创新驱动影响人才区域配置机制分析

一、创新驱动、产业集聚对人才区域配置的影响

20世纪90年代,迈克尔·波特以钻石理论为研究工具,首次提出了国家经济发展将经历四个阶段,其中第三阶段是创新驱动阶段。创新驱动下的经济增长不仅是经济效率的提高,更是知识资本、人力资本、制度创新等要素和资源的重新组合,其实质是科技创新,而科技创新的源泉即是原创性成果的发现和先进技术的引进及改良(洪银兴,2013),是生产性和社会性的成果转化,需要依靠创新产业谋求发展优势。因此,企业为节约生产成本和共享资源,在创新驱动下会选择集聚,集聚区内的企业通过创新推进技术提升和进步,从而有效组合和利用创新资源、优化资源配置,推动产业结构升级。

首先,一方面,随着集聚规模的扩大,集聚区内资源、技术和人力资本等要素资源集中度提高,有利于发挥规模经济效应(Murphy et al.,1991);集聚还有利于企业进行价值链分解,集中力量于提高核心业务的科技创新水平,从而提高劳动生产率水平(蔡玉蓉和汪慧玲,2018)。另一方面,产业集聚的规模效应促使集聚区内企业研发成本和生产成本降低(阳立高等,2018),从而提高企业研发动力和创新效率(William & Baumol,1996;刘兵等,2010;姚毓春等,2014;袁富华等,2015)。其次,创新驱动下的产业集聚,有利于企业间的交流、学习和激励,以及共享集聚区的创新服务,具有聚集生产性部门和产业知识、技术外溢效应、信息共享、人才集聚的区位优势(刘运转和宋宇,2018;罗勇根等,2019)。通过知识溢出,不同集聚区间的协作可以形成科技创新扩散渠道,提高集聚区产业科技创新能力;除此之外,产业集聚还能激励企业技术改进,通过外部业务往来获取外部信息,为集聚区内产业创新提供新的知识和信息刺激,使得知识和信息的传播从时空上缩短,从而有效提升创新知识的传

播速度,提高整体技术创新效率、能力和产出水平(李福柱和李倩,2019),并且随着集聚区内要素的快速流动,知识、技术的外溢扩散,产业链上其他企业也会受益于其所带来的影响(袁琴,2021)。再次,产业集聚能够通过绿色技术进步产生技术溢出效应,从而促进绿色技术创新绩效的提升(杨浩昌等,2020),推动国家绿色发展。最后,产业集聚还使得区域内同一产业产生竞争追赶效应,从而促使企业进一步加大创新投入,以期通过提高自身技术创新实力而提升劳动生产率,在整体竞争中立于不败之地。因此,产业集聚能够强化投资效应,较高的投资回报率能够支付高工资、高福利从而吸引并积聚大量高层次人才,人力资源的流动使创新更有效率,劳动生产率也因此提高。

人才作为技能和知识的主要生产力,是推动区域创新发展的核心要素,创新驱动的增长模式需要更多地依靠人才创新潜能的释放,人才的合理区域配置对创新具有决定性意义。一方面,人才的合理配置能够促进科技成果转化,通过建立高效的人才合作交流机制,为产业集群提供良好的智力保障;另一方面,产业集聚有利于营造充满机会的人才发展环境,人才培养机制的完善更是对人才配置的优化。产业集聚是培养和集聚高素质人才的重要途径,也是人才实现自身价值的良好平台。因此,产业集聚将对投资和创新要素形成大规模需求(韩剑和郑秋玲,2014),并以较高的薪资待遇和良好的发展前景吸引人才。产业集聚带来了人才集聚,形成了一种"磁场"不断吸引高素质人才,为技术创新提供知识、技术和人力资源保障,人才也因为集聚区内的资源禀赋、人才环境、科研创新水平、收入等因素选择集聚,并且展现出一种"领头雁效应",即"领头雁"的流入会引发更多人才追随(朱杏珍,2002)。过去,东部地区依托劳动密集型产业实现 GDP 快速增长,如今,面临产业结构升级、传统产业外迁的变化,中西部地区则凭借要素价格优势承接转移产业,产业空间集聚格局的改变由此带来了人才区域配置的改变。另外,人才的集聚又促进集聚区内形成知识共享等有利于提升创新研发能力的良好氛围和沟通渠道,通过人力资本积累、知识外溢、资源优势互补和信息共享等途径激发创新动力,从而提升区域生产效率,促进区域经济增长,缩小区域发展差距,区域差距的缩小又进一步促进了人才在区域间的合理配置,从而提升了人才区域配置水平,基于此提出假设 H_1。

假设 H_1:创新驱动能够促进产业集聚,从而提高人才区域配置水平。

二、创新驱动、人才流动对人才区域配置的影响

随着中国经济进入高质量发展阶段,经济增长动力也亟须由以往要素驱动向创新驱动转变,创新驱动需要以大量高素质人才为保障,意味着创新驱动高质量发展会对人才流动产生巨大的向心力;然而,人才集聚也会导致当地生活成本升高,从而对部分人产生挤出效应。另外,自创新驱动发展战略提出以来,不少地方以实际行动贯彻创新驱动发展战略时,罔顾了实地考察的必要性,导致对创新驱动发展战略的盲目执行,在现实中无作用于关键问题的解决(王海兵和杨蕙馨,2015),致使地区创新驱动发展处于恶化状态,区域间创新驱动发展迥异,呈现出不均衡的特征,原因在于我国创新活动长期依赖政府政策和资源投入,虽然人力资本配置水平是将外部创新资源转变为自主创新能力的关键所在,但人才在行业和区域间配置的失衡,导致了我国虽然人才数量初具规模,却难以将人力资本转变成促使创新能力提升的根本动力;此外,体制内外人才在福利待遇等方面的差异以及制度约束致使体制内外人才配置恶化和创新潜能释放受阻,以致区域整体创新动力不足。人才作为创新产出的核心要素,其在产业间抑或区域间配置的扭曲必将妨碍人才创新潜能的发挥,进而抑制区域创新水平的提升,因此创新驱动的关键在于人才的合理配置。

在此情况下,中共中央《关于深化人才发展体制机制改革的意见》的出台突破了体制约束,在新的政策引领和创新驱动的激励下,各地纷纷出台各种引人引智的政策,为人才流动扫除了障碍。另外,创新人才集聚会对城市房价产生明显的空间溢出效应,王荣和张所地(2016)通过研究创新驱动对房价影响

时发现,创新产出每提高1单位,城市房价上升0.25%;因此,创新驱动会提高当地房价,房价的持续上涨带来了生活成本的上升,使得青年人才安家落户步履维艰,相对于大城市而言小城市的吸引力会更强,从而一方面对人口集聚产生了抑制作用,另一方面对人口产生了挤出效用,从而逐渐改变以往"孔雀东南飞"的人才流向,人才流向的转变有利于打破以往偏远落后地区在教育上只见投入罕见输出的局面,有利于提高地方办学积极性以增加人才供给,不仅提高了人才流动的积极性,也使过去人才只出不进的落后地区有才可引,从而提升了人才区域配置水平,缓解人才区域配置不平衡问题,这能反过来促进区域创新水平的发展,形成一个良性循环。

　　微观来看,在迈入高质量发展阶段后,经济增长日益受到资源禀赋的桎梏,经济增长方式亟须由要素驱动向创新驱动转变,创新驱动下地方政府求贤若渴促进了人才流动,表现有三点:其一,有研究认为优质劳动力对自主创新的效应格外明显,而普通劳动力仅能凭借对产品模仿来推动生产技术提升(Young et al.,2004),为了留住人才,政府和企业会增强对人才培养的支持力度,致力于打造有助于人才施展才智的知识氛围和平台,为人才提供较为充足的竞技机会和惬意的人文环境以及浓郁的学习氛围(靳卫东,2010),这将吸引更多优秀人才的流入,而人才流动和聚集可以通过规模效应和释放人力资本红利推动地区经济发展,创造更多的就业机会。其二,实施创新驱动发展战略,使得我国新产业新业态集约式增长,而新旧动能高质量转换是促进我国产业转型升级、保障经济高质量发展的重要动能。各区域产业结构的调整加快了东部地区产业西移的步伐,而产业转移作为要素流动的载体,在引起人才资源在地区间流动的同时,也促进了人才在区域间的重新配置(侯爱军等,2015);同时,产业转移能够优化流入地和流出地产业空间布局,促进专业化分工,在扩大市场规模的同时还将促进服务业发展,能够驱使产业向知识集约化方向转型,从而推动产业向高附加值的战略性新兴产业发展,进而产生更高的人才需求(彭连清,2007)。其三,市场优胜劣汰机制的触发,可以倒逼企业进行技术革新,激励企业增加研发投资、激发创新活力,以提高企业竞争力。随着竞争的加剧,企业对研发人员以及高层次人才的需求增加,企业愈发认识到优秀人才对创新的关键作用(夏冬和李垣,2004),人才作为优质人力资本的载体和创新的核心要素,已然成为各地区的必争资源,按照"劳动力梯度转移"理论,无论是发达地区还是落后地区,总有部分人才因技能与就业岗位不匹配而难以施展其才能,抑或与当地生产力不匹配未能得到充分利用,但这部分人才通过流动可以在其他地区匹配到合适的岗位而得以充分利用(安鸿章和吴江,2005)。因此,创新驱动不仅提高了区域间人才市场的互动效率,也巩固了人才流动的激励机制(谭莹和李昕,2019),而创新水平的提升又能够通过提高人力资本溢价促进人才的流入,能够最大程度调动人才的流动性和主观能动性,从而改善人才错配,提高人才区域配置效率。基于此提出假设 H_2。

假设 H_2:创新驱动能够有效促进人才流动,从而优化区域间人才合理配置。

综上,可梳理出创新驱动影响人才区域配置的机制,如图 4-1 所示。

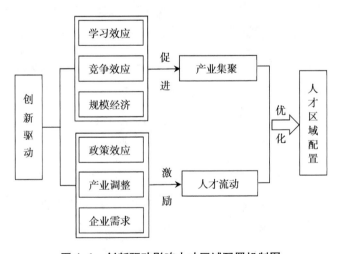

图 4-1　创新驱动影响人才区域配置机制图

第二节 模型构建和指标选取

一、模型构建

由上述机理分析可知,创新驱动增长模式下政府出于对创新目标的追求而采取各种引人引智手段,以引导人才流入从而改善人才区域配置,最终推动区域创新发展,为深入识别创新驱动对人才区域配置的效应,本书借助中国258个城市2004—2019年的面板数据对上述理论机制进行验证,并对实证结果进行稳健性检验,在此基础上,进一步检验创新驱动对人才区域配置效应的发挥是否受政府支持水平的影响,基本模型设计为:

$$talalloc_{i,t} = \beta_0 + \beta_1 innodr_{i,t} + \beta_2 controls + \lambda_i + \varphi_t + \varepsilon_{i,t} \tag{4-1}$$

$$talalloc_{i,t} = \beta_0 + \beta_1 innodr_{i,t} + \gamma innodr_{i,t} * X + \beta_2 controls + \lambda_i + \varphi_t + \varepsilon_{i,t}$$

$$\tag{4-2}$$

式(4-1)和式(4-2)中, $talalloc_{i,t}$ 为人才区域配置水平, $innodr_{i,t}$ 为创新驱动水平, $controls$ 为控制变量,包括薪酬激励($incent$)、市场化($compete$)、产业结构高级化($instruc$)、政府支持($govein$);X为机制变量,包括产业集聚($indclu$)、人才流动($talentf$); λ_i 为个体效应, φ_t 为时间效应, $\varepsilon_{i,t}$ 为随机扰动项,下标t为时间,i为地区, β_i 和 γ 为模型的待估计参数。

二、指标选取及数据说明

(一) 指标选取

创新驱动($innodr$):要素投入驱动经济增长的发展方式难以保证经济发展的质量,要实现经济高质量发展,经济发展方式需由要素驱动转向创新驱动,因此经济高质量发展受创新水平的制约,创新水平不足将对经济高质量发展进程产生阻碍；人才作为高端知识拥有者，亦是实现创新目标的关键要素，创新驱动主导下势必引起人才在区域间的重新配置；对创新驱动的衡量无法直接估计，而城市创新指数能够间接反映区域的创新水平，因此本书使用复旦大学产业发展研究中心发布的 2017 年《中国城市和产业创新力报告》中的城市创新指数来衡量各个地区的创新驱动水平，缺失值采用插值法补充完整。

产业集聚（ $indclu$ ）：产业集聚一方面能够产生规模效应和外部性，降低企业生产成本与交易费用，提高经济增长效率；另一方面能够形成"劳动力蓄水池"，为技术创新提供人才支持，形成内生增长动力，从而促进人才区域配置水平提升。区位熵指数能够较为准确地反映出产业在地理上的空间分布，因此本书使用第二产业产值区位熵指数来度量各区域的产业集聚水平。

人才流动水平（ $talentf$ ）：人才作为知识的载体，不仅是促进创新水平提升的核心要素，也是实现经济高质量发展的支撑。自经济高质量发展伊始，各地区纷纷实施各种引人引智的人才政策，掀起人才流动的浪潮，人才流动既有助于知识传播与技术扩散，又有利于优化人才的空间配置；区域人才变动则一方面来源于自然增长，另一方面来源于人才流动，基于此，本书以区域人才波动程度来衡量各地区的人才流动情况，具体计算方法如下：

$$talentf_{i,t} = \frac{talent_{i,t} - talent_{i,t-1} - talent_{i,t} * (n_{i,t} * \frac{talent_{i,t}}{N_{i,t}})}{talent_{i,t}} * 100\%$$

$$(4-3)$$

式（4-3）中 $talentf_{i,t}$ 为 i 地区 t 时期人才流动程度，$talent_{i,t}$ 为 i 地区 t 时期就业人才数量，$talent_{i,t-1}$ 为 i 地区 t-1 时期就业人才数量，因城市统计数据未包含大学受教育程度占比，因此本书选取具有一定知识基础的科研行业从业人员来代替地区人才数量，$n_{i,t}$ 为 i 地区 t 时期人口自然增长率，$N_{i,t}$ 为 i 地区 t 时期总人数。

（二）其他变量说明

人才区域配置（*talalloc*）：基于本章节主要考察创新驱动背景下的人才区域配置，现有文献主要是利用平均受教育年限或者大学以上受教育程度人数来衡量人力资本，然而即使是大学以上学历，真正对创新起作用的却是就业于创新或研发部门的从业人员，因此，本章节对人才的衡量主要是科研从业人员。计算方法见第二章。

薪酬激励（*incent*）、市场化（*compete*）、产业结构高级化（*instruc*）、政府支持（*govein*）四个指标的选取依据和计算方法见第三章，其中，本章节产业结构高级化指标通过从业人员占比赋值加权得到。

（三）数据说明

本章以中国 258 个城市为研究对象，以 2004—2019 年为观测周期，数据来源于《中国统计年鉴》、《中国人口和就业统计年鉴》、《中国城市统计年鉴》、《中国省市经济发展年鉴》、各个省市统计年鉴和复旦大学产业发展研究中心发布的 2017 年《中国城市和产业创新力报告》。其中，少数缺失数据用插值法进行补充。为剔除经济价格变动对统计数据带来的影响，本书部分指标在计算过程中以 2000 年为基期，利用 GDP 平减指数进行折算。此外，本书利用方差膨胀因子进行多重共线性检验发现，所有 VIF 值均小于 10。因而，变量之间不存在严重的多重共线性问题。具体变量描述性统计见表 4-1。

表 4-1　变量描述性统计

Variable	Obs	Mean	Std.Dev.	Min	Max
talalloc	4128	0.020	0.040	0	0.443
innodr	4128	14.478	74.478	0.005	2073.283
incent	4128	40700.72	22398.29	6207.11	321000

Variable	Obs	Mean	Std.Dev.	Min	Max
compete	4128	0.069	0.050	0.004	0.451
instruc	4128	2.497	0.153	1.359	2.941
govein	4128	0.196	0.046	0.006	0.497
indclu	4128	1.011	0.221	0.183	1.799
talentf	4128	0.106	2.297	−0.993	108.21

第三节　实证结果及分析

一、基准回归

从前文分析能够看出创新驱动能够有效促进人才区域配置水平提升,中国长期以来人才区域配置失衡状况能否在创新驱动发展模式下得以缓解下仍需要进一步验证。面板数据模型能够综合考察对象在时间序列以及横截面上的波动规律,增加估计的有效性,为确定回归方程采用固定效应还是随机效应,需要对方程进行 Hausman 检验,经检验,式(4-1)适用固定效应模型,考虑到创新驱动发展是个长期的过程,存在明显的时间趋势效应,因此采用固定时间和个体的双向固定效应模型对式(4-1)进行回归,通过逐步回归来检验创新驱动变量回归结果的稳健性。具体估计结果见表4-2。

表4-2第(1)列考察了创新驱动作为核心解释变量时基础方程的回归结果。创新驱动回归系数为 0.138,且通过了 1% 水平显著性检验;在第(2)至第(5)列逐个加入控制变量后,创新驱动对人才区域配置的回归系数依然为正,且均通过了 1% 水平显著性检验,说明创新驱动能够显著促进人才区域配置水平的提升,这主要是因为:(1)创新驱动实际上是人才驱动,各地在创新驱

动的激励下纷纷出台各种引人引智的政策,不仅提高了人才流动的积极性,也使过去人才只出不进的落后地区有才可引,扭转了"孔雀东南飞"的人才流向,人才流向的转变打破了以往偏远落后地区在教育上只见投入罕见产出的局面,有利于提高地方办学积极性以增加人才供给,从而提升人才区域配置水平;(2)创新驱动有利于地方产业向高附加值的知识密集型产业和战略性新兴产业过渡,对战略性新兴产业的支持不仅有利于为人才创新潜能的发挥提供良好的外部环境,同时也衍生出新的工作岗位,为人才提供了施展才能的机会,而创新水平的提高进一步增强了对人才的吸引力,促进人才集聚,从而发挥人才集聚效应和知识溢出效应,便于区域人才配置水平的提高;此外,在创新驱动激励下,各地纷纷增强对创新的支持力度,有利于提升人才工作积极性,激发人才创新活力,进而提升人才配置效率;因此,创新驱动能够有效促进人才区域配置水平的提升。

表 4-2　基准回归结果

变量	（1）	（2）	（3）	（4）	（5）
	talalloc	*talalloc*	*talalloc*	*talalloc*	*talalloc*
innodr	0.138 ***	0.122 ***	0.122 ***	0.180 ***	0.167 ***
	（0.021）	（0.021）	（0.021）	（0.021）	（0.021）
incent		−0.535 ***	−0.559 ***	−0.618 ***	−0.605 ***
		（0.084）	（0.084）	（0.083）	（0.083）
compete			0.075 ***	0.044 *	0.044 *
			（0.025）	（0.025）	（0.025）
instruc				4.181 ***	4.223 ***
				（0.328）	（0.328）
govein					0.139 ***
					（0.049）
个体/时间	YES	YES	YES	YES	YES

变量	(1) talalloc	(2) talalloc	(3) talalloc	(4) talalloc	(5) talalloc
Cons	−1.692***	3.870***	4.232***	0.339	0.445
	(0.162)	(0.887)	(0.894)	(0.927)	(0.927)
Obs	4128	4128	4128	4128	4128
R^2	0.839	0.841	0.841	0.848	0.848

注:***、**、*分别表示1%、5%、10%置信水平,括号内数字为稳健标准误。

　　从控制变量来看,第(2)列是加入薪酬激励的回归结果,薪酬激励对人才区域配置的回归系数为−0.535,且通过了1%水平显著性检验,说明薪酬水平的提升不利于人才区域配置的改善;这主要是因为薪酬激励的选取为区域平均工资,相对于人才而言,普通劳动力的薪酬弹性更高,薪酬水平的提升一方面会引致劳动力涌入对人才产生挤出效应,另一方面人才和普通劳动力相对薪酬水平的下降不仅会降低人才工作积极性,还会导致当地在区域间人才竞争时处于劣势地位,甚至还可能会导致已有人才的流失,因此,区域薪酬水平的提升会抑制当地人才配置水平的提升。第(3)列是加入市场化的回归结果,市场化对人才区域配置的回归系数为0.075且通过了1%水平显著性检验,说明创新驱动发展背景下市场化水平的提升能够促进人才区域配置水平的提升;这主要是因为市场化水平的提升能够促进企业间技术交流,有利于技术溢出效应的吸收转换,促进企业加强研发投入,激发人才工作积极性,从而提升人才效率,最终提升人才配置水平。第(4)列是加入产业结构高级化之后的回归结果,产业结构高级化对人才区域配置的回归系数为4.181,且通过了1%水平显著性检验,说明产业结构高级化能够有效促进人才区域配置水平的提升;这主要是因为产业结构高级化能够驱使产业向知识集约化方向发展,进而促使产业向高附加值的知识密集型、战略性新兴型方向演化,随着产业结构高级化水平的提升,衍生出的人才岗位也随之提高了人才需求,促进人才集聚,有利于集聚效应的发挥和知识溢出效应的吸收,从而改善人才区域配置。第(5)列是加入政府支持后的回归结果,结果显示政府支持对人才区域配置的回归系数为0.139,且通过了1%水平显著性检验,说明政府支持亦能够有效促进人才区域配置水平的提升;这主要是因为政府对科研和教育的支持不仅为本地的人才供给提供了支撑,同时也提高了对人才的吸引力,不仅有利于人才规模的提升,对人才工作积极性也能产生重要影响;同时,在创新驱动的激励下,提高对科研和教育的支持力度,不仅能够激发人才的流动性改善人才错配,也有利于人才干中学效应的积累,从而促进人才区域配置水平的提升。

二、内生性处理及稳健性检验

(一) 内生性处理

从前文分析可以发现创新驱动能够促进人才区域配置水平提升,人才作为创新的核心动力,人才区域配置水平的提升对创新驱动也有着至关重要的影响;基于人才区域配置和创新驱动可能互为因果的考量,猜测本书设定的计量模型可能存在一定的内生性问题,因而通过寻求工具变量采用二阶段最小二乘法对式(4-1)重新估计来解决模型的内生性问题;有关工具变量的选取,考虑到滞后一期的创新驱动与当期创新驱动水平密切相关,但难以对当期人才区域配置直接产生影响,因而选取创新驱动的滞后期作为工具变量;这不仅能有效解决创新驱动变量带来的时滞性问题,也能够有效解决内生性问题;具体估计结果见表4-3。

从表4-3的回归结果可知,从第(1)列至第(5)列改用创新驱动的滞后期当作工具变量采用二阶段最小二乘法对式(5.1)重新估计后,创新驱动对人才区域配置的回归系数始终为正,且都通过了1%水平显著性检验,与表4-2基准回归结果进行对比,发现创新驱动对人才区域配置的回归系数无论是符号还是显著性均保持一致,由此可见,在处理内生性问题之后,创新驱动能够有效促进人才区域配置水平提升的结论依然成立,这也进一步证明上述基准回归得出的结论具有稳健性。

表4-3 内生性处理结果

变量	(1) talalloc	(2) talalloc	(3) talalloc	(4) talalloc	(5) talalloc
innodr	0.152 ***	0.136 ***	0.137 ***	0.205 ***	0.191 ***
	(0.023)	(0.023)	(0.023)	(0.023)	(0.024)
incent		−0.531 ***	−0.556 ***	−0.612 ***	−0.606 ***
		(0.085)	(0.085)	(0.083)	(0.083)
compete			0.079 ***	0.047 *	0.048 *
			(0.026)	(0.025)	(0.025)
instruc				4.248 ***	4.297 ***
				(0.331)	(0.331)
govein					0.135 ***
					(0.050)
个体/时间	YES	YES	YES	YES	YES
Cons	−2.363 ***	4.147 ***	4.502 ***	0.178	0.386
	(0.225)	(1.057)	(1.062)	(1.094)	(1.096)
Obs	3870	3870	3870	3870	3870
R^2	0.840	0.842	0.842	0.849	0.849

注:***、**、* 分别表示1%、5%、10%置信水平,括号内数字为稳健标准误。

(二) 稳健性检验

上述创新驱动对人才区域配置的实证结果显示创新驱动能够有效促进人才区域配置水平提升,为验证本书实证结果的稳健性,接下来对以上实证结论进行稳健性检验。稳健性检验可借助改变变量的衡量方法或改变实证方法来实现,在内生性处理中,本书采用创新驱动的滞后期当作工具变量对式(4-1)重新估计的结果与基准回归结果如出一辙,说明创新驱动能够有效促进人才区域配置水平提升的结论是稳健的;为进一步提升本书结论的可靠性,接下来进一步通过改变实证方法对式(4-1)重新估计进行稳健性检验。分位数回归无需对模型中的随机扰动项做任何分布的假定,而是对所有分位数进行回归,因此对于数据中出现的异常点也具有耐抗性,使得整个回归模型就具有很强的稳健性;此外,分位数回归还能够进一步考察不同创新驱动水平对人才区域配置的效应大小,因此,本书采用分位数回归方法对式(4-1)重新估计,估计结果见表4-4。

表4-4 稳健性检验结果

变量	(1)	(2)	(3)	(4)
	20%	40%	60%	80%
innodr	0.136 ***	0.156 ***	0.179 ***	0.199 ***
	(0.036)	(0.026)	(0.026)	(0.037)
incent	−0.821 ***	−0.685 ***	−0.527 ***	−0.386 **
	(0.164)	(0.120)	(0.121)	(0.169)
compete	0.038	0.042	0.047	0.052
	(0.040)	(0.029)	(0.030)	(0.041)
instruc	3.923 ***	4.112 ***	4.331 ***	4.529 ***
	(0.501)	(0.366)	(0.371)	(0.518)
govein	0.091	0.121 **	0.157 ***	0.188 **
	(0.077)	(0.056)	(0.057)	(0.079)
个体/时间	YES	YES	YES	YES
Obs	4128	4128	4128	4128

注:***、**、*分别表示1%、5%、10%置信水平,括号内数字为稳健标准误。

表4-4采用分位数回归方法对式(4-1)重新估计,发现创新驱动对人才区域配置的回归系数始终为正,且均通过了1%水平显著性检验,将回归结果与基准回归进行对比发现,创新驱动对人才区域配置的回归系数无论是符号还是显著性均无变化,说明创新驱动能够促进人才区域配置水平提升的结论是稳健的。此外,将表4-4不同分位数条件的回归结果进行对比,发现创新驱动对人才区域配置的回归系数随着条件分布由低分位数向高分位数变动而上升,这表明处于较高分位数地区的创新驱动对人才配置的促进作用更强,即创新驱动水平越高对人才区域配置的促进作用越强。

三、机制检验

从以上的分析中可以看出创新驱动对人才区域配置起促进作用,创新驱动程度越强对人才区域配置的边际效应越强;前文创新驱动对人才区域配置的作用机制分析得出创新驱动通过推进产业集聚、促进人才流动等途径对人才区域配置水平产生促进作用,为验证这种假设,采用双固定效应模型对式(4-2)进行实证检验;检验结果见表4-5。

表4-5 机制检验结果

变量	(1)	(2)	(3)	(4)	(5)	(6)	(7)
	indclu	*talalloc*	*talentf*	*talalloc*	*indclu*	*talalloc*	*talentf*
innodr	0.014 ***	0.144 ***	0.163 ***	0.162 ***	0.015 ***	0.151 ***	0.164 **
	(0.004)	(0.021)	(0.061)	(0.021)	(0.004)	(0.024)	(0.067)
innodr * indclu		0.212 ***				0.322 ***	
		(0.025)				(0.031)	
innodr * talentf				0.045 ***			
				(0.007)			
incent		−0.535 ***		−0.600 ***		−0.506 ***	
		(0.082)		(0.082)		(0.083)	

续表

变量	(1)	(2)	(3)	(4)	(5)	(6)	(7)
	indclu	talalloc	talentf	talalloc	indclu	talalloc	talentf
compete		0.036		0.044*		0.037	
		(0.024)		(0.024)		(0.025)	
instruc		4.293***		4.247***		4.399***	
		(0.325)		(0.327)		(0.328)	
govein		0.079		0.137***		0.054	
		(0.049)		(0.049)		(0.050)	
个体/时间		YES		YES		YES	
Cons	−0.844***	0.528	−3.591***	0.377	−0.882***	0.712	−3.493***
	(0.032)	(0.919)	(0.395)	(0.923)	(0.033)	(1.086)	(0.421)
Obs	4128	4128	4128	4128	3870	3870	3870
R^2	0.817	0.851	0.320	0.850	0.831	0.852	0.330

注:***、**、*分别表示1%、5%、10%置信水平,括号内数字为稳健标准误。

表4-5第(1)列是创新驱动对产业集聚的回归结果,创新驱动对产业集聚的回归系数为0.014,且通过了1%水平显著性检验,说明创新驱动能够显著促进产业集聚水平的提升;第(2)列是将创新驱动和产业集聚的交互项纳入回归方程的回归结果,结果显示加入创新驱动和产业集聚的交互项后,创新驱动对人才区域配置的回归系数依然为正,系数大小进一步提升,即创新驱动对区域人才配置的边际效应进一步增强;此时,创新驱动和产业集聚的交互项对人才区域配置的回归系数为0.212,且通过了1%水平显著性检验,说明创新驱动和产业集聚的交互项能够显著促进人才区域配置水平提升,综合第(1)列的结果,说明创新驱动能够通过推进产业集聚水平的提升而促进人才区域配置水平提升。这主要是因为创新驱动意味着以创新产业来谋求竞争优势,能够推动企业为节约生产成本和共享基础设施而集聚,促进知识或技术溢出,进而推动技术进步以及推进"干中学"或"做中学"效应的积累,有助于促进集聚区内整体创新水平提升,从而推进创新要素的有效整合和优化配置;同

时,随着集聚区内要素的快速流动、成员间的相互学习以及技术扩散,产业链上其他相关企业会受益于溢出效应带来的影响;此外,产业集聚使集聚区内人才不断流动汇集,人才流动使创新更有效率,为科技创新提供知识、技术和人才供给,有利于规模效应的发挥。随着集聚规模扩大,规模经济效应开始逐渐显现,能够有效降低企业的平均生产成本,进而提高能源的利用效率和创新要素的产出效率。因此,创新驱动能够通过促进产业集聚为人才施展才能创造条件,进而提升人才区域配置水平。

表4-5第(3)列是创新驱动对人才流动的回归结果,结果显示创新驱动对人才流动的回归系数为0.163,且通过了1%水平显著性检验,说明创新驱动能够有效促进人才流动;第(4)列是将创新驱动和人才流动的交互项纳入回归方程的回归结果,加入创新驱动和人才流动的交互项后,创新驱动对人才区域配置的回归系数依然为正,且通过了1%水平显著性检验,而创新驱动和人才流动的交互项对人才区域配置的回归系数为0.045,亦通过了1%水平显著性检验,说明创新驱动和人才流动的交互项能够显著促进人才区域配置水平提升;综合第(3)列和第(4)列的结果,说明创新驱动能够通过促进人才流动从而促进人才区域配置水平的提升;这主要是因为人才是创新的源泉,在创新驱动增长的驱使下,各地纷纷提高了对人才的重视程度,不仅增强了在引人引智方面的投入力度,而且引人引智政策的出台更是激发了人才流动的积极性,从而促进人才流动;人才流动不仅能够增强企业间的联系,人才流动规模的扩大又会激发"羊群心理"从而引致更多的人才流动,可以缓解以往人才错配的问题,人才配置到适宜的岗位上也便于人才创新潜能的释放;同时,人才流动过程中知识溢出效应的发挥也有利于新兴产业的发展,伴随着人才流动的资源流动亦能够促进相似产业集聚,而无论是新兴产业的发展还是产业集聚衍生的人才岗位所产生的人才需求,均能引致人才流入从而改善人才区域配置。因此,创新驱动能够通过调动人才流动的积极性进而促进人才流动而发挥市场配置资源的功能,使人才配置到合适的岗位上从而改

善人才区域配置。

为验证机制检验结果的稳健性,本书进一步取创新驱动的滞后期当做工具变量,采用二阶段最小二乘法重新对式(4-2)重新估计,此举不仅能解决内生性问题,也能够对机制检验结果进行验证,估计结果见表4-5第(5)至第(8)列。将表4-5第(5)、第(6)、第(7)、第(8)列分别与第(1)、第(2)、第(3)、第(4)列进行对比,发现无论是创新驱动对机制变量回归系数的符号还是显著性均无异常变动,创新驱动与机制变量交互项对人才区域配置回归系数的符号和显著性同样未变,说明机制检验结果是稳健的;因此,创新驱动能够通过推动产业集聚、促进人才流动等途径促进人才区域配置水平的提升。

四、拓展性分析

前文分析可以发现创新驱动能够有效促进人才区域配置水平的提升,且创新驱动程度越高,对人才区域配置的边际效应越强,但这仅是整体回归得出的结论,创新驱动对人才区域配置的影响是否存在异质性仍需进一步检验。

(一) 基于城市特征的异质性分析

考虑到我国各城市创新水平差异明显,尤其是省会城市与非省会城市相比无论是创新驱动水平还是人才区域配置水平均遥遥领先,结合前文创新驱动程度越高对人才区域配置的边际效应越强的结论,进一步将研究样本根据城市行政级别划分成省会城市样本和非省会城市样本,然后对式(4-1)重新估计,对上述结论进行检验,回归结果见表4-6。

表4-6第(1)列为省会城市样本回归结果,第(2)列为非省会城市样本回归结果。就省会城市而言,创新驱动对人才区域配置的回归系数为0.165,且通过了5%水平显著性检验;就非省会城市而言,创新驱动对人才区域配置的回归系数为0.163,通过了1%水平显著性检验。这说明无论是省会城市还是非省会城市,创新驱动均能够对人才区域配置产生正向影响;对比创新驱动对

人才区域配置回归系数的大小能够发现,省会城市创新驱动对人才区域配置的回归系数更大,说明省会城市创新驱动对人才区域配置的边际效应更强,与前文创新驱动程度越高对人才区域配置的边际效应越强的结论相吻合。

表4-6　分城市特征回归结果

变量	(1)	(2)	(3)	(4)
	talalloc	talalloc	talalloc	talalloc
innodr	0.165 **	0.163 ***	0.208 ***	0.188 ***
	(0.072)	(0.023)	(0.077)	(0.025)
incent	−0.925 ***	−0.616 ***	−0.600 ***	−0.625 ***
	(0.231)	(0.088)	(0.230)	(0.088)
compete	−0.170 ***	0.057 **	−0.162 ***	0.057 **
	(0.059)	(0.026)	(0.057)	(0.027)
instruc	3.719 ***	4.336 ***	3.733 ***	4.409 ***
	(0.743)	(0.352)	(0.736)	(0.355)
govein	0.054	0.178 ***	0.066	0.159 ***
	(0.077)	(0.056)	(0.072)	(0.057)
个体/时间	YES	YES	YES	YES
Cons	4.005	0.000 ***	0.619	−2.453 **
	(2.653)	(0.000)	(3.166)	(1.078)
Obs	480	3648	450	3420
R^2	0.853	0.781	0.858	0.782

注: ***、**、* 分别表示 1%、5%、10% 置信水平,括号内数字为稳健标准误。

就控制变量来看,薪酬激励对人才区域配置的回归系数无论在省会城市还是非省会城市均显著为负,说明薪酬激励对人才区域配置产生抑制作用,与整体回归结果一致;产业结构高级对人才区域配置的回归系数在省会城市和非省会城市均显著为正,与整体回归结果一致;而市场化和政府支持对人才区域配置的影响呈现出一定的异质性,市场化对人才区域配置的影响在省会城市呈现出显著的抑制作用,对非省会城市人才区域配置存在积极的促进作用,这主要是因为省会城市存在市场化水平和人才规模双高的现象,省会城市人才规模过多,在市场竞争机制的作用下可能存在过度竞争,不利于人才工作效率的提升;而非省会城市往往人才规模不足,市场化水平的提升不仅为人才流动创造了条件,适度的竞争也能提高人才干中学效应的积累,因此,非省会城市市场化水平的提升能够有效促进人才区域配置提升。就政府支持而言,其对人才区域配置的影响在非省会城市正向显著,对省会城市人才区域配置的影响不显著,这可能是因为在创新发展阶段,出于对创新目标的追求,非省会城市对科技和教育的支持,能够打破以往人才只出不进的局面,在一定程度上能够改善落后地区人才供应不足的状况,有利于落后地区人才区域配置水平的提升。

为验证上述结论的稳健性,本书选取创新驱动的滞后期作为工具变量,采用二阶段最小二乘法对省会城市样本和非省会城市样本重新估计,估计结果见表4-6第(3)列和第(4)列。将回归结果分别与第(1)列和第(2)列进行对比,发现不仅创新驱动对人才区域配置的回归系数符号无变动,且都至少通过了5%水平显著性检验,其他控制变量对人才区域配置的回归系数的符号和显著性亦均无异常变动。因此,前文得出的结论是稳健的,即创新驱动能够有效促进人才区域配置水平提升,创新驱动程度越高对人才区域配置的边际效应越强,而市场化和政府支持对人才区域配置的影响存在一定的异质性,其中,市场化对省会城市人才配置起抑制作用,对非省会城市人才区域配置起促进作用;而政府支持对人才区域配置的促进作用仅在非省会城市地区显现。

(二) 基于产业集聚的非线性分析

本书机制分析中得出创新驱动能够通过推进产业集聚而促进人才区域配置水平的提升,因不同产业集聚程度对人才集聚的影响存在明显差异,创新驱动对人才区域配置效应的发挥也会受到产业集聚水平的影响。基于此,猜测创新驱动对人才区域配置效应的发挥存在产业集聚的门槛效应,因而,将式(4-1)转化成非线性的门限模型,采用门限回归方法检验创新驱动在不同产业集聚水平下对人才区域配置的影响,具体设计如下:

$$talalloc_{i,t} = \beta_0 + \beta_1 innodr_{i,t} + \beta_2 innodr_{i,t} * I(indclu_{i,t} \leqslant \eta) +$$
$$\beta_3 innodr_{i,t} * I(indclu_{i,t} > \eta) + \beta_4 controls + \varepsilon_{i,t} \qquad (4-4)$$

其中,$indclu_{i,t}$ 为门限变量,η 为待估计门限值,$I(\cdot)$ 为示性函数,其他变量同模型(4-1)。根据门限变量 $indclu_{i,t}$ 与门限值 η 的相对大小,将考察样本划分为几个子样本,区域间的差异反映在参数 β_2 和 β_3 的不同上。

门限回归首先需要进行门限检验确定模型门限数量,然后根据模型(4-4)做门限回归估计出相应参数。门限检验结果见表4-7。

表4-7　门限效应检验

Threshold	RSS	MSE	Fstat	Prob	Crit10	Crit5	Crit1
Single	1114.316	0.271	55.080	0.010	25.920	37.744	49.210
Double	1112.404	0.271	7.070	0.496	21.168	25.615	43.225
Triple	1111.484	0.270	3.400	0.768	14.623	20.289	30.465

从表4-7的检验结果可以看出,创新驱动对人才区域配置效应的发挥受产业集聚水平的影响存在单重门限效应,因二重和三重门限结果未通过显著性水平检验,因而产业集聚对创新驱动影响人才区域配置的最优门限个数为1,进一步检验获得单重门限的门限值,具体见表4-8。

表4-8　单重门限值估计结果

model	Threshold	Lower	Upper
Th-1	1.054	1.042	1.057

表 4-8 显示,产业集聚对创新驱动影响人才区域配置的门限值为 1.054,95% 的置信区间为 $[1.042, 1.057]$。似然比函数序列 $LR(\gamma)$ 能够较好地拟合门限参数的趋势,更加直观地反映产业集聚的门限值及其相应置信区间,如图 4-1 所示。可以发现,当似然比 $LR(\gamma)$ 为 0 时,门限估计值为 1.054;虚线以下则表示门限值在 95% 水平上的置信区间。

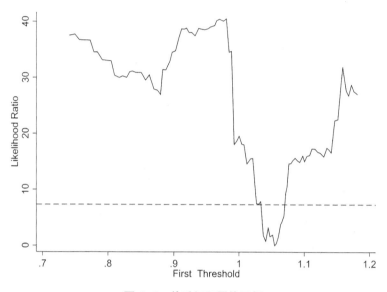

图 4-2　单重门限置信区间

进一步采用门限模型对样本进行回归,单门限回归结果如表 4-9 所示。从估计结果来看,创新驱动对人才区域配置的效应受产业集聚水平的影响,当产业集聚水平低于 1.054 时,创新驱动对人才区域配置的回归系数为 0.0004;当产业集聚水平高于 1.054 时,创新驱动对人才区域配置的边际效应上升到 0.0044。

这主要是因为人才作为创新的核心要素,产业集聚水平偏低时不利于人才交流和知识溢出效应的发挥,人才创新潜能释放受阻对创新驱动的促进作用也会大打折扣,因此,创新驱动虽然能够促进人才的配置水平的提升,但仍然存在一定的优化空间;当产业集聚水平进一步提高超过门限值时,不仅能够增强其对人才的吸引力,引起作为先进知识载体的高端人才跨区域流动,有利于新兴技术、知识和产业在区域间的传播,同时还能为人才创新潜能的释放提供优越的外部环境,创新溢出效应的发挥能够产生"虹吸效应"进一步引导人才流入,均能够有效促进区域创新驱动发展,因而这一阶段创新驱动对人才区域配置的边际效应进一步增强。

表4-9 单重门限回归结果

	(1)	(2)
	估计系数	t 值
innodr *indclu* ≤ 1.054	0.0004 *** (0.0002)	2.21
innodr 1.054< *indclu*	0.0044 *** (0.0005)	8.10
incent	−0.092 *** (0.017)	−5.40
compete	0.048 ** (0.024)	2.01
instruc	3.307 *** (0.316)	10.48
govein	0.157 *** (0.047)	3.34
Cons	−6.519 *** (0.341)	−19.12
Obs	4128	
F	62.84	

注:***、**、* 分别表示 1%、5%、10%置信水平,括号内数字为稳健标准误。

(三) 基于人才流动的非线性分析

本书机制分析中得出创新驱动除能够通过推进产业集聚而促进人才区域配置水平提升外,还能够通过促进人才流动而对人才区域配置产生影响,因人才流动过程中伴随着知识溢出效应的发挥,对区域创新水平的提升也不容忽视,基于此,猜测创新驱动对人才区域配置效应的发挥存在人才流动的门限效应,因而,将式(4-1)转化成非线性的门限模型,采用门限回归进一步检验创新驱动在不同人才流动水平下对人才区域配置的影响,具体设计如下:

$$talalloc_{i,t} = \beta_0 + \beta_1 innodr_{i,t} + \beta_2 innodr_{i,t} * I(talentf_{i,t} \leq \eta) +$$

$$\beta_3 innodr_{i,t} * I(talentf_{i,t} > \eta) + \beta_4 controls + \varepsilon_{i,t} \qquad (4-5)$$

其中,$talentf_{i,t}$ 为门限变量,η 为待估计门限值,$I(\cdot)$ 为示性函数,其他变量同模型(4-1)。根据门限变量 $talentf_{i,t}$ 与门限值 η 的相对大小,将考察样本划分为几个子样本,区域间的差异反映在参数 β_2 和 β_3 的不同上。

根据模型(4-5)进行门限检验确定模型门限数量,然后做门限回归估计出相应参数。门限检验结果见表4-10。

表4-10　门限效应检验

Threshold	RSS	MSE	Fstat	Prob	Crit10	Crit5	Crit1
Single	1123.688	0.273	20.320	0.038	14.742	18.160	28.329
Double	1119.437	0.272	15.620	0.014	8.593	10.578	16.291
Triple	1118.585	0.272	3.130	0.558	8.919	11.178	18.295

从表4-10的检验结果中可以看出,创新驱动对人才区域配置效应的发挥受人才流动水平的影响存在双重门限效应,因三重门限结果未通过显著性水平检验,因而人才流动对创新驱动影响人才区域配置的最优门限个数为2,双重门限的门限值见表4-11。

表4-11显示,人才流动对创新驱动影响人才区域配置的门限值分别为-0.119和0.067,95%的置信区间分别为[-0.126,-0.111]和[0.048,0.069]。似然比函数序列 LR(γ) 能够较好地拟合门限参数的趋势,更加直观地反映人才流动的门限值及其相应置信区间,如图4-3所示。可以发现,当

似然比 LR(γ) 为 0 时,门限估计值为 -0.119 和 0.067;虚线以下则表示门限值在 95% 水平上的置信区间。

表 4-11　双门限值估计结果

model	Threshold	Lower	Upper
Th-1	0.067	0.048	0.069
Th-21	0.067	0.048	0.069
Th-22	-0.119	-0.126	-0.111

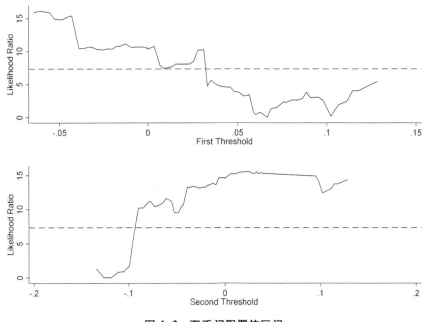

图 4-3　双重门限置信区间

进一步采用门限模型对样本进行回归,双重门限回归结果如表 4-12 所示。从估计结果来看,创新驱动对人才区域配置的效应受人才流动水平的影响,当人才流动水平低于 -0.119 时,创新驱动对人才区域配置的回归系数为 -0.004;当人才流动水平处于 -0.119 和 0.067 之间时,创新驱动对人才区域配置的回归系数上升到 0.0003；当人才流动水平进一步提升超过 0.067时，创新驱动对人才区域配置的回归系数上升为 0.001。上述结果说明，人才流动水平过低会造成创新驱动对人才区域配置产生抑制作用；当人才流动水平介于 -0.119 和 0.067 之间时，创新驱动对人才区域配置的回归系数虽然为正，但未通过显著性检验；当人才流动水平超过 0.067，创新驱动能够有效促进人才区域配置水平提升。这主要是因为人才是创新的源泉，人才流动受阻会造成人才长期处于同一个工作岗位，可能会造成人才工作懈怠，不利于其工作效率的提升，从而对创新驱动产生不利影响；当人才流动提高到足够水平，不仅能够缓解以往人才错配的局面，人才配置到适宜的岗位上便于人才创新潜能的释放，同样有利于区域创新知识的吸收与转换；此外，人才流动过程中知识溢出效应的发挥也有利于新兴产业的发展，进而引致人才流入从而改善人才区域配置，因此，创新驱动对人才区域配置效应的发挥受人才流动水平的影响，说明推动创新驱动发展亦需要调动人才流动的积极性，发挥市场配置资源的功能，将人才配置到合适的岗位上从而改善人才区域配置。

表 4-12　双重门限回归结果

	（1）	（2）
	估计系数	t 值
innodr *talentf* ≤ -0.119	-0.004 *** （0.001）	-3.53
innodr -0.119< *talentf* ≤0.067	0.0003 （0.0001）	1.59
innodr 0.067< *talentf*	0.001 *** （0.000）	5.67
incent	-0.067 *** （0.017）	-3.97
compete	0.050 ** （0.024）	2.07
instruc	3.169 *** （0.316）	10.04

续表

	(1)	(2)
	估计系数	t 值
govein	0.175 *** (0.047)	3.71
Cons	−6.604 *** (0.342)	−19.31
Obs	4128	
F	62.48	

注:***、**、* 分别表示 1%、5%、10%置信水平,括号内数字为稳健标准误。

在创新驱动发展阶段,各地出于对创新目标的追求纷纷出台了一系列引人引智的政策以加快新旧动能转换,但人才区域间配置的扭曲会阻碍人才创新潜能的释放,贯彻落实创新驱动发展战略,需要解决好人才的合理配置问题,人才区域配置的质量是影响区域创新体系运转效率的核心要素。

本章以创新驱动为切入点,对创新驱动影响人才区域配置的作用机制进行探讨,发现创新驱动能够通过推动产业集聚、促进人才流动等途径对人才区域配置产生影响;借助中国 258 个城市 2004—2019 年的面板数据对创新驱动促进人才区域配置的动力机制进行验证,结果表明,创新驱动能够有效改善人才区域配置,且创新驱动程度越高,对人才区域配置的边际效应越强;机制检验发现,创新驱动通过推动产业集聚和人才流动从而促进了人才区域配置水平的提升;进一步考察创新驱动对人才区域配置的异质性,发现创新驱动在省会城市对人才区域配置的边际效应高于非省会城市,进一步验证了创新驱动程度越高,其对人才区域配置的边际效应越强的结论。基于机制检验的结论,进一步就创新驱动对人才区域配置效应的发挥是否受产业集聚和人才流动的影响而存在非线性效应而进行讨论;门限效应检验发现,创新驱动对人才区域配置效应的发挥存在产业集聚和人才流动的门限效应,具体而言,当产业集聚水平越过门限值 1.054 时,创新驱动对人才区域配置的边际效应从 0.0004 提升到 0.0044,说明创新驱动对人才区域配置效应的边际效应随着产业集聚水平的提升而增强;就人才流动来看,当人才流动水平低于门限值 0.067 时,不利于创新驱动对人才区域配置效应的发挥,过低的人才流动水平甚至会抑制创新驱动对人才区域配置效应的发挥,当人才流动水平超过 0.067 时,人才流动过程中知识溢出效应的发挥能够有效提升创新驱动对人才区域配置的影响;因此,创新驱动经济增长模式下,需引导人才合理流动,促进产业集聚水平提升,从而更好地发挥创新驱动对人才区域配置的促进效应。

第五章　增长目标约束、创新驱动相互作用对人才区域配置的影响

在 GDP 考核晋升机制下,各地倾向于制定出较高的经济增长目标来向上级释放"能力信号"(周黎安,2007),产生"层层加码"现象(周黎安等,2015),区域间"标尺竞争"造成地方经济增长目标的设定普遍过高(Li et al.,2019;余泳泽和潘妍,2019),进而对地方经济发展造成约束。不仅在招商引资时倾向于那些短期内能够带来显著效果的资本密集型产业,在投资方面也会更倾向于基础设施和房地产等能够快速拉动经济增长的领域(傅勇和张晏,2007),长期依赖这种模式驱动经济增长不仅容易导致地方产业陷入低端锁定陷阱,投资扭曲还会挤占研发投入从而对技术创新产生挤出效应(毛其淋,2013)。经济增长目标的设定主要是针对短期经济增长,倘若各地以经济增长目标为竞争标杆去发展经济,虽然短时间内会促成经济快速增长,但也会造成区域间产业发展雷同的后果,尤其是将财政投资转向见效快的行业,不利于经济内生动力的培育(周黎安,2007;白俊红和王林东,2016;Wu et al.,2019;Li et al.,2019)。增长目标设置过高不利于绩效改进(余泳泽和杨晓章,2017),在经济增长目标的约束下,为实现既定的增长目标,在按照正常的市场经济发展规律无法完成承诺的经济增长目标时,激进的经济发展方式和谋求短期目标的行为就会出现(余泳泽,2018),由此引发的后果包括区域市场分割,有研究表明

地方保护和地方封锁导致人才流动受阻,是造成人才区域分割、配置失衡的主要原因。

2019年12月,中办、央办联合颁发的《关于促进劳动力和人才社会性流动体制机制改革的意见》指出,要扫除人才流动在体制机制方面的障碍,为人才流动创造了条件。说明人才流动作为优化人才区域配置的一条重要渠道,在创新增长阶段已受到中央的重视。人才区域配置受到两方面的影响:一是市场因素,在优胜劣汰的作用机制下,自发引导人才流向生产效率更高的地区;二是非市场因素,新中国成立后对西部实行的人才调迁战略有效缩小了区域发展差距,而西部大开发和中部崛起战略实质上也是引导资本和人才流向中西部地区;由此可见,人才区域配置更易受到非市场因素的干扰。面对当下经济增速放缓之趋势,需加快推动经济发展方式由要素驱动转向创新驱动。然而,人才在区域间配置失衡会引致创新效率差异,进而抑制生产效率的同步提升(李静等,2017)。从区域层面来看,部分发达地区人才集聚过多,远超出地区人力资本承载力;而落后地区由于高素质人才稀缺,难以形成规模效应,以至于人才的创新潜力无法充分释放,人才资源在区域间的误置导致人才区域配置效率低下,严重阻碍了技术水平的提升,致使我国人才虽然在数量上已经达到足够规模、质量上也得到很大提升,但对TFP的贡献仍无法充分体现;因此,未来实现我国创新驱动发展战略目标,需要突破创新资源有限且投入成本较高的约束(谭莹和李昕,2019)。那么,在短期增长目标约束和长期创新驱动共存的发展要求下,短期增长目标约束造成的人才区域配置失衡的局面能否被打破?这是破解创新动力不足、促进经济高质量发展的关键;基于此,将短期经济增长目标约束与创新驱动和人才区域配置纳入统一框架,研究增长目标约束和创新驱动交互作用对人才区域配置的影响,不仅对优化人才配置、提高区域创新能力有着重要意义,对加快我国从数量型人口红利向质量型人口红利转变,合理引导人才区域配置与实现经济高质量发展均具有一定的指导意义。

第一节　增长目标约束和创新驱动交互作用
对人才区域配置的影响

正如前文所述,在经济增长目标"层层加码"和区域间"标尺竞争"的双重影响下,地方官员为了能够在上级政府、当地民众面前交出漂亮的经济增长答卷以维护自身信誉,在按照正常的市场经济发展规律无法完成承诺的经济增长目标时,激进的经济发展方式和谋求短期目标的行为就会出现(余泳泽,2018),进而导致在招商引资时倾向于那些短期内能够带来显著效果的资本密集型产业,在投资方面也会更倾向于基础设施和房地产等能够快速拉动经济增长的领域,导致环境污染加剧,同时将财政资金划拨至资金收益大、见效快的行业,甚至为了防止资源外流而制定严格的地方保护政策,致使区域分割问题愈加严峻(傅勇和张晏,2007)。促进新旧动能转换,需要转变短期拉动经济增长而不利于经济内生动力培育的经济发展方式。创新驱动对经济增长目标约束的影响主要集中在以下两个方面:一是,地方政府推进动能转换目标的钳制效应;二是,地方政府对接创新驱动发展战略的政策效应。

一、地方政府推进动能转换目标的钳制效应

随着创新驱动在中央的重视程度不断提升,地方官员政绩考核中也会逐步考虑和纳入创新发展目标,其短期经济行为将会受到创新发展目标的钳制,从而会削弱经济增长目标压力对区域人才配置的负面影响。这种钳制效应具体体现在以下两个层面:一是,在创新发展目标的钳制效应下,地方政府在招商引资时不再仅将短期效益视为唯一追求,而会逐步考虑入驻企业的创新发展能力,进而设置企业准入壁垒,对入驻企业进行筛选,甚至会通过土地优惠政策来发展服务业和高新技术产业,降低商住用地的出让价格,减少工业用地的出让规模,使得资本密集型工业企业的规模缩减,技术密集型工业企业的规

模扩大,不断提升本地的创新发展水平以实现创新驱动目标,从而扩大地区创新要素市场需求和产品市场供给,直接削弱经济增长目标对区域人才配置的负面影响;二是,面对推进创新发展目标和经济增长目标的双重考核,地方政府会改变以往投资策略,逐步对重点行业和企业进行监控并增加创新型投资,帮助创新型企业从商业银行获得更多低利率贷款,协助创新型企业在资本市场抢夺 IPO 上市融资机会,极大地缓解了企业的融资约束,降低企业由于创新投入中断而导致创新失败的风险,为企业提高研发投入强度提供了良好的资本保障,同时地方政府还会削减基础设施建设资金,增加创新园区建设的资金投入,鼓励企业进行技术研发,也能向外界传递本地创新发展前景好的信号,进而吸引更多优质人才流入,从而降低经济增长目标约束对区域人才配置的负面影响。

二、地方政府对接创新驱动发展战略的政策效应

地方政府在政策规制方面或多或少地要对接创新驱动发展战略在地方的实施效果,从而加大了创新规制政策的执行力度,也侧面削弱了经济增长目标压力对区域人才配置的负面影响。具体而言,这种对接创新驱动发展战略的政策效应主要体现在以下两个方面:一是,地方政府为对接创新驱动发展战略更好地落实,会规制一系列创新驱动政策,出台有利于科技创新发展的政策,激励资本密集型企业向技术密集型企业转型,尤其会体现在将政策导向由资本密集型等短期收益快的行业企业转变为创新型行业企业,进而对创新型行业企业实施财政补贴和税收优惠政策,这意味着不仅降低了创新型企业的税收成本,使得企业内部可流动资金增加,也能向社会投资者、银行机构传递出一种积极的信号,有利于缓解资金双方存在的信息不对称问题,增加资金拥有方对企业创新活动的信心,从而扫除企业外部融资的障碍,直接缓解了融资约束问题,在一定程度上能弥补企业的创新活动可能遭遇的损失,激励管理层进行研发创新的信心,同时也能够降低企业创新活动的外部性,提高企业的私人

收益,降低创新活动的成本,进而有利于提高企业研发投入力度,帮助企业从多种渠道获取更多的创新资本、劳动力等要素资源,进而提高区域人才流动,有助于缓解经济增长目标约束对区域人才配置的抑制作用;二是,创新人才的跨区域流动是推动创新驱动发展战略实施的关键,因此,地方政府为了更好地对接创新驱动发展战略在地方落实,会逐渐将地方保护政策转变为人才引进政策和创新合作政策,进而有利于打破增长目标约束造成的地方行政壁垒和市场分割,扫除人才流动在体制机制方面的障碍,为人才流动创造了条件,削弱了经济增长目标约束对区域人才配置的负面影响。尤其是偏远落后地区为了更好地贯彻落实创新驱动发展战略,会进一步强化人才引进和创新合作政策,为人才流向的转变奠定了基础,而人才流向的转变不仅有利于打破偏远落后地区在教育上只见投入不见产出的僵局,同时还有利于打破偏远落后地区在人才流动上"只出不进"的局面,进而提高偏远落后地区的办学积极性,破除"教育投入—人才产出—人才外流—教育落后"的恶性循环局面;因此,地方政府贯彻落实创新驱动发展战略的政策效应对改善偏远落后地区人才区域配置的效果尤为明显。

第二节 模型构建和指标选取

一、模型构建

本书第三章和第四章的研究得出,无论是短期的增长目标约束还是长期的创新驱动,均能够对人才区域配置产生影响,那么,随着城市发展导向由短期经济增长向长期创新驱动转变,中国长期存在的人才区域配置失衡现象能否得以改善? 单独研究增长目标约束或者创新驱动对人才区域配置的影响可能会高估或者低估两者对人才区域配置的效应,因此,将增长目标约束和创新驱动与人才区域配置纳入统一框架展开研究,基本模型设计为:

$$talalloc_{i,t} = \alpha_0 + \alpha_1 targcon_{i,t} + \alpha_2 innodr_{i,t} + \alpha_3 targcon_{i,t} *$$

$$innodr_{i,t} * + \alpha_4 controls + \varepsilon_{i,t} \qquad (5\text{-}1)$$

式(5-1)中，$talalloc_{i,t}$ 为人才区域配置水平，$targcon_{i,t}$ 为增长目标约束水平，$innodr_{i,t}$ 为创新驱动水平，$targcon_{i,t} * innodr_{i,t}$ 为增长目标约束和创新驱动的交互项，$controls$ 为控制变量，包括薪酬激励($incent$)、产业结构高级化($instruc$)、外资依存度($focade$)、人才流动($talentf$)、教育支持($govein$)；$\varepsilon_{i,t}$ 为随机扰动项，下标 t 为时间，i 为地区，α_i 为模型的待估计参数。

二、指标选取及数据说明

（一）指标选取

本章节涉及的指标人才区域配置($talalloc$)、增长目标约束($targcon$)、创新驱动($innodr$)、薪酬激励($incent$)、产业结构高级化($instruc$)、人才流动($talentf$)等变量的选取依据和计算方法见第二、三、四章。

外资依存度($focade$)：投资作为拉动经济增长的主要动力能够直接创造就业机会，而外资注入不仅能通过技术转移、人才流动、产品交换等技术溢出途径填补国内技术空白，也为流动中的人才提供就业信号引致人才流入，同时 FDI 技术溢出效应的发挥进一步提高内资企业的生产率从而促进产业结构的升级，而产业结构升级同样会衍生出新的人才需求，因此外资的引进不仅能够带动经济增长，也能够改善区域人才配置。本书使用各地外商直接投资占当地 GDP 的比重来度量地区外资依存程度。

教育支持($govein$)：区域人才数量的增加可以通过外部引进和自主培养得以实现，经济高质量发展阶段各级地方政府陆续出台各种引人引智的政策以吸引人才集聚，由于人才竞争的加剧，会造成部分地方引人难度骤升，从而迫使政府转变引才理念，通过自主培养解决引人难题，这在一定程度上也能够缓解人才不足的局面。因此，本书采取政府财政支出中的教育支出占财政支出的比重来衡量政府对教育的支持力度。

(二) 数据说明

本章以中国 258 个城市为研究对象,以 2004—2019 年为观测周期,数据来源于我国 258 个城市的《政府工作报告》、《中国统计年鉴》、《中国人口和就业统计年鉴》、《中国城市统计年鉴》、《中国省市经济发展年鉴》、各个省市统计年鉴和复旦大学产业发展研究中心发布的 2017 年《中国城市和产业创新力报告》。其中,少数缺失数据用插值法进行补充。为剔除经济价格变动对统计数据带来的影响,本书部分指标在计算过程中以 2000 年为基期,利用 GDP 平减指数进行折算。具体变量描述性统计见表 5-1。

表 5-1 变量描述性统计

Variable	Obs	Mean	Std.Dev.	Min	Max
talalloc	4128	0.020	0.040	0.000	0.443
targcon	4128	0.112	0.089	0.045	5.500
innodr	4128	14.478	74.478	0.005	2073.283
incent	4128	40700.72	22398.29	6207.11	321000
instruc	4128	2.259	0.146	1.831	2.832
focade	4128	0.022	0.027	0.000	0.775
talentf	4128	0.106	2.297	−0.993	108.21
govein	4128	0.182	0.045	0.000	0.494

第三节　实证结果及分析

一、基准回归

由前文理论分析能够看出,无论是增长目标约束还是创新驱动均能够对人才区域配置产生影响,那么在经济高质量发展阶段经济增长方式由要素驱动向创新驱动转变后,我国长期存在的人才区域配置失衡的局面能否得以改善,这需要进一步验证,为准确识别增长目标约束和创新驱动对人才区域配置的效应,对式(5-1)进行豪斯曼检验,经豪斯曼检验适用固定效应模型,因此,采用固定效应模型对式(5-1)进行回归,通过逐步回归来检验核心解释变量回归结果的稳健性。具体估计结果见表5-2。

表5-2　基准回归结果

变量	(1)	(2)	(3)	(4)	(5)	(6)	(7)	(8)	(9)
	talalloc	talalloc	talalloc	talalloc	talalloc	talalloc	talalloc	talalloc	talalloc
targcon	−0.265 ***	−0.223 **	−0.248 **	−0.232 **	−0.214 **	−0.207 **	−0.208 **	−0.205 **	−5.197 ***
	(0.100)	(0.102)	(0.102)	(0.101)	(0.101)	(0.101)	(0.101)	(0.101)	(1.032)
innodr		0.015 **	0.006	0.136 ***	0.113 ***	0.118 ***	0.118 ***	0.116 ***	0.062 **
		(0.007)	(0.007)	(0.017)	(0.018)	(0.018)	(0.018)	(0.018)	(0.028)
targcon * innodr			0.010 ***	0.008 ***	0.009 ***	0.009 ***	0.009 ***	0.009 ***	0.009 ***
			(0.003)	(0.002)	(0.002)	(0.002)	(0.002)	(0.002)	(0.003)
incent				−0.323 ***	−0.350 ***	−0.358 ***	−0.359 ***	−0.352 ***	−0.374 ***
				(0.039)	(0.039)	(0.039)	(0.039)	(0.039)	(0.056)
instruc					1.712 ***	1.778 ***	1.812 ***	1.841 ***	0.980 *
					(0.411)	(0.411)	(0.411)	(0.411)	(0.590)
focade					0.033 ***	0.033 ***	0.034 ***	0.026 **
					(0.010)	(0.010)	(0.010)	(0.013)
talentf							0.008 **	0.008 **	0.009 *
							(0.004)	(0.004)	(0.005)
govein								0.065 **	0.039
								(0.031)	(0.040)
Cons	−4.809 ***	−4.819 ***	−4.825 ***	−1.496 ***	−2.595 ***	−2.416 ***	−2.438 ***	−2.418 ***	1.929 **
	(0.014)	(0.015)	(0.015)	(0.399)	(0.478)	(0.480)	(0.480)	(0.480)	(0.756)
Obs	4128	4128	4128	4128	4128	4128	4128	4128	3870

注:***、**、* 分别表示显著性为1%、5%、10%,括号内数字为稳健标准误。

表5-2第(1)列是增长目标约束对人才区域配置的回归结果,结果显示增长目标约束对人才区域配置的回归系数为-0.265,且通过了1%水平显著性检验,在第(2)至第(8)列逐个加入其他变量后,增长目标约束对人才区域配置的回归系数依然为负,且至少通过了5%水平显著性检验,说明增长目标约束会显著抑制人才区域配置水平的提升,且这种结论是稳健的,这主要是因为:(1)对经济增长目标的追求可能会造成政府做出一些"短视"行为,致使地区盲目招商引资和劣质重复建设问题,不仅会阻碍见效相对较慢的高新技术产业的发展,同时盲目招商引资和低水平建设亦会导致各地区产业高度同质化从而加剧恶性竞争;(2)政府出于地区保护会在一定程度上限制资源和产品的跨区域流动,加之区域划分导致的市场分割和户籍制度限制,人才在企业和区域间的自由流动受到限制,从而抑制了人才在不同地区间的有效配置。

表5-2第(2)列是在增长目标约束的基础上纳入创新驱动变量后模型的回归结果,创新驱动对人才区域配置的回归系数为0.015,且通过了5%水平显著性检验,在第(4)至第(8)列逐个加入控制变量后,创新驱动对人才区域配置的回归系数依然为正,且均通过了1%水平显著性检验,说明创新驱动能够显著促进人才区域配置水平的提升,这主要是因为:(1)创新驱动实际上是人才驱动,各地在创新驱动的激励下纷纷出台各种引人引智的政策,不仅提高了人才流动的积极性,也使过去人才只出不进的落后地区有才可引,扭转了"孔雀东南飞"的人才流向,人才流向的转变打破了以往偏远落后地区在教育上只见投入罕见产出的局面,有利于提高地方办学积极性以增加人才供给,从而提升人才区域配置水平;(2)创新驱动推进地方发展知识密集型和战略性新兴产业,对战略性新兴产业的支持不仅有利于为人才创新潜能的发挥提供良好的外部环境,同时也衍生出新的工作岗位,为人才提供了施展才能的机会,增强了对人才的吸引力从而促进人才集聚,便于区域人才配置水平的提高;此外,在创新驱动激励下,各地纷纷增强对创新的支持力度,有利于提升人才工作积极性,激发人才创新活力,进而提升人才配置效率;因此,创新驱动能

够有效促进人才区域配置水平的提升。

第(3)列是在第(2)列基础上加入增长目标约束和创新驱动交互项后的回归结果,结果显示增长目标约束和创新驱动交互项对人才区域配置的回归系数显著为正,在第(4)至第(8)列逐个加入控制变量后这一结果依然成立,说明增长目标约束和创新驱动共同作用能够促进人才区域配置水平的提升;这意味着随着经济增长方式由要素驱动向创新驱动转变,我国人才区域配置失衡的局面能够得以改善;这主要是因为随着经济发展方式的转变,地方经济增长目标设定会由"硬约束"转向"软约束",有助于降低政府增长目标压力;且在创新驱动的引领下,地方政府会侧重于高新技术产业的发展,提高企业的进入门槛,同时还会出台有利于创新的政策,因此,创新驱动引入会降低经济增长目标压力造成的技术创新挤占,为人才提供良好的创新环境,从而促进技术创新。地方政府出于对创新目标的追求,亦会加大对企业的扶持力度和税收减让力度,对企业的研发补贴不仅具有政策导向作用,还能有效降低由于创新投入中断而导致创新失败的风险,从而为人才发挥创新潜能创造条件。因此,随着经济增长方式由要素驱动向创新驱动转变,我国人才区域配置失衡的局面会得以改善。

从控制变量来看,薪酬激励对人才区域配置呈现出显著的抑制作用,产业结构升级、外资依存度、人才流动和教育支持对人才区域配置均呈现出显著的促进作用;就薪酬激励而言,可能是因为普通劳动力相对于人才的薪酬弹性更高,薪酬水平的提升会引致劳动力涌入对人才产生挤出效应,同时人才和普通劳动力相对薪酬水平的下降不仅会降低人才工作积极性,还会导致当地在区域间人才竞争时处于劣势地位,甚至还可能导致已有人才的流失,因此,区域薪酬水平的提升会抑制当地人才配置水平的提升。就产业结构升级而言,产业结构升级会驱使产业向知识集约化方向发展,促使产业向高附加值的知识密集型、战略性新兴型方向演化,从而衍生出相应的人才需求促进人才集聚,有利于集聚效应的发挥和知识溢出效应的吸收,从而改善人才区域配置。就外资依存度而言,高质量发展阶段政府会提高外资企业进入门槛,偏向于技术密集型企业的引进,这类企业往往存在显著的技术溢出效应,为区域内人才吸收转化外部溢出效应创造了条件,进而提升人才产出效率,因此,外资依存度的提升能够促进区域人才配置水平提升。就人才流动而言,人才流动不仅能够增强企业间的联系,还可以缓解人才错配问题,便于人才创新潜能的释放;同时,人才流动过程中知识溢出效应的发挥也有利于新兴产业的发展和相似产业在空间上集聚,而无论是新兴产业的发展还是产业集聚衍生的人才岗位均能引致人才流入从而改善人才区域配置。就教育支持而言,创新驱动模式下各地都格外重视人才引进,对落后地区而言不仅引人难,还要面临人才流失的风险,在外部引才走不通的情况下,通过提高教育支撑自我培养,从供给端解决引人难困境,从而缓解区域人才配置不足,促进人才区域配置水平提升。

二、内生性处理及稳健性检验

(一) 内生性处理

从前文分析能够发现增长目标约束对人才区域配置起抑制作用,创新驱动对人才区域配置起促进作用;人才作为创新的核心动力,对区域经济增长目标的实现起到至关重要的作用,是政府干预经济、落实创新驱动发展战略的重要手段,人才区域配置和增长目标约束以及创新驱动之间可能互为因果,基于此,猜测本书计量模型可能存在一定的内生性问题,因而通过寻求工具变量来解决模型的内生性问题;有关工具变量的选取,考虑到滞后一期的增长目标与当期增长目标密切相关,但难以对当期人才区域配置直接产生影响,创新驱动亦是如此,因而选取增长目标约束和创新驱动的滞后一期作为工具变量;这不仅能有效解决增长目标约束、创新驱动带来的时滞性问题,也能够有效解决内生性问题;具体估计结果见表 5-2 第(9)列。

从表 5-2 第(9)列的回归结果可知,改用增长目标约束和创新驱动滞后期做工具变量重新回归后,增长目标约束和创新驱动以及两者交互项对人才区域配置的回归结果与第(8)列基准结果相比,无论是回归系数符号还是显著性水平均无任何改变;由此可见,在解决内生性问题之后,增长目标约束对人才区域配置起抑制作用,创新驱动对人才区域配置起促进作用,增长目标约束和创新驱动共同作用能够促进人才区域配置水平的提升的结论依然成立;说明经济增长方式由要素驱动向创新驱动转变能够对我国人才区域配置失衡的局面加以改善。

（二）　稳健性检验

稳健性检验可借助改变变量的衡量方法、补充变量或改变计量方法来实现,前文逐个加入控制变量以及内生性处理(改变计量方法)的回归结果已就增长目标约束和创新驱动对人才区域配置的结论进行验证,为使本书结论更具可靠性,进一步通过改变变量衡量方法,采用各城市市级增长目标与省级增长目标的差值来衡量各城市增长目标约束情况,对式(5-1)重新估计,估计结果见表5-3。

表5-3　稳健性检验结果

| 变量 | (1) | (2) | (3) | (4) | (5) | (6) | (7) | (8) |
	talalloc	talalloc	talalloc	talalloc	talalloc	talalloc	talalloc	talalloc
targcon	−0.824*** (0.271)	−0.702** (0.278)	−1.551*** (0.338)	−1.410*** (0.335)	−1.337*** (0.335)	−1.364*** (0.335)	−1.360*** (0.335)	−1.331*** (0.335)
innodr		0.014** (0.007)	0.002 (0.007)	0.132*** (0.017)	0.111*** (0.018)	0.116*** (0.018)	0.115*** (0.018)	0.113*** (0.018)
targcon*innodr			0.129*** (0.029)	0.113*** (0.029)	0.111*** (0.029)	0.117*** (0.029)	0.117*** (0.029)	0.114*** (0.029)
incent				−0.322*** (0.039)	−0.349*** (0.039)	−0.357*** (0.039)	−0.358*** (0.039)	−0.351*** (0.039)
instruc				1.641*** (0.411)	1.709*** (0.411)	1.743*** (0.411)	1.773*** (0.411)

续表

变量	(1)	(2)	(3)	(4)	(5)	(6)	(7)	(8)
	talalloc	talalloc	talalloc	talalloc	talalloc	talalloc	talalloc	talalloc
focade						0.035*** (0.010)	0.035*** (0.010)	0.036*** (0.010)
talentf							0.008** (0.004)	0.008** (0.004)
govein								0.063** (0.031)
Cons	−4.824*** (0.010)	−4.831*** (0.010)	−4.824*** (0.011)	−1.503*** (0.399)	−2.551*** (0.477)	−2.364*** (0.479)	−2.385*** (0.479)	−2.368*** (0.479)
Obs	4128	4128	4128	4128	4128	4128	4128	4128

注:***、**、*分别表示显著性为1%、5%、10%,括号内数字为稳健标准误。

表5-3通过改变经济增长目标约束衡量方式对式(5-1)重新估计的结果显示,增长目标约束对人才区域配置的回归系数始终为负,且均至少通过了5%水平显著性检验,创新驱动对人才区域配置的回归系数也始终为正,增长目标约束和创新驱动两者交互项对人才区域配置的回归结果同样始终显著为正,将回归结果与表6.2基准回归结果进行对比发现,增长目标约束、创新驱动以及两者的交互项对人才区域配置的回归系数,无论是系数符号还是显著性均无变化,说明前文得出的结论是稳健的。

三、拓展性分析

前文分析能够发现增长目标约束对人才区域配置效应的发挥受创新驱动的影响,在创新驱动主导经济增长模式下,各地将发展重点转向创新增长,区域创新水平的提升有利于地方经济增长目标的实现,进而降低地方增长目标约束压力,缓解增长目标约束对人才区域配置的负面影响,创新驱动程度越高对经济增长目标约束人才区域配置效应的改善程度越强,但这仅是整体回归得出的结论,增长目标约束和创新驱动对人才区域配置的影响是否存在城市差异仍需进一步检验。

（一） 基于城市特征的异质性分析

考虑到我国城市行政层级结构明显,由于经济增长目标层层加码的存在,处于不同行政层级的城市其经济增长目标约束强度差异较大,不同增长目标约束强度对人才区域配置造成的影响究竟存在何种差异? 此外,我国创新型城市试点政策的实施,表明我国城市间创新驱动水平存在明显差距,那么不同类型城市间创新驱动对人才区域配置的影响是否存在差别? 基于此,进一步将研究样本根据城市行政级别划分成省会城市样本和非省会城市样本,根据不同批次创新型城市名单,将研究样本划分成创新型城市样本和非创新型城市样本,对式(5-1)重新估计,回归结果见表5-4和表5-5。

表5-4第(1)列为省会城市样本回归结果,第(2)列为非省会城市样本回归结果。省会城市增长目标约束对人才区域配置的回归系数为-0.808,但未通过显著性检验;非省会城市增长目标约束对人才区域配置的回归系数为-0.236,且通过了5%水平显著性检验;这说明相对于省会城市,非省会城市增长目标约束对人才区域配置的抑制效果更为明显;对比同样发现非省会城市创新驱动对人才区域配置的促进效果更好。无论是省会城市还是非省会城市,增长目标约束和创新驱动交互项对人才区域配置的回归系数显著为正,且非省会城市的系数更大,说明增长目标约束和创新驱动交互项对人才区域配置的边际作用在非省会城市更强,这意味着经济增长模式向创新驱动转变能够改善省会城市和非省会城市人才配置失衡的局面。

表5-4 省会—非省会城市回归结果

变量	（1）	（2）	（3）	（4）
	talalloc	*talalloc*	*talalloc*	*talalloc*
targcon	−0.808 (0.758)	−0.236** (0.106)	−0.739 (1.224)	−1.392*** (0.365)

续表

变量	（1）talalloc	（2）talalloc	（3）talalloc	（4）talalloc
innodr	−0.001 （0.054）	0.107 *** （0.019）	−0.007 （0.053）	0.118 *** （0.019）
targcon ∗ *innodr*	0.007 *** （0.002）	0.022 *** （0.004）	0.154 *** （0.036）	0.119 *** （0.034）
incent	−0.461 *** （0.111）	−0.318 *** （0.042）	−0.437 *** （0.111）	−0.335 *** （0.042）
instruc	5.573 *** （1.025）	1.684 *** （0.440）	6.068 *** （0.986）	1.548 *** （0.441）
focade	−0.047 ** （0.020）	0.039 *** （0.011）	−0.041 ** （0.019）	0.039 *** （0.011）
talentf	0.604 *** （0.104）	0.008 ** （0.004）	0.560 *** （0.103）	0.008 ** （0.004）
govein	0.105 （0.073）	0.070 ** （0.034）	0.074 （0.073）	0.072 ** （0.034）
Cons	−2.926 ** （1.320）	−2.826 *** （0.515）	−3.737 *** （1.307）	−2.525 *** （0.511）
Obs	480	3648	480	3648

注:***、**、*分别表示显著性为1%、5%、10%,括号内数字为稳健标准误。

表5-5　创新型—非创新型城市回归结果

变量	（1）talalloc	（2）talalloc	（3）talalloc	（4）talalloc
targcon	−1.025 （0.777）	−0.193 * （0.109）	−1.638 （1.213）	−1.161 *** （0.388）
innodr	0.185 *** （0.030）	0.084 *** （0.023）	0.181 *** （0.030）	0.082 *** （0.023）
targcon ∗ *innodr*	0.007 *** （0.002）	0.010 * （0.005）	0.132 *** （0.040）	0.092 ** （0.038）

续表

变量	（1） *talalloc*	（2） *talalloc*	（3） *talalloc*	（4） *talalloc*
incent	−0.579 *** （0.076）	−0.299 *** （0.046）	−0.570 *** （0.076）	−0.300 *** （0.046）
instruc	2.014 ** （0.861）	2.079 *** （0.483）	2.449 *** （0.815）	1.994 *** （0.483）
focade	−0.039 ** （0.019）	0.050 *** （0.012）	−0.040 ** （0.019）	0.051 *** （0.012）
talentf	0.345 *** （0.047）	0.007 * （0.004）	0.340 *** （0.047）	0.007 * （0.004）
govein	0.062 （0.080）	0.063 * （0.035）	0.048 （0.080）	0.062 * （0.035）
Cons	−0.176 （0.951）	−3.231 *** （0.582）	−0.751 （0.900）	−3.149 *** （0.579）
Obs	1168	2960	1168	2960

注：***、**、* 分别表示显著性为 1%、5%、10%，括号内数字为稳健标准误。

表5-5 第（1）列为创新型城市样本回归结果，第（2）列为非创新型城市样本回归结果。创新型城市增长目标约束对人才区域配置的回归系数为−1.025，但未通过显著性检验；非创新型城市增长目标约束对人才区域配置的回归系数为−0.193，且通过了 10% 水平显著性检验；这说明相对于创新型城市，非创新型城市增长目标约束对人才区域配置的抑制效果更为明显；同样，对比发现创新型城市创新驱动对人才区域配置的促进效果更好。无论是创新型城市还是非创新型城市，增长目标约束和创新驱动交互项对人才区域配置的回归系数均显著为正，且创新型城市回归系数的显著性更强，说明增长目标约束和创新驱动交互项对人才区域配置的改善效果在创新型城市更好，这意味着创新驱动水平越高，对增长目标约束抑制人才区域配置效应的改善效果越好。

表5-4 和表5-5 第（3）（4）列均是通过改变经济增长目标约束衡量方式

对式(5-1)重新估计的分样本回归结果,将第(3)(4)列分别与对应表第(1)(2)列进行对比,发现无论是增长目标约束还是创新驱动抑或两者的交互项对人才区域配置的回归系数的符号和显著性均未发生改变,说明前文得出的结论是稳健的。

(二) 基于创新驱动的非线性分析

前文得出增长目标约束和创新驱动均能够对人才区域配置产生影响,且增长目标约束对人才区域配置效应的发挥受到创新驱动的影响,随着创新驱动程度的提高,增长目标约束对人才区域配置的抑制作用得以改善,基于此,猜测增长目标约束对人才区域配置效应的发挥存在创新驱动的门限效应,因而,将式(5-1)转化成非线性的门限模型,采用门限回归进一步检验增长目标约束在不同创新驱动水平下对人才区域配置的影响,具体设计如下:

$$talalloc_{i,t} = \beta_0 + \beta_1 targcon_{i,t} + \beta_2 targcon_{i,t} * I(innodr_{i,t} \leqslant \eta) + \beta_3 targcon_{i,t} *$$
$$I(innodr_{i,t} > \eta) + \beta_4 targcon_{i,t} * innodr_{i,t} + \beta_5 controls + \varepsilon_{i,t}$$

$$(5-2)$$

其中, $innodr_{i,t}$ 为门限变量, η 为待估计门限值, $I(\cdot)$ 为示性函数,其他变量同模型(5-1)一致。根据门限变量 $innodr_{i,t}$ 与门限值 η 的相对大小,将考察样本划分为几个子样本,区域间的差异反映在参数 β_2 和 β_3 的不同上。

门限回归首先需要进行门限检验确定模型门限数量,然后根据模型(5-2)做门限回归估计出相应参数。门限检验结果见表5-6。

表5-6 门限效应检验

Threshold	RSS	MSE	Fstat	Prob	Crit10	Crit5	Crit1
Single	1136.4639	0.2764	24.48	0.0780	22.1758	27.0424	35.2559
Double	1131.9384	0.2753	16.44	0.1820	22.3435	28.4320	40.9822
Triple	1129.7267	0.2747	8.05	0.3780	15.6833	19.3248	31.9940

从表 5-6 的检验结果中可以看出,增长目标约束对人才区域配置效应的发挥受创新驱动水平的影响存在单重门限效应,因二重和三重门限结果未通过显著性水平检验,因而创新驱动对增长目标约束影响人才区域配置的最优门限个数为 1,进一步检验获得单重门限的门限值为 7.204。进一步采用门限模型对总样本进行回归,结果如表 5-7 所示。

表 5-7 单重门限回归结果

变量	（1）	（2）
	估计系数	t 值
$targcon$ $innodr \leqslant 7.204$	−0.253 ** (0.101)	−2.51
$targcon$ $7.204 < innodr$	1.396 *** (0.360)	3.88
$targcon * innodr$	0.012 *** (0.002)	5.00
$incent$	−0.174 *** (0.024)	−7.23
$instruc$	2.474 *** (0.395)	6.27
$focade$	0.030 *** (0.010)	3.05
$talentf$	0.009 ** (0.004)	2.29
$govein$	0.064 ** (0.032)	2.03
Cons	−4.803 *** (0.238)	−20.18
Obs	4128	
F	63.91	

注:***、**、* 分别表示显著性为 1%、5%、10%,括号内数字为稳健标准误。

从估计结果来看,增长目标约束对人才区域配置的效应受创新驱动水平的影响,当创新驱动水平小于等于 7. 204 时,增长目标约束对人才区域配置的回归系数为-0. 253;当创新驱动水平高于 7. 204 时,创新驱动对人才区域配置的回归系数由负转正为 1. 396,且上述结果均至少通过了 5% 水平显著性检验。上述结果说明,创新驱动的引入能够改善增长目标约束对人才区域配置的影响,创新驱动水平越高,增长目标约束对人才区域配置的抑制作用越弱。这主要是因为在创新驱动增长模式下,地方更倾向于制定软约束的经济增长目标,能够引导政府将短期增长目标转向长期创新增长,不仅有利于缓解经济增长目标压力造成的技术创新挤占,也有利于为人才创造良好的创新环境;另外,创新驱动增强了企业间的联系,促进与创新活动密切相关的横向联系和聚集创新模式的形成,加快了信息技术、互联网、新能源等新兴产业的迅猛发展和相似产业在空间上趋于集聚,有利于人才集聚效应的发挥,从而提升人才区域配置效率;创新驱动水平越高,越有利于增长目标的实现,越能够降低增长目标约束强度,从而激励政府和企业增强对人才培养的支持力度,进而促进人才区域配置水平的提升。因此,创新驱动水平越高,越有利于改善目标约束对人才区域配置效应的发挥,这也进一步验证了异质性分析回归的结论。

(三) 空间溢出效应分析

各地在对创新驱动发展战略落实上的竞争,有利于创新驱动整体水平的提升,而创新本身就不可避免地存在一定的正向溢出,因此,在分析增长目标约束和创新驱动对人才区域配置的影响时,忽视创新驱动的空间外部性可能会高估两者对人才区域配置影响作用的大小。相较于空间滞后模型和空间误差模型,空间杜宾模型兼顾了各变量及其空间滞后项的影响,可以更好地估算个体的空间溢出效应,因此,将式(5-1)转化成空间计量模型,具体设计如下:

$$talalloc_{i,t} = \alpha_0 + \alpha_1 targcon_{i,t} + \alpha_2 innodr_{i,t} + \alpha_3 controls +$$

$$\alpha_4 W * targcon_{i,t} + \alpha_5 W * innodr_{i,t} + \alpha_6 W * controls + \varepsilon_{i,t}$$

$$(5\text{-}3)$$

其中,W 为空间权重矩阵,α_4、α_5 和 α_6 为空间溢出系数,其他变量含义同上。

空间模型检验结果发现,LM 检验通过,表明模型变量具有空间相关性;而 LR 检验和 Wald 检验结果显著拒绝原假设,意味着选择空间杜宾模型更为合理。相对于简单的 0-1 矩阵和空间距离矩阵,经济距离空间权重矩阵兼顾了城市的空间距离与经济发展水平,能够避免经济因素造成的回归偏误,因此,本书通过构建经济权重矩阵,并采用空间杜宾模型来检验增长目标约束和创新驱动对人才区域配置的空间溢出效应,具体回归结果见表5-8。

表5-8 第(1)(2)(3)列分别是采用空间杜宾模型效应分解的直接效应、间接效应和总效应回归结果。就增长目标约束来看,其对人才区域配置的间接效应未通过显著性检验,说明增长目标约束对人才区域配置仅存在直接效应,意味着其他地区增长目标约束对本地人才配置无影响,但无论是直接效应还是总效应,增长目标约束对人才区域配置均呈现出显著的抑制作用,与基准回归结果一致。就创新驱动来看,其对人才区域配置的直接效应和间接效应回归系数均显著为正,说明不仅本地创新驱动会促进当地人才配置水平提升,邻近城市创新驱动水平提升也能对本地人才配置产生正向影响,对比创新驱动对人才区域配置直接效应和间接效应的回归系数发现,创新驱动对人才区域配置间接效应回归系数更大,这间接证明了创新驱动为何能够缓解增长目标约束对人才区域配置的抑制作用;因此,高质量发展阶段各地区在制定经济增长目标的同时也要转变发展理念,需要将经济增长模式由要素驱动转向创新驱动经济增长,以消除粗放型经济发展兑现既定增长目标带来的效率损失。表5-8 第(4)(5)(6)列分别是利用反距离权重矩阵进行稳健性检验的空间杜宾模型效应分解结果。对比可以发现,无论是增长目标约束对人才区域配

置的直接效应还是创新驱动对人才区域配置的三种效应,回归系数的显著性水平和系数符号均无明显变动,这证实了创新驱动对人才区域配置具有空间溢出效应结论的稳健性。

表 5-8　空间杜宾模型效应分解

变量	(1)	(2)	(3)	(4)	(5)	(6)
	LR_Direct	LR_Indirect	LR_Total	LR_Direct	LR_Indirect	LR_Total
$W * targcon$	−0.005 * (0.003)	−0.054 (0.033)	−0.059 * (0.033)	−0.163 * (0.099)	0.016 (0.465)	−0.147 (0.490)
$W * innodr$	0.003 *** (0.000)	0.004 *** (0.001)	0.007 *** (0.001)	0.047 *** (0.015)	0.269 *** (0.065)	0.316 *** (0.067)
$W * incent$	−0.001 (0.002)	0.001 (0.003)	−0.001 (0.002)	−0.316 *** (0.076)	0.131 (0.090)	−0.185 *** (0.045)
$W * instruc$	0.031 *** (0.011)	−0.149 ** (0.062)	−0.118 ** (0.059)	1.821 *** (0.449)	0.290 (1.049)	2.111 ** (0.969)
$W * focade$	0.001 ** (0.000)	0.005 *** (0.002)	0.005 *** (0.001)	0.038 *** (0.010)	−0.013 (0.029)	0.024 (0.028)
$W * talentf$	0.000 * (0.000)	−0.004 ** (0.002)	−0.004 ** (0.002)	0.009 ** (0.004)	−0.038 ** (0.019)	−0.030 (0.021)
$W * govein$	0.000 (0.001)	0.006 (0.005)	0.006 (0.005)	0.085 *** (0.032)	−0.143 (0.112)	−0.058 (0.118)
rho	0.135 ** (0.055)	0.329 *** (0.026)				
sigma2_e	0.000 *** (0.000)	0.261 *** (0.006)				
Obs	4128	4128	4128	4128	4128	4128
id	258	258	258	258	258	258

注: ***、**、* 分别表示显著性为 1%、5%、10%,括号内数字为稳健标准误。

前文的研究得出无论是短期增长目标约束还是长期创新驱动发展,均能够对人才区域配置产生影响,而单独研究增长目标约束或者创新驱动对人才区域配置的影响可能会高估或者低估两者对人才区域配置的效应。在经济增长方式亟须由要素驱动向创新驱动转变的紧要关头，实现创新驱动发展战略目标，需要在做大人才总量、扩大人才规模的基础上，集中发展集约型人才区域配置模式，进一步提升创新发展水平，从而加快实现党的十九大提出的"创新驱动发展战略"目标。那么，在短期增长目标约束和长期创新驱动共存的发展要求下，短期增长目标约束造成的人才区域配置不足的局面能否被打破？这是破解创新动力不足促进经济高质量发展的关键；基于此，将短期经济增长目标约束与长期创新驱动与人才区域配置纳入统一框架，研究增长目标约束和创新驱动共同作用对人才区域配置的影响，不仅对优化人才配置、提高区域创新能力有着重要意义，而且对加快我国从数量型人口红利向质量型人口红利转变，合理引导人才区域配置与实现经济高质量发展具有一定的指导意义。

研究表明，创新驱动有利于地方政府推进动能转换目标的钳制效应和对接创新驱动发展战略政策效应的发挥，从而降低经济增长目标约束对区域人才配置的负面影响，创新驱动的引入能扭转增长目标约束对人才区域配置不利的局面。具体而言，仅考虑增长目标约束的情况下，增长目标约束能够显著抑制人才区域配置水平的提升，但在创新驱动影响下，增长目标约束对人才区域配置的抑制作用有所缓解，尤其是在引入增长目标约束和创新驱动交互项后，增长目标约束对人才区域配置的回归系数由负转正，说明创新驱动的引入改善了增长目标约束对人才区域配置的影响；同时，增长目标约束和创新驱动交互项对人才区域配置的回归系数显著为正，说明增长目标约束和创新驱动共同作用能够促进人才区域配置水平的提升。这意味着随着经济增长方式由要素驱动向创新驱动转变，我国人才区域配置失衡的局面能够得以改善。异质性分析发现非省会城市和非创新型城市增长目标约束对人才区域配置的抑制效果更为明显，非省会城市创新驱动对人才区域配置的促进作用更强，创新型城市创新驱动对人才区域配置的促进效果更好,这意味着经济增长模式向创新驱动转变能够改善省会城市和非省会城市人才配置失衡的局面。此外,增长目标约束对人才区域配置效应的发挥受创新驱动水平的影响存在单重门限效应,创新驱动的引入改善了增长目标约束对人才区域配置的影响,创新驱动水平越高,增长目标约束对人才区域配置的抑制作用越弱。研究还发现,增长目标约束对人才区域配置仅存在直接效应,而创新驱动对人才区域配置不仅存在直接的促进作用,还存在显著的空间溢出效应。因此,高质量发展阶段各地区在制定经济增长目标的同时也要转变发展理念,需要将经济增长模式由要素驱动转向创新驱动经济增长,以消除粗放型经济发展兑现既定增长目标带来的效率损失。

第六章 拓展分析:人才区域配置与经济高质量发展

改革开放以来,依靠资本、劳动力等生产要素投入所驱动的高速增长模式对中国经济作出了巨大贡献,铸就了中国40余年的增长奇迹,但也对经济的健康发展造成了损害,尤其是对廉价劳动力的过度依赖,抑制了中国创新能力的提升。2020年中国创新指数位居世界第14名①,与欧洲、北美等国家存在较大差距,而创新能力不足必将引致经济内生增长动力匮乏。面对当下经济增速放缓的趋势,需加快推动经济发展方式由要素驱动转向创新驱动。技术创新离不开人才支持,据第七次全国人口普查结果显示,我国大专及以上文化程度的人口约占全国总人口的15.13%,这一数据与第六次全国人口普查结果相比上升了约6.4%;这不禁让人产生疑问:在中国高学历人才资源快速增长的同时,为何创新水平与发达国家之间仍比之不足? 同时,地区间创新效率为何相差甚远? 这些差异又为什么会持续存在? 相关学者指出上述问题与我国人才就业错配有着密不可分的关系。李静等(2017)认为人力资本错配会导致社会创新动力不足,而人才在区域间配置失衡会引致创新效率差异,进而抑制生产效率的同步提升,不利于区域经济高质量发展。

---

① 数据来源:世界知识产权组织发布的《2020年全球创新指数排名》。

当前中国人力资本积累虽已达到一定规模,但对于经济发展的促进作用却并没有完全发挥,究其根本,在于我国人才区域配置偏离均衡状态,而这种非有效配置已成为突破经济高质量发展的主要短板(李静等,2017)。2019 年12 月,中共中央办公厅、国务院办公厅联合印发《关于促进劳动力和人才社会性流动体制机制改革的意见》,《意见》的出台有利于缓解人才流动在体制机制方面的障碍,改善人才流动和人才区域配置。人才区域配置主要受到两方面的影响:一是市场因素,在优胜劣汰的作用机制下,自发引导人才流向生产效率更高的地区;二是非市场因素,各地区为吸引人才流入实施各种引人引智的措施而展开的"人才争夺战"。新中国成立后对西部实行的人才调迁战略有效缩小了区域发展差距,而西部大开发和中部崛起战略实质上也是引导资本和人才流向中西部地区。由此可见,人才区域配置更易受到非市场因素的干扰。人才是知识生产与技术进步的关键所在,因此,人才在地区间的迁移流动不仅影响着迁入地和迁出地的人力资本存量,还作用于区域创新进而影响到经济发展质量。当前人才错配这一现象普遍存在,部分发达地区人才集聚过多,远超出地区人力资本承载力;而落后地区由于高素质人才稀缺,难以形成规模效应,以至于人才的创新潜力无法充分释放,人才资源在区域间错配导致人才区域配置效率低下,严重阻碍了技术水平的提升,拥有较高人才存量的区域能够借助人力资本外溢效应增强自身竞争优势,从而拉大区域差距(沈坤荣和马俊,2020)。在依靠创新驱动经济高质量发展的背景下,如何合理引导人才流动,实现人才在空间范围内的有效配置,以最大程度地释放人力资本红利,进而实现人才区域配置与技术创新的良性互动,是实现经济高质量发展进程中亟须解决的问题。鉴于此,结合当前经济高质量发展的现实背景和增长方式亟须向创新驱动转变的现实需要,就人才区域配置对经济高质量发展的效应展开研究,对加快转变经济发展方式、合理引导人才区域配置与实现经济高质量发展具有一定的指导意义。

第一节　人才区域配置影响经济高质量
发展的机制分析

一、人才区域配置对经济高质量发展作用机制

虽然我国技术水平在多年的经济赶超过程中取得很大提升,但与发达国家相比依然存在一定差距,仍需在自主创新中不断摸索前行,而人才支撑在创新活动的推进中不可或缺,尤其是创新型人才的支撑;人才区域配置不足会影响到创新活动的开展,不利于创新效率的提升(Mountford,1997)。创新驱动发展阶段各地纷纷提高引人力度,促进了人才在不同区域间的流动,人才流动作为改善人才区域配置的重要渠道,不仅有助于激励人才自主提升自身技能水平以满足岗位的要求,解决部分人才用非所学的问题,亦能够提升人才与市场上技术岗位的匹配效率,便于人才在"干中学"过程中积累创新经验,从而加快普通人才向创新人才转化,为创新活动的开展积累人才储备,在提高人才区域配置水平的同时也能够促进区域自主创新能力和对外来技术吸收能力的提升(Borensztein,1998),从而促进经济高质量发展。创新驱动发展阶段人才流向的转变有利于打破以往偏远落后地区在教育上只见投入罕见输出的局面,有利于提高地方办学积极性以增加人才供给,从而缓解人才区域配置不平衡问题。人才作为高端知识拥有者,人才区域配置水平的提升不仅有利于异质型知识交流,促进知识创新与创造和技术经验的交流共享(Mountford,1997),也能够有效缓解人才区域配置扭曲所造成的效率缺口问题,从而为经济高质量发展注入新动能。

人才作为高端的生产要素,若不能配置到适宜的岗位,其才能就难以充分施展,仅能发挥普通生产要素的作用。创新驱动阶段各地政府引人引智政策的出台激发了人才的流动积极性,有利于改善区域间人才错配,促进人才红利

释放。由于劳动力可以在任何岗位上工作,他们会优先选择使自己获得更好福利和发展机会的工作岗位,以至于落后地区的人才会被物质激励和工作机会吸引而流向那些经济发展较好的地区,高质量发展阶段经济增长方式转向创新驱动为主有利于打破这种局面。落后地区人才储备不足,加之区位和经济发展水平都不足以吸引人才向此集聚,创新驱动发展阶段政府和企业会通过提高薪资和其他补贴诱使人才流入,丰厚的薪资待遇虽然可以将人才短期内吸引过来,但并不能确保他们愿意长期留下来,为了留住人才,政府和企业一方面会增强对人才培养的支持力度,也会进一步致力于构建有利于人才才能发挥、知识增长的氛围和平台,为人才提供较为充足的经济机会和惬意的人文环境以及浓郁的学习氛围(陈剑,2013),这有利于人才工作效率和配置水平的提升。人才区域配置水平提升增强了企业间的联系,促进与创新活动密切相关的横向联系和聚集创新模式的形成(张平等,2014),不仅能促进传统产业的转型升级,亦能加快信息技术、互联网、新能源等新兴产业的迅猛发展,从而吸引相关企业、相似产业在空间上趋于集聚,有利于人才集聚效应的发挥。此外,创新驱动发展不仅有助于引导各类生产要素在不同部门间的自由流动,促进资本与劳动力等生产要素的整合与再配置,通过增加创新要素的投入,也能够降低对传统经济发展方式的路径依赖;故而,在中国经济增长方式由要素驱动转向创新驱动的过程中,应充分发挥人才配置对创新的主导作用,从而促进经济高质量发展目标的实现。据此,提出如下假设 H_1。

假设 H_1:人才区域配置能够推进区域创新进而促进经济高质量发展。

二、人才区域配置对经济高质量发展的非线性效应

人才区域配置水平提升能够有效促进经济高质量发展,然而人才区域配置受创新驱动和增长目标约束的影响,创新驱动和增长目标约束强度的高低决定了人才区域配置水平的高低,进而影响人才区域配置对经济高质量发展效应的发挥。人才区域配置对高质量发展的核心作用在于对新知识的吸收、

利用和转化以推动技术进步,如果人才长期在一个工作岗位上,容易思维固化,缺乏观察问题的敏锐性,其创造力会随着工作年限的增长而降低,甚至维持在一个较之巅峰相对较低的水平,导致人才仅依靠衣食住行等消费行为和参与低端劳动刺激经济增长,人才的这种配置是低效的。

就创新驱动而言,创新驱动激发了人才的流动积极性,流动不仅能促进人才找到最能施展才干的岗位,提高人才区域配置效率,而且能拓宽知识外溢渠道,加快知识与技术在行业和区域间的横向扩散,从而提高整体创新能力与区域科技水平,加快经济增长方式由要素驱动转向创新驱动的进程,从而助推经济高质量发展。事实上,人才流动到新的工作岗位之后,企业会对其设置一定的考察期,在考察期内不会给予富有挑战性的工作,人才能力的施展受到限制,如果人才经常流动,会致使其不断地处在新工作岗位的适应期,导致人才区域配置效率低下,反而不利于人才创新潜力的释放。因此,当人才流动的溢出效应难以弥补因流动造成的负面影响时,不利于人才区域配置水平的提升,当人才流动的外部性高于流动的负面作用时,有利于人才区域配置对经济高质量发展效应的发挥。创新驱动增长模式下,各地纷纷出台各种政策,将人才的跨区域流动推向了高潮,然而适度的人才流动能够加剧劳动力市场竞争,通过优胜劣汰机制能够激励员工自发提高其技能水平,这有利于整体人力资本水平的提升和人才工作效率的提升;在新环境的激励下,也能够调动其学习动力甚至激发其创新潜能,为地区发展带来一定"人才红利",有效促进了区域自主创新能力和对外来技术吸收能力的提升(Borensztein,1998),是实现经济高质量发展的关键驱动力。

就增长目标约束而言,增长目标约束过高会造成区域间产业分布呈现出结构雷同的特征(黄亮雄等,2015),致使区域竞争同质化,为保护本地企业发展壮大,地方政府往往采取市场分割策略避免资源外流,地方保护导致的市场分割以及对要素流动的阻挠,不仅抑制了人才的合理流动,也导致那些被错配在当地的人才因难以匹配到合适的岗位而人才红利释放受阻(储德银等,

2020)，抑制了人才区域配置水平的提升，从而降低人才区域配置对经济高质量发展效应的发挥；另外，增长目标约束强度过高会引起各地在引资方面降低企业进入标准，不仅加重了当地的环境污染，还可能造成相邻区域环境质量的恶化（张可等，2016），宜居宜业的环境能够更好地吸引人才流入，而环境质量的恶化会阻碍人才的流入甚至倒逼本地人才外流。此外，为了达到经济预期目标，不仅严重依赖财政和大规模投资刺激经济增长，还依靠廉价转让工业用地以换取更多的外商投资机会，虽然在短期内会促进经济高速增长，但将低价转让土地造成的财政收入压力转嫁到商住用地市场会造成土地价格的扭曲（毛丰付和裘文龙，2013），最终导致房价过高、土地违法、产业结构"钝化"、地方政府债务风险溢出等问题，会大大降低城市对人才的吸引力。因此，增长目标约束强度过高会抑制人才区域配置水平的提升，进而扭曲人才区域配置对经济高质量发展效应的发挥。基于此，提出假设 H_2。

假设 H_2：人才区域配置对经济高质量发展的效应受创新驱动和增长目标约束强度的影响存在非线性效应。

第二节　模型构建和指标选取

一、模型构建

由上述机理分析可知，人才区域配置能够有效推进区域创新从而促进经济高质量发展，因此，为深入识别人才区域配置对经济高质量发展的影响，本书构建如下计量模型：

$$ecogrq_{i,t} = \beta_0 + \beta_1 talalloc_{i,t} + \beta_2 innodr_{i,t} + \beta_3 talalloc_{i,t} * innodr_{i,t} +$$
$$\sum \beta_4 X_{i,t} + \lambda_i + \varphi_t + \varepsilon_{i,t} \tag{6-1}$$

上式（6-1）中，$ecogrq_{i,t}$ 为经济高质量发展水平，$talalloc_{i,t}$ 为人才区域配置水平，$innodr_{i,t}$ 为区域创新驱动水平，$X_{i,t}$ 为控制变量，包括产业集聚水平

(*indclu*)、财政自主权(*fiauto*)、信息化(*inform*)、市场化(*compete*),λ_i 为个体效应,φ_t 为时间效应,$\varepsilon_{i,t}$ 为随机扰动项,下标 t 为时间,i 为地区。

二、指标选取及数据说明

(一) 指标选取

经济高质量发展(*ecogrq*):经济高质量发展是兼顾经济社会各个层面综合考量的可持续发展,本书参考师博和任保平(2018)的衡量方法从增长的基本面和社会成果两个方面来构建经济高质量发展指标体系。其中,从经济增长强度、经济增长稳定性、经济增长合理化[①]与经济增长外向性四个层面来反映增长的基本面;从人力资本和生态资本两个层面来衡量社会成果。首先对各个指标进行标准化处理,然后利用主成分分析法确定各级指标权重,最终合成经济高质量发展指标。各级指标衡量方法如下表 6-1 所示。

表 6-1 经济高质量发展指标体系

一级指标	二级指标	衡量方法
增长的基本面	经济增长强度	地区实际人均 GDP
	经济增长稳定性	GDP 增长率变异系数倒数
	经济增长合理化	1-泰尔指数
	经济增长外向性	净出口占 GDP 的比重
社会成果方面	人力资本	每万人大学生人数
	生态资本	GDP 与 PM$_{2.5}$ 浓度比值

产业集聚水平(*indclu*):产业集聚一方面能够产生规模效应和外部性,

---

① 经济增长合理化利用(1-泰尔指数)来表征,其中,泰尔指数计算公式为:$TL = \sum_{i=1}^{N} \left(\frac{Y_i}{Y} \right) \ln \left(\frac{Y_i}{L_i} \Big/ \frac{Y}{L} \right)$。

降低企业生产成本与交易费用,提高经济增长效率;另一方面能够形成"劳动力蓄水池",为技术创新提供人才支持,形成内生增长动力,从而促进经济高质量发展。区位熵指数能够较为准确地反映出产业在地理上的空间分布,因此本书使用第二产业从业人员区位熵指数来度量各区域的产业集聚水平。

信息化(*inform*):互联网的快速发展为经济增长带来新动能,利用信息化手段来开拓新的产品市场,提供信息共享平台,并通过与实体经济相融合来推动经济高质量发展。本书参考丁一兵和刘紫薇(2020)的做法,采用互联网用户数、固定宽带互联网用户数和移动电话用户数之和来衡量各地区的信息化发展水平。

产出效率(*eneffcy*):高质量发展注重效率优先,产出效率的提升对经济高质量发展的影响不容忽视;方向距离函数在测算资源产出效率时往往假定期望产出与非期望产出的扩收比例保持相等,导致测算角度单一、径向投影角度苛刻等问题,非径向方向距离函数不需按照相等比例调整投入要素、期望产出和非期望产出,因此,本书采用全局 DEA 方法,通过构建固定前沿面来估测各个区域的产出效率水平。*eneffcy* 数值在 0 和 1 之间,数值越大说明该地区产出效率越高,当 *eneffcy* 数值等于 1 时,表示相应地区的科技水平最好且位于生产前沿面上。

(二) 其他指标说明

人才区域配置(*talalloc*)已于第二章介绍;增长目标约束(*targcon*)、市场化(*compete*)已于第三章介绍;创新驱动(*innodr*)、产业集聚水平(*indclu*)已于第四章介绍;财政自主权(*fiauto*)已于第五章介绍。

(三) 数据说明

本书以中国 258 个城市为研究对象,以 2004 — 2019 年为观测周期,数据来源于《中国统计年鉴》《中国人口和就业统计年鉴》《中国城市统计年鉴》

《中国省市经济发展年鉴》和各个省市统计年鉴。其中,少数缺失数据用插值法进行补充。为剔除经济价格变动对统计数据带来的影响,部分指标在计算过程中以 2000 年为基期,利用 GDP 平减指数进行折算。此外,利用方差膨胀因子进行多重共线性检验发现,所有 VIF 值均小于 10。因而,变量之间不存在严重的多重共线性问题。具体变量描述性统计见表 6-2。

表 6-2　变量描述性统计

Variable	Obs	Mean	Std.Dev.	Min	Max
ecogrq	4128	0.364	0.140	0.004	0.936
talalloc	4128	0.020	0.040	0	0.443
innodr	4128	14.478	74.478	0.005	2073.283
indclu	4128	0.899	0.361	0.002	1.844
fiauto	4128	0.493	0.224	0.026	1.541
inform	4128	547.896	648.447	21.892	8471.46
compete	4128	0.069	0.050	0.004	0.451
eneffcy	4128	0.311	0.276	0.003	1
targcon	4128	0.019	0.087	0	5.445

第三节　实证结果及分析

一、基准回归

从上述分析能够看出,人才区域配置能够有效促进经济高质量发展,在经济增长模式由要素投入驱动向创新驱动转变的过程中,创新驱动虽然能够促进经济高质量发展,但是为实现经济高质量发展的目标,高质量发展也会倒逼区域创新水平的提升,此外,人才区域配置水平的提升也能够影响到区域创新驱动的发展。基于此，猜测计量模型可能存在一定的内生性问题，因而，通过寻求工具变量，采用两阶段最小二乘法（2SLS）对式（6-1）进行估计，然后采用逐步回归的方法来检验核心解释变量影响作用的稳定性。有关工具变量的选取，考虑到滞后一期的人才区域配置水平和创新驱动水平不仅与当期人才区域配置和创新驱动水平密切相关，而且难以对当期高质量增长产生影响，因而选取人才区域配置和创新驱动的滞后一期作为工具变量，这不仅能有效解决创新活动带来的时滞性问题，也能够有效解决内生性问题。具体估计结果见表6-3。

表6-3 第（1）列为仅考虑人才区域配置对经济高质量发展的回归结果，回归结果显示人才区域配置对经济高质量发展的回归系数为0.022，且通过了5%水平显著性检验，在第（2）至（7）列逐个加入其他变量后，人才区域配置对经济高质量发展的回归系数符号和大小以及显著性均未发生较大变动，意味着人才区域配置能够有效促进区域经济高质量发展的结论是稳健的。这主要是因为人才作为高端知识拥有者，人才区域配置水平的提升不仅利于异质型知识交流，促进知识创新与创造和技术经验的交流共享，也能够有效缓解人才区域配置扭曲所造成的效率缺口问题，从而为经济高质量发展注入新动能，人才配置水平越高，越有利于产出效率的提升，无论是对经济发展水平还是对经济发展质量均能起到显著的效果。

第（2）列是加入创新驱动的回归结果，结果显示创新驱动对经济高质量发展的回归系数为0.016，且通过了10%水平显著性检验，在第（3）至第（7）列加入其他变量后，创新驱动对经济高质量发展的回归系数始终为正，且至少都通过了10%水平显著性检验，说明创新驱动能够有效促进经济高质量发展。这主要是因为创新驱动发展有助于引导各类生产要素在不同部门间的自由流动，促进资本与劳动力等生产要素的整合与再配置，能够降低对传统经济发展方式的路径依赖；此外，创新驱动增强了企业间的联系，促进与创新活动密切相关的横向联系和聚集创新模式的形成，不仅能促进传统产业的转型升级,亦能加快信息技术、互联网、新能源等新兴产业的迅猛发展,从而吸引相关企业、相似产业在空间上趋于集聚,有利于人才集聚效应的发挥,从而进一步促进区域创新水平的提升,因此,创新驱动能够有效促进经济高质量发展。

表6-3 基准回归结果

	(1)	(2)	(3)	(4)	(5)	(6)	(7)
	ecogrq	ecogrq	ecogrq	ecogrq	ecogrq	ecogrq	ecogrq
talalloc	0.022**	0.020**	0.020**	0.030***	0.030***	0.032***	0.032***
	(0.010)	(0.010)	(0.010)	(0.010)	(0.010)	(0.010)	(0.010)
innodr		0.016*	0.041**	0.040**	0.030*	0.030*	0.029*
		(0.009)	(0.016)	(0.016)	(0.016)	(0.016)	(0.016)
talalloc * innodr			0.005*	0.006**	0.005**	0.005**	0.005*
			(0.002)	(0.002)	(0.002)	(0.002)	(0.002)
indclu				0.155***	0.139***	0.136***	0.141***
				(0.025)	(0.025)	(0.025)	(0.025)
fiauto					0.105***	0.103***	0.100***
					(0.020)	(0.020)	(0.020)
inform						0.064***	0.061***
						(0.022)	(0.022)
compete							0.414***
							(0.154)
Cons	−0.509***	−0.579***	−0.694***	−0.567***	−0.524***	−1.010***	−1.090***
	(0.053)	(0.066)	(0.090)	(0.091)	(0.091)	(0.189)	(0.191)
Obs	3870	3870	3870	3870	3870	3870	3870
R^2	0.813	0.813	0.813	0.814	0.816	0.816	0.816

注:***、**、* 分别表示显著性为1%、5%、10%,括号内数字为稳健标准误。

第(3)列为加入人才区域配置与创新驱动的交互项之后的回归结果,加入人才区域配置与创新驱动的交互项后,人才区域配置和创新驱动对经济高质量发展的回归系数依然为正,且都通过了 5%水平显著性检验,尤其是创新驱动对经济高质量发展的回归系数在加入二者的交互项后进一步提升,说明人才区域配置能够有效增强创新驱动对经济高质量发展的效应。从表 6-3第(3)列能够看出人才区域配置和创新驱动交互项对经济高质量发展的回归系数为 0.016,且通过了 10%水平显著性检验,即使在第(4)至第(7)列逐个加入其他控制变量后,人才区域配置和创新驱动交互项对经济高质量发展的回归系数亦始终为正,且至少通过了 10%水平显著性检验,说明人才区域配置与创新驱动交互作用亦能够有效促进经济高质量发展。这主要是因为人才区域配置和创新驱动二者能够相互产生作用,创新驱动能够有效推动人才区域配置水平提升,而人才区域配置水平提升反过来又能有效促进创新驱动发展,因此,二者共同作用不仅能够促进人才区域配置和创新驱动良性发展,对经济高质量发展也能够呈现出显著的促进作用。

从控制变量回归结果来看,第(4)列是加入产业集聚变量的回归结果,从表中能够看出产业集聚对经济高质量发展的系数为 0.155,且通过了 1%水平显著性检验,说明产业集聚能够有效促进经济高质量发展,这主要是因为产业集聚能够增强企业间的交流与合作,改善区域分工,带来规模效应与外部性,从而促进经济高质量发展。第(5)列是加入政府财政自主权后的回归结果,结果表明政府财政自主权对经济高质量发展的回归系数为 0.105,且通过了 1%显著性水平检验,说明财政自主权的提升能够有效促进经济高质量发展,这主要是因为财政自主权的提升能够为政府决策提供资金支撑,有利于其决策的推进落实,高质量发展阶段各个地方政府纷纷将发展目标转向创新发展,财政自主权的提升无论是对从外部引才还是内部培养抑或对引导当地产业转型都能提供资金支撑,有利于区域创新发展,因而财政自主权的提升能够有效促进经济高质量发展。第(6)列是加入信息化水平的回归结果,结果表明信息化水平对经济高质量发展的回归系数为 0.064,且通过了 1%水平显著性检验,说明信息化水平的提升能够有效促进经济高质量发展水平的提升,主要是因为信息化的快速发展能够增强企业间的交流,不仅能促进技术传播与扩散,也能降低企业的生产成本与交易成本,从而提高研发投入促进创新,因此,信息化水平提升能够有效促进经济高质量发展。第(7)列加入市场化变量后,其回归结果显著为正,说明市场化水平的提升能够有效促进经济高质量发展;这主要是因为市场化水平的提升有利于促进各种要素的有序流动,有利于打破资源固化,改善资源错配。同时市场化水平的提升也能够遏制经济主体间的恶性竞争,激发市场活力,不仅能有效遏制因寻租造成的效率损失现象的发生,也能提高资源的市场化配置效率,进而提高各经济主体的产出效率,因此,市场化水平的提升能够有效促进经济高质量发展。

二、稳健性检验

上述实证结果显示人才区域配置和创新驱动能有效促进经济高质量发展。由于参数估计是在对总体分布作出一系列假定的基础上进行的,回归结果依赖于模型设定和基本假定的准确性,较大的设定误差可能引致回归结果不够稳健,半参数估计能较好地规避此缺陷,得出的结论也较稳健,为防止本书因模型设定偏误导致实证结果不稳定,在利用工具变量法对式(6-1)进行估计后,本书进一步采用半参数估计方法来验证以上实证结果的稳健性,因而,将式(6-1)转化成包含参数部分和非参数部分的半参数模型,具体设计如下式(6-2):

$$ecogrq_{i,t} = \beta_0 + \beta_1 talalloc_{i,t} + \beta_2 innodr_{i,t} + \beta_3 talalloc_{i,t} * innodr_{i,t} +$$

$$\sum \beta_4 X_{i,t} + I(\cdot) + \varepsilon_{i,t} \qquad (6-2)$$

式(6-2)中,$ecogrq_{i,t}$ 为经济高质量发展水平,$talalloc_{i,t}$ 为人才区域配置水平,$innodr_{i,t}$ 为区域创新驱动水平,$X_{i,t}$ 为控制变量,包括产业集聚水平($indclu$)、财政自主权($fiauto$)、信息化($inform$)、市场化($compete$),$I(\cdot)$ 为经济高质量发展关于产出效率水平的未知函数(函数形式未知),也正因为如此,该模型可以更好地反映真实的回归关系;$\varepsilon_{i,t}$ 为随机扰动项,下标 t 为时间,i 为地区。

表 6-4　稳健性检验

	(1)	(2)	(3)	(4)	(5)	(6)	(7)
	ecogrq	ecogrq	ecogrq	ecogrq	ecogrq	ecogrq	ecogrq
talalloc	0.097 ***	0.068 ***	0.053 ***	0.056 ***	0.085 ***	0.083 ***	0.083 ***
	(0.005)	(0.005)	(0.006)	(0.006)	(0.005)	(0.005)	(0.005)
innodr		0.084 ***	0.163 ***	0.163 ***	0.065 ***	0.104 ***	0.098 ***
		(0.003)	(0.010)	(0.010)	(0.010)	(0.011)	(0.011)
talalloc * innodr			0.018 ***	0.017 ***	0.006 ***	0.007 ***	0.007 ***
			(0.002)	(0.002)	(0.002)	(0.002)	(0.002)
indclu				0.050 ***	−0.004	−0.001	0.001
				(0.005)	(0.005)	(0.005)	(0.005)
fiauto					0.398 ***	0.399 ***	0.386 ***
					(0.017)	(0.016)	(0.017)
inform						−0.092 ***	−0.100 ***
						(0.011)	(0.011)
compete							0.569 ***
							(0.137)
Obs	4128	4128	4128	4128	4128	4128	4128
R^2	0.078	0.201	0.213	0.229	0.357	0.366	0.368

注:***、**、* 分别表示显著性为 1%、5%、10%,括号内数字为稳健标准误。

　　半参估计结果见表 6-4,对表 6-4 的回归结果进行分析发现,在采用半参模型就人才区域配置对经济高质量发展的影响进行估计后,发现人才区域配置对经济高质量发展的回归结果与表 6-3 基准回归结果相比,不仅系数符号为正未发生改变,而且显著性水平进一步提升,且创新驱动、人才区域配置和创新驱动的交互项对经济高质量发展的回归系数与表6-3相比符号也未改变,显著性水平也都明显提升,说明在改用半参数模型对人才区域配置与经济高质量发展重新估计后,人才区域配置能够有效促进经济高质量发展的结论依然稳健,这证实了本书理论分析的结论不受模型构建和回归方法的影响,即人才区域配置能够有效促进经济高质量发展的结论具有稳健性。

三、拓展性分析

(一) 基于创新驱动的非线性分析

虽然人才区域配置对经济高质量发展呈现出正向的促进作用,但人才区域配置水平受创新驱动的影响,创新驱动引致区域之间的竞争加剧会引起人才流动,当人才流动产生的溢出效应大于负面影响时,有利于促进人才区域配置对经济高质量发展效应的发挥;当创新驱动引起本不需要流动的人才在外部冲击下参与到流动中来,会造成人才处在新环境的适应期,造成人才区域配置效率低下,人才区域配置对经济高质量发展的作用亦难以有效发挥;基于此,猜测人才区域配置对经济高质量发展效应的发挥存在创新驱动的门限效应,因而,将式(6-1)转化成非线性的门限模型,具体设计如下式(6-3):

$$ecogrq_{i,t} = \beta_0 + \beta_1 talalloc_{i,t} + \beta_2 talalloc_{i,t} * I(innodr_{i,t} \leq \eta) +$$

$$\beta_3 talalloc_{i,t} * I(innodr_{i,t} > \eta) + \beta_4 controls + \varepsilon_{i,t} \qquad (6-3)$$

其中, $innodr_{i,t}$ 为门限变量, η 为待估计门限值, $I(\cdot)$ 为示性函数,其他变量同模型(6-1)一致。根据门限变量 $innodr_{i,t}$ 与门限值 η 的相对大小,将考察样本划分为几个子样本,区域间的差异反映在参数 β_2 和 β_3 的不同上。

进一步采用门限回归方法来检验人才区域配置对经济高质量发展是否存在创新驱动的门限效应。具体检验结果见表6-5。

表6-5 门限效应检验

Threshold	RSS	MSE	Fstat	Prob	Crit10	Crit5	Crit1
Single	7.619	0.002	110.650	0.002	26.793	33.263	49.943
Double	7.552	0.002	36.450	0.044	25.523	34.932	56.618
Triple	7.488	0.002	35.380	0.330	47.541	54.004	68.443

根据表6-5可以看出,创新驱动未通过三重门限检验,单一门限和双重门限均至少通过了5%水平显著性检验;因此,人才区域配置对经济高质量发展的促进作用确实受到创新驱动水平的影响,估计可得创新驱动的双重门限值,如表6-6所示。

表6-6 双重门限值估计结果

model	Threshold	Lower	Upper
Th-1	17.010	9.778	19.065
Th-21	17.010	10.823	19.065
Th-22	0.487	0.372	0.511

从表6-6可以看出,创新驱动单重门限值为17.01,95%水平置信区间为[9.778,19.065];双重门限值分别为17.01和0.487,95%水平置信区间分别为[10.823,19.065]和[0.372,0.511];似然比函数序列$LR(\gamma)$能够较好地拟合门限参数的趋势,更加直观地反映创新驱动的门限值及其相应置信区间,如图6-1所示;从图6-1可以发现,当似然比$LR(\gamma)$为0时,即为门限估计值;虚线以下则表示门限值在95%水平上的置信区间。

进一步采用门限模型对总样本进行回归分析,具体结果见表6-7。不难发现,当创新驱动水平低于0.487时,人才区域配置对经济高质量发展的回归系数为0.300,且通过了1%水平显著性检验;当创新驱动水平介于0.487至

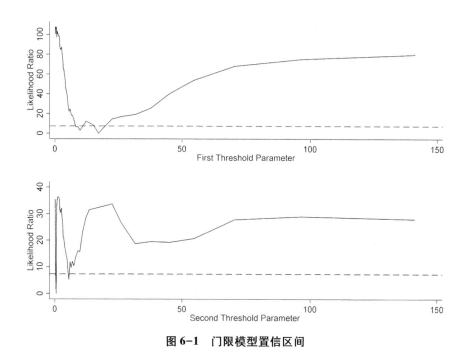

图 6-1　门限模型置信区间

17.01 之间时,人才区域配置的估计系数为-0.257,且通过 1%水平显著性检验;当创新驱动水平高于 17.01 时,人才区域配置的估计系数为 0.227,且通过 1%水平显著性检验。这说明创新驱动水平处于 0.487 至 17.01 之间时,不利于人才区域配置对经济高质量发展效应的发挥,这主要是因为创新驱动能够引起人才流动从而影响到人才区域配置,当创新驱动水平处于 0.487 至 17.01 之间时,可能引起本不需要流动的人才在外部冲击下参与到流动中来,导致人才处在新环境的适应期,造成人才流动产生的溢出效应小于人才流动带来的负面影响,进而造成人才区域配置效率低下,人才区域配置对经济高质量发展的作用难以有效发挥;当创新驱动水平处于 0.487 以下时,难以激发人才的流动性,避免了因人才流动对人才区域配置造成的不利影响,人才区域配置能够有效促进经济高质量发展;当创新驱动水平高于 17.01 时,创新驱动引发的人才流动水平较高,不仅有利于改善人才错配情况从而促进人才配置水平的提升,人才流动过程中产生的知识溢出效应亦有利于区域创新水平的提

增长目标约束、创新驱动与人才区域配置：理论与实证

升,人才流动产生的外部效应能够抵消人才流动负面效应造成的影响,因而人才区域配置对经济高质量发展依然呈现出显著的促进作用,综上,人才区域配置对经济高质量发展效应的发挥受创新驱动强度的影响存在门限效应。

表6-7 双重门限回归结果

	（1）	（2）
	估计系数	t 值
talalloc innodr ≤0.487	0.300 *** （0.099）	3.02
talalloc 0.487< innodr ≤17.01	−0.257 *** （0.054）	−4.79
talalloc 17.01< innodr	0.227 *** （0.064）	3.53
indclu	−0.000 （0.001）	−0.50
fiauto	0.024 *** （0.004）	6.11
inform	0.031 *** （0.002）	15.04
compete	0.142 *** （0.032）	4.48
Cons	0.193 *** （0.012）	16.39
Obs	4128	
F	77.13	

注: ***、**、* 分别表示显著性为 1%、5%、10%,括号内数字为稳健标准误。

（二）基于增长目标约束的非线性分析

第三章的理论分析揭示了增长目标约束对人才区域配置的作用机制,增

长目标约束过高不利于人才区域配置水平的提升,因此,人才区域配置对经济高质量发展的效应必然受增长目标约束的影响;基于此,猜测人才区域配置对经济高质量发展效应的发挥存在增长目标约束的门限效应,因而,将式(6-1)转化成非线性的门限模型,具体设计如下式(6-4):

$$ecogrq_{i,t} = \beta_0 + \beta_1 talalloc_{i,t} + \beta_2 talalloc_{i,t} * I(targcon_{i,t} \leqslant \eta) +$$

$$\beta_3 talalloc_{i,t} * I(targcon_{i,t} > \eta) + \beta_4 controls + \varepsilon_{i,t} \qquad (6-4)$$

其中,$targcon_{i,t}$ 为门限变量,η 为待估计门限值,$I(\cdot)$ 为示性函数,其他变量同模型(6-1)一致。根据门限变量 $targcon_{i,t}$ 与门限值 η 的相对大小,将考察样本划分为几个子样本,区域间的差异反映在参数 β_2 和 β_3 的不同上。

进一步采用门限回归方法来检验人才区域配置对经济高质量发展是否存在增长目标约束的门限效应。具体检验结果见表6-8。

表6-8　门限效应检验

Threshold	RSS	MSE	Fstat	Prob	Crit10	Crit5	Crit1
Single	7.730	0.002	49.910	0.000	13.215	16.136	27.422
Double	7.699	0.002	16.750	0.022	10.122	13.176	20.760
Triple	7.677	0.002	11.810	0.272	18.670	22.291	33.287

根据表6-8可以看出,增长目标约束未通过三重门限检验,单一门限和双重门限均至少通过了5%水平显著性检验;因此,人才区域配置对经济高质量发展的促进作用确实受到增长目标约束强度的影响,估计可得增长目标约束的双重门限值,如表6-9所示。

从表6-9可以看出,创新驱动单重门限值为 0.015,95%水平置信区间为[0.010,0.020];双重门限值分别为 0.007 和 0.028,95%水平置信区间分别为[0.004,0.010]和[0.018,0.030];似然比函数序列 LR(γ)能够较好地拟合门限参数的趋势,更加直观地反映创新驱动的门限值及其相应置信区间,如

图6-2所示,从图6-2可以发现,当似然比 LR(γ) 为 0 时,即为门限估计值;虚线以下则表示门限值在 95% 水平上的置信区间。

表 6-9　双重门限值估计结果

model	Threshold	Lower	Upper
Th-1	0.015	0.010	0.020
Th-21	0.007	0.004	0.010
Th-22	0.028	0.018	0.030

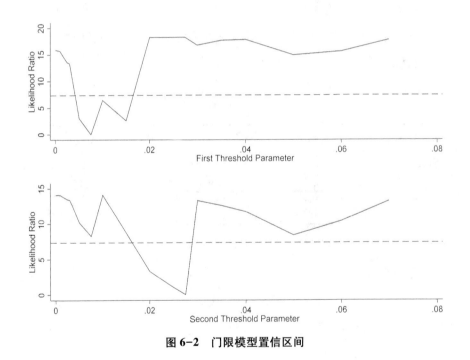

图 6-2　门限模型置信区间

进一步采用门限模型对总样本进行回归分析,具体结果见表 6-10。不难发现,当增长目标约束强度低于 0.007 时,人才区域配置对经济高质量发展的估计系数为 0.073,且通过了 10% 水平显著性检验;当增长目标约束强度介于 0.007 至 0.028 之间时,人才区域配置的估计系数为-0.106,且通过 10% 水平显著性检验;当增长目标约束强度高于 0.028 时,人才区域配置对经济高质量发展的估计系数为-0.417,且通过 1% 水平显著性检验;这说明增长目标约束强度低于 0.007 时,增长目标约束不会对人才区域配置产生扭曲作用,人才区域配置对经济高质量发展的影响呈现出显著的促进作用,当增长目标约束强度高于 0.007 时,增长目标约束会对人才区域配置产生扭曲作用,不利于人才区域配置水平的提高,抑制了人才区域配置对经济高质量发展效应的发挥,当增长目标约束强度进一步提升超过 0.028 时,增长目标约束强度对人才区域配置的扭曲作用更强,导致人才区域配置对经济高质量发展的抑制作用进一步增强,说明增长目标约束强度越高,越不利于人才区域配置对经济高质量发展效应的发挥;综上,人才区域配置对经济高质量发展效应的发挥受增长目标约束强度的影响存在非线性的门限效应。

表 6-10 双重门限回归结果

	(1)	(2)
	估计系数	t 值
$talalloc$ $targcon \leqslant 0.007$	0.073 * (0.057)	2.28
$talalloc$ $0.007 < targcon \leqslant 0.028$	-0.106 * (0.057)	-1.87
$talalloc$ $0.028 < targcon$	-0.417 *** (0.070)	-5.97
$indclu$	-0.000 (0.001)	-0.59
$fiauto$	0.024 *** (0.004)	6.01
$inform$	0.027 *** (0.002)	13.95
$compete$	0.160 *** (0.032)	5.02

续表

	（1）	（2）
	估计系数	t 值
Cons	0.193*** (0.012)	19.48
Obs	4128	
F	74.83	

注:***、**、*分别表示显著性为1%、5%、10%,括号内数字为稳健标准误。

在依靠创新驱动经济高质量发展的背景下,如何合理引导人才流动,实现人才在空间范围内的有效配置,以最大程度地释放人力资本红利,进而实现人才区域配置与技术创新的良性互动,是实现经济高质量发展进程中亟须解决的问题。本书第三章、第四章、第五章分别就人才区域配置的前因展开研究,在此基础上,结合当前经济高质量发展的现实背景和增长方式亟须向创新驱动转变的现实需求,就人才区域配置对经济高质量发展的效应展开研究,对加快转变经济发展方式、合理引导人才区域配置与实现经济高质量发展具有一定的指导意义。

本章以创新驱动为切入点,探讨人才区域配置对经济高质量发展的动力机制,并借用中国258个城市2004—2019年的数据实证检验创新驱动下人才区域配置对经济高质量发展的影响。结果表明:人才区域配置水平的提升对经济高质量发展起到显著的促进作用,创新驱动亦能有效促进经济高质量发展,人才区域配置和创新驱动二者共同作用不仅能够促进人才区域配置和创新驱动良性发展,对经济高质量发展也能够呈现出显著的促进作用,稳健性检验发现上述结论依然成立;拓展性分析发现,人才区域配置对经济高质量发展效应的发挥受创新驱动强度和增长目标约束强度的影响存在门限效应;就创新驱动而言,当创新驱动处于0.487至17.01之间时,人才区域配置对经济高质量发展的作用难以有效发挥;当创新驱动水平高于 17.01 时,创新驱动引发的人才流动水平较高,不仅有利于改善人才错配情况从而促进人才配置水平的提升,人才流动过程中产生的知识溢出效应亦有利于区域创新水平的提升,人才流动产生的外部效应能够抵消人才流动负面效应造成的影响。因此,人才区域配置对经济高质量发展效应的发挥受创新驱动强度的影响存在非线性的门限效应。就增长目标约束而言,增长目标约束强度低于 0.007 时,难以对人才区域配置产生扭曲作用,人才区域配置对经济高质量发展的影响呈现出显著的促进作用;当增长目标约束强度过高,会对人才区域配置产生扭曲作用,不利于人才区域配置水平的提高,抑制了人才区域配置对经济高质量发展效应的发挥,且增长目标约束强度越高,越不利于人才区域配置对经济高质量发展效应的发挥。因此,人才区域配置对经济高质量发展效应的发挥受增长目标约束强度的影响存在非线性的门限效应。

第七章　结论与政策建议

第一节　研究结论

改革开放后,虽然人才区域配置随着劳动力市场的逐步放开已得到了极大改善和优化,但人才误置问题依旧存在,行业间人才配置呈现出一定程度的"脱实向虚"倾向,区域间大城市"虹吸效应"造成了人才积压,中、小城市上演了"人才荒",中西部地区的强省会战略使人才过于集中到省会城市,而中西部小城市、少数民族聚居区正逐渐成为人才洼地;区域、行业间的人才配置失衡严重抑制了人才潜能的释放,造成人才区域配置效率不足,并成为创新驱动的阻碍;在各地最大化本地经济增长而忽视全局效率的现实背景下,各地方政府竞相争夺高学历人才,由于区域间经济实力和资源禀赋的差距,这种人才竞争模式必将导致人才分布马太效应的发生,不利于国家整体层面上人才资源的优化配置,因此,就不同发展阶段经济增长目标约束下人才区域配置及人才区域配置的前因和后果展开研究,得出如下主要结论:

第一,就人才分布而言,考察期内各省市人才规模均有所提升,但是各省市之间人才规模差距逐渐扩大,人才在各省市间的分布极不均衡;分学历层次来看,人才分布呈现出高层次人才向发达地区集聚,低层次人才向落后地区集聚的特征;从人才区域配置情况来看,人才区域配置水平的高值区始终分布在东部沿海地区,而低值区主要集中在内陆中西部地区,考察期内东部地区人才区域配置水平最高且东部和中西部地区人才区域配置水平差距进一步扩大;分人才层次来看,考察期内高层次人才区域配置呈现出由中西部向东部扩散的态势,低层次人才区域配置呈现出由东部地区向中西部地区扩散的趋势;从科研人才区域配置情况来看,无论是省级层面还是市级层面,经济发达地区科研人才区域配置水平都较高,考察期内我国科研人才空间配置呈现出由中西部向东部演化的趋势特征。

第二,GDP考核晋升机制引发地方政府"为增长而竞争",尽管明确知晓实际的增长禀赋,为在考核中胜出仍会调高增速,确保在"锦标赛"中不会落于下风,虽然制定增长目标能够调动地方政府发展经济的积极性,但基于完全不同的经济禀赋,却制定出一套相近的增长目标,导致各地区其禀赋与增长目标之间的偏离程度并不相同,经济增长目标偏离会扭曲资源配置的方向,偏离度越高对资源配置的扭曲效果越严重。借助中国258个城市2004—2019年的面板数据对增长目标约束对人才区域配置的影响及其作用机制进行检验,结果表明,增长目标约束对人才区域配置起抑制作用,且抑制作用的强度随增长目标约束强度的提升而增强;机制检验发现,增长目标约束通过阻碍市场化水平提升和加剧城市环境污染而抑制了人才区域配置水平的提升;进一步考察增长目标约束对人才区域配置的异质性,发现增长目标约束在高经济发展水平、中等经济发展水平和低发展水平地区对人才区域配置的抑制效应逐渐增强,即增长目标约束对人才区域配置的抑制效应随着经济发展水平的提升而降低;分城市特征考察发现,经济增长目标约束对省会城市人才区域配置的影响不显著,对非省会城市人才区域配置有着显著的抑制作用;分城市群考察发现,经济增长目标约束对城市群地区人才区域配置的影响不显著,对非城市群地区人才区域配置有着显著的抑制作用。

第三,在创新驱动发展阶段,各地出于对创新目标的追求纷纷出台了一系列引人引智的政策以提升当地人才竞争力、加快新旧动能转换,人才区域配置的质量是影响区域创新体系运转效率的核心要素,人才区域间配置的扭曲会阻碍人才创新潜能的释放,贯彻落实创新驱动发展战略,需要解决好人才的合理配置问题。借助中国258个城市2004—2019年的面板数据对创新驱动促进人才区域配置的动力机制进行验证,结果表明,创新驱动能够有效改善人才区域配置,且创新驱动程度越高,对人才区域配置的边际效应越强;机制检验发现,创新驱动通过推动产业集聚和人才流动促进了人才区域配置水平的提升;进一步考察创新驱动对人才区域配置的异质性,发现创新驱动在省会城市对人才区域配置的边际效应高于非省会城市,进一步验证了创新驱动程度越高,其对人才区域配置的边际效应越强的结论。基于机制检验的结论,进一步就创新驱动对人才区域配置效应的发挥是否受产业集聚和人才流动的影响而存在非线性效应进行讨论,门限效应检验发现,创新驱动对人才区域配置效应的发挥存在产业集聚和人才流动的门限效应,当产业集聚水平越过门限值1.054时,创新驱动对人才区域配置的边际效应从0.0004提升到0.0044,说明创新驱动对人才区域配置效应的边际效应随着产业集聚水平的提升而增强;就人才流动来看,当人才流动水平低于门限值0.067时,不利于创新驱动对人才区域配置效应的发挥,过低的人才流动水平甚至会抑制创新驱动对人才区域配置效应的发挥,当人才流动水平超过0.067时,人才流动过程中知识溢出效应的发挥能够有效提升创新驱动对人才区域配置的影响;因此,创新驱动经济增长模式下,需引导人才合理流动,促进产业集聚水平提升,从而更好地发挥创新驱动对人才区域配置的促进效应。

第四,在短期增长目标约束和长期创新驱动共存的发展背景下,短期增长目标约束造成的人才区域配置不足的局面能否被打破?这是破解创新动力不足、促进经济高质量发展的关键,基于此,将短期经济增长目标约束与长期创新驱动与人才区域配置纳入统一框架,研究短期增长目标约束和创新驱动共同作用对人才区域配置的影响发现,创新驱动有利于地方政府推进动能转换目标的钳制效应和对接创新驱动发展战略政策效应的发挥,从而降低经济增长目标约束对区域人才配置的负面影响,创新驱动的引入能扭转增长目标约束对人才区域配置不利局面。具体而言,仅考虑增长目标约束的情况下,增长目标约束能够显著抑制人才区域配置水平的提升,但在创新驱动影响下,增长目标约束对人才区域配置的抑制作用有所缓解,尤其是在引入增长目标约束和创新驱动交互项后,增长目标约束对人才区域配置的回归系数由负转正,说明创新驱动的引入改善了增长目标约束对人才区域配置的影响;同时,增长目标约束和创新驱动交互项对人才区域配置的回归系数显著为正,说明增长目标约束和创新驱动共同作用能够促进人才区域配置水平的提升;这意味着随着经济增长方式由要素驱动向创新驱动转变,我国人才区域配置失衡的局面能够得以改善。异质性分析发现非省会城市和非创新型城市增长目标约束对人才区域配置的抑制效果更为明显,非省会城市创新驱动对人才区域配置的促进作用更强,创新型城市创新驱动对人才区域配置的促进效果更好,这意味着经济增长模式向创新驱动转变能够改善省会城市和非省会城市人才配置失衡的局面。此外,增长目标约束对人才区域配置效应的发挥受创新驱动水平的影响存在单重门限效应,创新驱动的引入改善了增长目标约束对人才区域配置的影响,创新驱动水平越高,增长目标约束对人才区域配置的抑制作用越弱。研究还发现,增长目标约束对人才区域配置仅存在直接效应,而创新驱动对人才区域配置不仅存在直接的促进作用,还存在显著的空间溢出效应。

第五,以创新驱动为切入点,探讨人才区域配置对经济高质量发展的效应。结果表明:人才区域配置水平的提升对经济高质量发展起到显著的促进作用,人才区域配置和创新驱动二者共同作用不仅能够促进人才区域配置和创新驱动良性发展,对经济高质量发展也能够呈现出显著的促进作用,稳健性检验发现上述结论依然成立;此外,人才区域配置对经济高质量发展效应的发挥受创新驱动强度和增长目标约束强度的影响存在门限效应;就创新驱动而言,当创新驱动处于 0.487 至 17.01 之间时,人才区域配置对经济高质量发展的作用难以有效发挥;当创新驱动水平高于 17.01 时,创新驱动引发的人才流动水平较高,不仅有利于改善人才错配情况从而促进人才配置水平的提升,人才流动过程中产生的知识溢出效应亦有利于区域创新水平的提升,人才流动产生的外部效应能够抵消人才流动负面效应造成的影响。就增长目标约束而言,增长目标约束强度低于 0.007 时,难以对人才区域配置产生扭曲作用,人才区域配置对经济高质量发展的影响呈现出显著的促进作用;当增长目标约束强度过高,会对人才区域配置产生扭曲作用,不利于人才区域配置水平的提高,抑制了人才区域配置对经济高质量发展效应的发挥,且增长目标约束强度越高,越不利于人才区域配置对经济高质量发展效应的发挥。

第二节　政策建议

一、经济目标约束和人才区域配置方面

(一) 制定适度经济增长目标,优化人才发展条件

政府要转变以 GDP 增长为核心的发展理念,在制定经济增长目标时结合自身情况量力而行,在经济增长目标制定上更多考虑自身资源要素禀赋,通过财税改革优化财政支出结构,积极瞄准战略性新兴产业与高技术产业,通过技术创新平台建设增强对高水平人才的吸引力。积极营造人才发展软环境避免层层加码现象的发生,努力打造并发展当地优势特色产业,为人才提供施展才能的契机,栽好梧桐树引得凤来栖,从而改善人才区域配置状况。

(二) 重视地区资源禀赋差距,适度横向竞争

市场横向竞争能够有效提升人才活力,各地区也应展开合理有序的竞争,适度的竞争能够倒逼各地区营造更为优渥的营商环境和人才发展环境从而促进当地发展;然而恶性竞争会扰乱市场价格秩序导致寻租行为的发生,进而扭曲资源配置导致人才误配,同时恶性竞争或过度竞争致使市场竞争和优胜劣

汰机制失效,阻碍行业发展和技术进步,甚至会造成资源流失,因此要坚决杜绝恶性竞争情况的发生。适度政府竞争下也应该加强地区之间人才高效协同配置,地区间由于初始禀赋的不同,在对待人才的政策上也会有所差异,但是不能因为经济之间的差异导致人才过度分化,对于经济欠发达地区越是要充分利用人力资本,破除经济高质量发展的障碍。因此地区间应牢牢抓住中央人才强国战略指示,规避经济发达地区人才过度积累同时挤占经济欠发达地区的人力资源情况的发生。政府应从宏观进行全面统筹布局,对经济欠发达的地区如中西部地区实施政策倾斜,着重破除阻碍人才流入的障碍,比如高房价、教育、医疗等切实与民生相关的基础建设,使得人才从经济发达地区逐渐流入经济欠发达地区成为可能,实现人才流动区域均等化。

(三) 强化人才市场有效配置,破除人才流动壁垒

若要实现发挥市场作用使得人才资源合理有效配置,首先应尊重创新驱动发展战略下的市场经济与人才配置协同发展规律,明晰"创新驱动就是人才驱动"理念,从而通过发挥政府和市场作用,破除人才流动壁垒以畅通人才流动渠道,强化支撑人才强国战略。"深处种菱浅种稻,不深不浅种荷花",各地要因地制宜,实现地区间协同发展,积极推进当地产业结构优化升级,也应避免同质化;每个地区都各不相同,优劣势共存,因此引导不同地区人力资本适配发展时一定要遵循"一地一策"因地制宜的原则,地区间发展要"和而不同",避免人才政策同质化导致全国性的人力资源错配,建议各地区在恪守中央和国家机关有关部门出台政策的前提下,结合各地区自身禀赋优势,扬长避短挖掘经济增长点,从而引导人才协同适配。同时也要努力提升自身创新水平以吸引并承接优质外资企业入驻从而创造人才需求;此外各地也应在优化城市绿色环境、搭建信息资源共享平台、调动人才流动积极性等方面下功夫,积极引进人才并竭力改善人才错配、误配的格局,使人才能够配置到适宜的岗位上充分释放其潜能以助推经济高质量发展。

二、创新驱动与人才区域配置方面

(一) 强化创新驱动引领,搭建人才提升平台

以创新驱动为导向,有针对性地开展人才培训和投资,职业教育是保障我国技能型人才储备的关键;"培养最合适的人才"目标的核心在于以产业发展方向为依托,挖掘受教育者兴趣实现"因材施教"。教育是人才产生的基础,教育规模大小直接决定着人才数量的大小,没有教育也就谈不上人才的供给,鉴于教育拥有较高的外部性,仅依赖个人投资尤为容易引致教育供应不及乃至教育分配的不公正,因而需要政府在教育供给上进行干预,包括对教育的投资和调控等。在以投资助推人才积累水平提升的同时也要搭建人才自主提升平台,在激励人才创新的同时也要关注其结构优化,尤其是与产业结构的匹配度,通过改善人才与产业结构匹配度引致技术创新从而增强区域人才竞争力。

(二) 完善人才流动机制,构建人才治理体系

保障人才市场渠道畅通,完善人才流动机制,规范人才流动制度,制定人才引进计划,以市场化合作方式推进高层次人才引进;构建人才治理体系,治理"引才"乱象,加强人才支持政策引导,吸引更多高水平人才,从而打造"人才链、产业链、创业链",实现三链有机融合才能确保人才流动的合理有序。从劳动力供给方来看,受教育、参与劳动等需要完善的制度保障,才能在各个环节为人才孵化创造条件;从劳动力需求方来看,引进人才、留住人才的重点是建立合理的激励制度;从整个劳动力市场来看,健全的法律体系是保障劳动力供给和需求合法权益的基础,只有建立了完善的法律制度,才能充分调动劳动力供求双方的积极性,实现人才资源的合理有效配置。

(三) 完善就业保障机制,打造人才发展软环境

地区引入人才、留住人才的关键之一在于生活环境和成本,即住房、医疗、

教育以及城市配套基础建设,因此,要营造良好的用人环境,消除人才流入的后顾之忧,应破除福利待遇"唯工资论",人才决定留在某个地区不单单受货币工资多少的影响,还受诸如人文条件、自然环境等隐性因素的影响,因此城市吸引人才除了提供优厚的有形福利待遇、发展平台外,还应该注重城市人文环境的发展,让人才对城市有归属感才能够在潜移默化之中形成人与城市的"羁绊";同时,进一步优化社会公共配套设施,提高教育、医疗卫生等水平,为地方人才提供优质居住生活环境;打造人才发展软环境,让各类人才能够工作称心、生活舒心、有归属感,愿意在当地扎根。各地区、各单位为吸引人才,除了关注人才本身外,还应该注意人才所辐射的人员,如父母、家属、子女等,完善养老、就业、教育等人才衍生服务业,"从点到线再到面"辐射与人才相关的方方面面,推动人才服务行业的专业化发展,以满足人才多方位需求,真正把握"以人为本"的人才强国、强经济战略。

(四) 依托现代物联网技术,建立人才信息数据库

利用现代信息技术加强对各级各类人才信息的全方位动态监测,精准统计人才信息,识别人才质量、区域分布及所属行业,为引进人才提供科学指引和数据支持,从而推动人才适宜配置,破解人才错配僵局。依托网络和通信技术的发展,尤其是招聘网站的普及,让用人单位的招聘信息趋向透明化,不仅降低了职位搜寻成本,也降低了人才离职后面临的失业风险,尤其是那些应届毕业生,工作前期虽然其薪资与工作量不匹配,但是他们愿意花费一定的时间成本积累知识和技能,谋求更高的薪酬回报以及职位晋升机会,当他们积攒了一定的工作经验而公司提供的学习机会不能补偿其薪资差距时,他们会采用离职的处理方式,从而形成人才流动,互联网的信息共享机制使得那些有流动倾向的人才能够方便快捷地找到适合自己的岗位,降低了人才流动的盲目性,不仅提高了人才流动的概率,也改善了人才的配置效率。

三、人才区域配置与经济高质量发展方面

(一) 加快产业结构调整,打造资源禀赋平台

以优势产业吸引人才流入,依靠人才支撑产业发展,形成产业结构优化与人才流动的良性互动。要以产业为导向、"产学研"为特色,制定宽松的人才政策增加人才的流动性,以产业分级为本、人才分层为配套推动产业以及人才的差异化适配协同发展,如此,能够避免"大材小用、小材大用"的人力资源浪费情况的发生,从而提升人力资本的配置效率。

(二) 明确人才工作总体思路,优化区域人才政策

政府制定人才政策必须从实际出发,始终坚持中央统筹"创新是引领发展的第一动力"的基本原则,深刻理解"创新驱动实际上是人才驱动"的内涵,贯彻落实人才强国战略,全方位培养、引进、用好人才,明确人才工作的总体思路,以顶层设计为核心,系统谋划人才资源合理配置。提高人才政策与经济发展战略规划的适配度,"人尽其能"是我国人才强国战略的基本原则,人才资源是稀缺资源,应充分挖掘人才潜力推动创新,如何将人才放在产业升级过程中的合适位置是我国人才战略的第一要义,必须制定人力资本积累健康发展目标,避免任何不合理的制度阻碍人力资源合理优化配置。党的十九大以及最新的"十四五"规划中所提出的阶段性目标和总体性战略都离不开人才的支撑,因此,战略和人才的配套是维系我国"一个中心—经济"发展的必然要求,是推动我国经济可持续发展的第一动力。同时,优化企业软环境和用人政策,将企业用工和人才择业连贯起来,放权企业招聘和辞退自由,借助法规、政策等综合的制度安排来平衡区域间的人才流动,形成知人善用、人尽其才的良好社会环境,从而优化人才利用。

（三）规避区域恶性竞争，引导人才合理流动

当前中国已进入高质量发展阶段，正面临着转变发展方式、优化经济结构、转换增长动力等方面的挑战，通过各区域产业错位发展能够引导人才在区域间合理流动，调动人才的流动性，有效缓解人才就业错配造成的创新动力不足问题。强化劳动力市场化改革，规避区域恶性竞争，明确区分政府与市场的界限，当劳动力市场配置失灵时，政府作为市场失灵的补充手段应及时出手规制，但当市场健康有序运行时，政府应避免参与对生产性活动行业人才的掠夺式竞争；地方政府的职能在于维护秩序，维护人才与用人单位之间的合法权益，为人才和用人单位提供优质的公共服务，而不是挤占人力资源以及决定和规划人才的使用；在人才的跨地区流动方面，地方政府应尊重市场中人才的合理化流动，不应在用人单位的基础上对人才流动多加限制，制定相关保障政策，让市场"用脚投票"而不是代替市场做决断。

（四）完善人才保障机制，健全人才市场法律制度

对于人力资源的调配首先应该以中央和地方统筹协调完成，避免地方间、体制内外、企业间恶意的掠夺式竞争，自上而下从中央到地方以宏观调控为核心，完善地方人才引进福利政策，完善人才保障机制，人才的引入和留住离不开人才服务业的保障，因此推动人才服务业发展是增强各地吸引人才且能留得住人才能力的关键。其次，要尽快大力完善人才市场法律制度，为人才和用人单位提供保障，充分保护双方的合法权益，使劳动力要素在市场中自由流动，提高人才参与生产性活动的积极性，提升用人单位对人才的吸引力，使得人才资源优化合理配置。

（五）坚持"走出去""引进来"，聚天下英才以用之

在经济全球化的今天，招才引智的范围也在不断扩大，既要有"走出去"，

也要有"引进来"，人才的招纳需放眼全球；改革开放以来，我国不仅没有关闭国门，对外的大门反倒越开越大，"聚天下英才以用之"正在成为现实，习近平总书记在党的十九大报告中指出"把党内和党外、国内和国外各方面优秀人才集聚到党和人民的伟大奋斗中来"①，我国当前吸纳国外人才的方式主要是通过留学教育，但是从数量上来看还远远不够，在国外局势动荡之时，我国稳定的环境对国外人才的吸引力在不断提升，因此，移民政策的完善以及福利待遇的保障才能更加快速、精准有力地吸引并留住国外人才。

---

① 《习近平著作选读》第二卷，人民出版社 2023 年版，第 53 页。

参 考 文 献

[1]安鸿章、吴江:《我国经济转型中的人才资源配置》,《经济与管理研究》2000年第2期。

[2]白井文:《要素流动规律与西部地区的要素积聚》,《南方经济》2001年第1期。

[3]白俊红、王林东:《创新驱动是否促进了经济增长质量的提升?》,《科学学研究》2016年第11期。

[4]申林:《柏拉图与〈理想国〉》,人民出版社2010年版。

[5]蔡昉、王德文:《比较优势差异、变化及其对地区差距的影响》,《中国社会科学》2002年第5期。

[6]蔡吉臣:《市场机制在人才开发配置中的基础性作用研究》,《理论与现代化》2012年第1期。

[7]蔡晓慧、茹玉骢:《地方政府基础设施投资会抑制企业技术创新吗? ——基于中国制造业企业数据的经验研究》,《管理世界》2016年第11期。

[8]蔡玉蓉、汪慧玲:《创新投入对产业结构升级的影响机制研究——基于分位数回归的分析》,《经济问题探索》2018年第1期。

[9]蔡玉蓉、汪慧玲:《科技创新、产业集聚与地区劳动生产率》,《经济问题探索》2018年第10期。

[10]查英、庞学光:《目标约束对区域经济高质量发展影响研究——以中部地区地级城市为例》,《预测》2022年第2期。

[11]柴国俊、王军辉:《征地、金融约束与劳动力流动》,《人口研究》2017年第2期。

[12]陈东、邢霖:《税收优惠与企业研发投入:内部控制的视角》,《现代经济探讨》

2020 年第 12 期。

[13]陈冬华、范从来,沈永建:《高管与员工:激励有效性之比较与互动》,《管理世界》2015 年第 5 期。

[14]陈刚:《简政放权、职业选择与人才配置》,《南方经济》2020 年第 7 期。

[15]陈剑:《城市化过程中的人才流动研究》,《岭南学刊》2013 年第 4 期。

[16]陈丽娴:《生产性服务业空间布局优化是否改善了人力资本配置》,《山西财经大学学报》2021 年第 8 期。

[17]陈清萍:《科技进步、协同创新与长三角制造业高质量发展》,《江淮论坛》2020 年第 2 期。

[18]陈言、李欣泽:《行业人力资本、资源错配与产出损失》,《山东大学学报(哲学社会科学版)》2018 年第 4 期。

[19]陈怡安、许家云:《人才误置与创新——来自中国的经验证据》,《世界经济文汇》2019 年第 6 期。

[20]储德银、费冒盛、黄暄:《地方政府竞争、税收努力与经济高质量发展》,《财政研究》2020 年第 8 期。

[21]戴魁早、刘友金:《要素市场扭曲、区域差异与 R&D 投入——来自中国高技术产业与门槛模型的经验证据》,《数量经济技术经济研究》2015 年第 9 期。

[22]丁焕峰、邱梦圆:《技术创新的结构布局、专业化优势与经济增长——基于动态面板模型的实证分析》,《江西财经大学学报》2018 年第 3 期。

[23]丁菊红、邓可斌:《政府偏好、公共品供给与转型中的财政分权》,《经济研究》2008 年第 7 期。

[24]丁一兵、刘紫薇:《中国人力资本的全球流动与企业"走出去"微观绩效》,《中国工业经济》2020 年第 3 期。

[25]董直庆、蔡啸、王林辉:《技能溢价:基于技术进步方向的解释》,《中国社会科学》2014 年第 10 期。

[26]杜聪慧、崔永伟:《从博弈论看科技人才的流动》,《技术与创新管理》2004 年第 1 期。

[27]杜传忠、张丽:《多重目标约束下我国省级地方政府效率评价——基于偏好型 DEA 模型的实证分析》,《中国经济问题》2015 年第 6 期。

[28]杜肯堂、戴士根:《区域经济管理学》,高等教育出版社 2005 年版。

[29]杜伟、杨志江、夏国平:《人力资本推动经济增长的作用机制研究》,《中国软科学》2014 年第 8 期。

［30］樊纲、王小鲁、张立文、朱恒鹏:《中国各地区市场化相对进程报告》,《经济研究》2003 年第 3 期。

［31］范明:《我国人才奢侈性消费的成因及其对策》,《管理世界》2006 年第 12 期。

［32］范子英、张军:《中国如何在平衡中牺牲了效率:转移支付的视角》,《世界经济》2010 年第 11 期。

［33］傅勇、张晏:《中国式分权与财政支出结构偏向:为增长而竞争的代价》,《管理世界》2007 年第 3 期。

［34］戈艳霞:《当前我国"人才争夺战"的起因、潜在问题与对策建议》,《西南民族大学学报(人文社科版)》2020 年第 3 期。

［35］葛晶、李勇:《行政垄断视角下人力资本错配的成因及其解释》,《中南财经政法大学学报》2019 年第 5 期。

［36］葛晶、李勇:《中国人力资本错配的测算及成因研究——基于行政垄断的视角》,《产业经济研究》2019 年第 1 期。

［37］葛立宇:《要素市场扭曲、人才配置与创新强度》,《经济评论》2018 年第 5 期。

［38］谷卿德、石薇、王洪卫:《产业结构对房地产价格影响的实证研究》,《商业研究》2015 年第 2 期。

［39］顾明远:《教育大辞典:增订合编本》上,上海教育出版社 1998 年版。

［40］郭晓辉:《经济增长目标、地方政府行为与环境效应的关系》,《城市问题》2020 年第 9 期。

［41］郭晔:《我国三大经济区的发展比较——基于城市与区域集聚效应的面板数据分析》,《中国工业经济》2010 年第 4 期。

［42］韩剑、郑秋玲:《政府干预如何导致地区资源错配——基于行业内和行业间错配的分解》,《中国工业经济》2014 年第 11 期。

［43］韩晶、张新闻:《绿色增长是影响官员晋升的主要因素么?——基于 2003～2014 年省级面板数据的经验研究》,《经济社会体制比较》2016 年第 5 期。

［44］韩帅帅、孙斌栋:《中国劳动力市场分割的时空演化》,《人口与经济》2019 年第 2 期。

［45］洪银兴:《改革创新人才聘用培养考核机制》,《中国高等教育》2013 年第 18 期。

［46］侯爱军、夏恩君、陈丹丹、李森:《基于供需视角的我国区域人才流动研究》,《科技进步与对策》2015 年第 9 期。

［47］胡深、吕冰洋:《经济增长目标与土地出让》,《财政研究》2019 年第 7 期。

[48]黄宝敏:《我国经济集聚与人力资本错配:理论与经验研究》,《商业研究》2020年第11期。

[49]黄海刚、曲越:《孔雀东南飞:经济转型与精英科学家流动》,《华中科技大学学报(社会科学版)》2019年第3期。

[50]黄亮雄、王贤彬、刘淑琳、韩永辉:《中国产业结构调整的区域互动——横向省际竞争和纵向地方跟进》,《中国工业经济》2015年第8期。

[51]黄群慧、贺俊、杨超:《人才争夺劣势状态下二线城市人才政策调整研究》,《产业经济评论》2019年第1期。

[52]黄群慧:《论新时期中国实体经济的发展》,《中国工业经济》2017年第9期。

[53]纪雯雯、赖德胜:《人力资本、配置效率及全要素生产率变化》,《经济与管理研究》2015年第6期。

[54]纪雯雯、赖德胜:《人力资本配置与中国创新绩效》,《经济学动态》2018年第11期。

[55]季雷、周博:《基于劳动力市场分割的工资收入差距影响研究》,《经济纵横》2021年第9期。

[56]江飞涛、耿强、吕大国、李晓萍:《地区竞争、体制扭曲与产能过剩的形成机理》,《中国工业经济》2012年第6期。

[57]解晋:《中国分省人力资本错配研究》,《中国人口科学》2019年第6期。

[58]金玉国:《工资行业差异的制度诠释》,《统计研究》2005年第4期。

[59]靳来群、胡善成、张伯超:《中国创新资源结构性错配程度研究》,《科学学研究》2019年第3期。

[60]靳卫东:《人力资本与产业结构转化的动态匹配效应——就业、增长和收入分配问题的评述》,《经济评论》2010年第6期。

[61]赖德胜、纪雯雯:《人力资本配置与创新》,《经济学动态》2015年第3期。

[62]李飚、孟大虎:《如何实现实体经济与虚拟经济之间的就业平衡》,《中国高校社会科学》2019年第2期。

[63]李福柱、李倩:《知识密集型服务业集聚、高技术制造业集聚及二者协同集聚的创新驱动效应》,《科技进步与对策》2019年第17期。

[64]李光龙、江鑫:《绿色发展、人才集聚与城市创新力提升——基于长三角城市群的研究》,《安徽大学学报(哲学社会科学版)》2020年第3期。

[65]李静、陈月萍:《人力资本分布区域极化与动态演进——基于中国省级维度的测算》,《统计与信息论坛》2019年第6期。

[66]李静、刘霞辉、楠玉:《提高企业技术应用效率 加强人力资本建设》,《中国社会科学》2019 年第 6 期。

[67]李静、楠玉、刘霞辉:《中国经济稳增长难题:人力资本错配及其解决途径》,《经济研究》2017 年第 3 期。

[68]李静、楠玉、刘霞辉:《中国研发投入的"索洛悖论"——解释及人力资本匹配含义》,《经济学家》2017 年第 1 期。

[69]李静、楠玉:《人才为何流向公共部门——减速期经济稳增长困境及人力资本错配含义》,《财贸经济》2019 年第 2 期。

[70]李静、楠玉:《人力资本错配下的决策:优先创新驱动还是优先产业升级?》,《经济研究》2019 年第 8 期。

[71]李静、楠玉:《人力资本匹配、产业技术选择与产业动态比较优势转化》,《宏观质量研究》2017 年第 4 期。

[72]李静、司深深:《人才错配下的消费增长——公共部门人才膨胀何以影响消费支出》,《当代经济科学》2020 年第 1 期。

[73]李静:《人力资本错配:产业比较优势演进受阻及其解释》,《统计与信息论坛》2017 年第 10 期。

[74]李丽莉、张富国:《当前我国创新型人才流动问题及对策研究》,《人才开发》2010 年第 12 期。

[75]李廉水、周勇:《技术进步能提高能源效率吗?——基于中国工业部门的实证检验》,《管理世界》2006 年第 10 期。

[76]李茫茫、王红建、严楷:《经济增长目标压力与企业研发创新的挤出效应——基于多重考核目标的实证研究》,《南开管理评论》2021 年第 1 期。

[77]李培园、成长春、严翔:《科技人才流动与经济高质量发展互动关系研究——以长江经济带为例》,《科技进步与对策》2019 年第 19 期。

[78]李世刚、杨龙见、尹恒:《寻租如何伤害了经济增长?——基于人才误配置视角的研究》,《世界经济文汇》2016 年第 6 期。

[79]李世刚、尹恒:《寻租导致的人才误配置的社会成本有多大?》,《经济研究》2014 年第 7 期。

[80]李世刚、尹恒:《政府—企业间人才配置与经济增长——基于中国地级市数据的经验研究》,《经济研究》2017 年第 4 期。

[81]李斯特:《政治经济学的国民体系》,商务印书馆 1961 年版。

[82]李晓敏、卢现祥:《企业家才能,人才配置与经济增长》,《贵州社会科学》2010

年第 9 期。

[83]李晓敏:《制度质量、企业家才能配置与经济绩效》,社会科学文献出版社 2017 年版。

[84]李勇、葛晶、李佩:《混合所有制改革是否有助于缓解人力资本配置扭曲》, 《南京审计大学学报》2020 年第 6 期。

[85]李勇、马芬芬:《人力资本错配如何扭曲了产业结构升级》,《经济经纬》2021 年第 2 期。

[86]李勇、邹荣、王满仓:《行政垄断、要素错配与自主创新》,《人文杂志》2017 年 第 12 期。

[87]厉以宁:《人才培育和制度创新》,《经济研究》2017 年第 11 期。

[88]梁林、曹文蕊、刘兵:《京津冀人才资源配置政策仿真和优化路径研究》,《中 国人力资源开发》2019 年第 3 期。

[89]林宝:《各地都在争夺什么样的人才——人才争夺目标群体的趋势分析》, 《人民论坛》2018 年第 15 期。

[90]林毅夫:《潮涌现象与发展中国家宏观经济理论的重新构建》,《经济研究》 2007 年第 1 期。

[91]刘兵、曹文蕊、梁林:《京津冀人才配置关键影响因素识别及模式研究》,《科 技进步与对策》2017 年第 19 期。

[92]刘兵、李嫄、许刚:《开发区人才聚集与区域经济发展协同机制研究》,《中国 软科学》2010 年第 12 期。

[93]刘春济、高静:《地方经济增长的目标管理与资源错配》,《商业研究》2020 年 第 10 期。

[94]刘锋、邱俊杰:《农村劳动力转移中的金融支持——基于农民劳动供给行为的 经济学分析》,《广东金融学院学报》2012 年第 2 期。

[95]刘淑琳、王贤彬、黄亮雄:《经济增长目标驱动投资吗?——基于 2001—2016 年地级市样本的理论分析与实证检验》,《金融研究》2019 年第 8 期。

[96]刘小鲁:《我国创新能力积累的主要途径:R&D,技术引进,还是 FDI?》,《经济 评论》2011 年第 3 期。

[97]刘渝琳、熊婕、李嘉明:《劳动力异质性、资本深化与就业——技能偏态下对 "用工荒"与就业难的审视》,《财经研究》2014 年第 6 期。

[98]刘运转、宋宇:《不同经济发展水平下城乡劳动力市场扭曲与人力资本积 累》,《软科学》2018 年第 12 期。

［99］刘志彪:《理解高质量发展:基本特征、支撑要素与当前重点问题》,《学术月刊》2018 年第 7 期。

［100］卢圣泉、卢君:《浅谈人才资源市场化配置的制度环境》,《经济问题》2008 年第 11 期。

［101］卢现祥、李晓敏:《创新还是寻租:"公务员热"与大学生人才配置的制度分析》,《湖北经济学院学报》2010 年第 4 期。

［102］陆铭、欧海军:《高增长与低就业:政府干预与就业弹性的经验研究》,《世界经济》2011 年第 12 期。

［103］罗洪铁:《人才学学科 30 年建设和发展研究》,中央文献出版社 2009 年版。

［104］罗勇根、杨金玉、陈世强:《空气污染、人力资本流动与创新活力——基于个体专利发明的经验证据》,《中国工业经济》2019 年第 10 期。

［105］吕贤杰、陶锋:《地方经济增长目标约束促进了企业实质性创新吗》,《现代经济探讨》2021 年第 8 期。

［106］马亮:《官员晋升激励与政府绩效目标设置——中国省级面板数据的实证研究》,《公共管理学报》2013 年第 2 期。

［107］马颖、何清、李静:《行业间人力资本错配及其对产出的影响》,《中国工业经济》2018 年第 11 期。

［108］毛丰付、裘文龙:《纵向分权、横向竞争与土地价格扭曲》,《经济与管理研究》2013 年第 12 期。

［109］毛其淋:《要素市场扭曲与中国工业企业生产率——基于贸易自由化视角的分析》,《金融研究》2013 年第 2 期。

［110］楠玉、李静:《交通规模扩张稳定增长的内在机制——基于人力资本匹配的视角》,《当代经济科学》2018 年第 3 期。

［111］聂晶鑫、刘合林:《中国人才流动的地域模式及空间分布格局研究》,《地理科学》2018 年第 12 期。

［112］聂长飞、冯苑:《经济增长目标约束与绿色全要素生产率》,《南京财经大学学报》2020 年第 5 期。

［113］牛冲槐、接民、张敏、段治平、李刚:《人才聚集效应及其评判》,《中国软科学》2006 年第 4 期。

［114］潘朝晖、刘和福:《科技与管理人才流动因素的认知冲突研究——基于两个群体的比较分析》,《科学学与科学技术管理》2012 年第 2 期。

［115］潘士远、朱丹丹、徐恺:《人才配置、科学研究与中国经济增长》,《经济学(季

刊)》2021 年第 2 期。

[116]彭连清：《我国产业区域转移的路径选择、产业定位与政府作用》，《山东社会科学》2007 年第 11 期。

[117]任韬、孙潇筱：《中国行业间劳动要素配置扭曲及对经济的影响分析》，《数理统计与管理》2021 年第 2 期。

[118]芮雪琴、李亚男、牛冲槐：《科技人才聚集的区域演化对区域创新效率的影响》，《中国科技论坛》2015 年第 12 期。

[119]邵帅、张可、豆建民：《经济集聚的节能减排效应：理论与中国经验》，《管理世界》2019 年第 1 期。

[120]沈伟腾、胡求光、余璇：《沿海城市经济增长目标约束对近海污染的影响》，《资源科学》2021 年第 5 期。

[121]师博、任保平：《中国省际经济高质量发展的测度与分析》，《经济问题》2018年第 4 期。

[122]师博、沈坤荣：《政府干预、经济集聚与能源效率》，《管理世界》2013 年第10 期。

[123]石磊：《地方政府双重目标管理与环境污染——基于中国城市数据的经验研究》，《财经理论与实践》2022 年第 1 期。

[124]宋艳菊、安立仁：《中国劳动力市场的二元分割及其就业效应》，《山西财经大学学报》2005 年第 4 期。

[125]孙博、刘善仕、葛淳棉、姜军辉：《社会网络嵌入视角下人才流动对企业战略柔性的影响研究》，《管理学报》2020 年第 12 期。

[126]孙健、盖丽丽：《欠发达地区人才集聚陷阱研究》，《广东社会科学》2008 年第1 期。

[127]谭莹、李昕：《人才配置、创新与经济增长：理论与实证》，《财贸研究》2019 年第 9 期。

[128]陶然、袁飞、曹广忠：《区域竞争、土地出让与地方财政效应：基于 1999~2003年中国地级城市面板数据的分析》，《世界经济》2007 年第 10 期。

[129]王旦、王业斌：《地方经济增长目标与产业结构升级——基于 2004—2016 年中国 260 个地级市的经验证据》，《商业研究》2021 年第 4 期。

[130]王菲、毛琦梁：《对外贸易下滑与中国产业空间格局演变——基于一般均衡模型的估计与模拟》，《经济学报》2014 年第 3 期。

[131]王甫勤：《人力资本、劳动力市场分割与收入分配》，《社会》2010 年第 1 期。

[132]王海兵、杨蕙馨:《创新驱动及其影响因素的实证分析:1979—2012》,《山东大学学报(哲学社会科学版)》2015年第1期。

[133]王健、李佳:《人力资本推动产业结构升级:我国二次人口红利获取之解》,《现代财经(天津财经大学学报)》2013年第6期。

[134]王丽霞、李静:《城市化的人力资本"侵蚀效应"——三个维度的理论逻辑与检验》,《经济学家》2017年第7期。

[135]王启超、王兵、彭睿:《人才配置与全要素生产率——兼论中国实体经济高质量增长》,《财经研究》2020年第1期。

[136]王荣、张所地:《城市创新能力对商品房房价的影响分析》,《上海经济研究》2016年第12期。

[137]王贤彬、陈春秀:《经济增长目标压力与制造业发展质量——基于绿色全要素生产率的测算与计量分析》,《宏观质量研究》2021年第3期。

[138]王贤彬、徐现祥:《转型期的政治激励、财政分权与地方官员经济行为》,《南开经济研究》2009年第2期。

[139]王展祥、龚广祥、麦愈强:《经济增长目标约束与技术创新——基于资源错配的视角》,《当代财经》2021年第9期。

[140]威廉·配第:《〈赋税论〉全译本》,武汉大学出版社2011年版。

[141]威廉·配第:《政治算术》,中国社会科学出版社2010年版。

[142]魏后凯、王颂吉:《中国"过度去工业化"现象剖析与理论反思》,《中国工业经济》2019年第1期。

[143]魏建、鉴闻:《经济增长预期目标为何系统性偏离实际?——基于地级市政府工作报告的实证分析》,《学习与探索》2018年第3期。

[144]翁清雄、胡倍:《人才流动的成长效应——一个探索分析框架》,《经济管理》2008年第5期。

[145]吴敏、周黎安:《晋升激励与城市建设:公共品可视性的视角》,《经济研究》2018年第12期。

[146]吴延兵:《中国式分权下的偏向性投资》,《经济研究》2017年第6期。

[147]夏冬、李垣:《所有权、市场竞争及人力资本专用性——一个模型的建立及扩展》,《管理工程学报》2004年第2期。

[148]项松林:《人力资本错配对服务业生产率增长的影响——理论与行业经验》,《经济问题探索》2020年第9期。

[149]肖兴志、李沙沙:《产业集聚对制造业资源错配的纠正效应:线性抑或非线

性?》,《产业经济研究》2018 年第 5 期。

[150]徐德云:《产业结构升级形态决定、测度的一个理论解释及验证》,《财政研究》2008 年第 1 期。

[151]徐建斌、李春根:《政府采购促进企业技术创新了吗——基于分行业的比较分析》,《当代财经》2020 年第 9 期。

[152]徐倪妮、郭俊华:《科技人才流动的宏观影响因素研究》,《科学学研究》2019 年第 3 期。

[153]徐士元:《技术进步对能源效率影响的实证分析》,《科研管理》2009 年第 6 期。

[154]徐现祥、李书娟、王贤彬、毕青苗:《中国经济增长目标的选择:以高质量发展终结"崩溃论"》,《世界经济》2018 年第 10 期。

[155]徐现祥、刘毓芸:《经济增长目标管理》,《经济研究》2017 年第 7 期。

[156]徐盈之、顾沛:《官员晋升激励、要素市场扭曲与经济高质量发展——基于长江经济带城市的实证研究》,《山西财经大学学报》2020 年第 1 期。

[157]许丽娟:《破除行政性障碍　推动人才市场的统一》,《中国人力资源开发》2009 年第 10 期。

[158]亚当·斯密:《国富论》,北京联合出版公司 2013 年版。

[159]严成樑、胡志国:《创新驱动、税收扭曲与长期经济增长》,《经济研究》2013 年第 12 期。

[160]阳立高、龚世豪、王铂、晁自胜:《人力资本、技术进步与制造业升级》,《中国软科学》2018 年第 1 期。

[161]杨浩昌、李廉水、刘军:《产业聚集与中国城市全要素生产率》,《科研管理》2018 年第 1 期。

[162]杨浩昌、李廉水、张发明:《高技术产业集聚与绿色技术创新绩效》,《科研管理》2020 年第 9 期。

[163]杨志才、柏培文:《要素错配及其对产出损失和收入分配的影响研究》,《数量经济技术经济研究》2017 年第 8 期。

[164]杨仲山、谢黎:《中国人力资本错配测度:区域差异及影响因素》,《财经问题研究》2021 年第 11 期。

[165]姚毓春、袁礼、董直庆:《劳动力与资本错配效应:来自十九个行业的经验证据》,《经济学动态》2014 年第 6 期。

[166]易明、吴婷:《R&D 资源配置扭曲、TFP 与人力资本的纠偏作用》,《科学学研

究》2021 年第 1 期。

[167]殷凤春:《消费新思维对高端人才择业创业的影响》,《社会科学家》2016 年第 3 期。

[168]于斌斌:《区域一体化、集群效应与高端人才集聚——基于推拉理论扩展的视角》,《经济体制改革》2012 年第 6 期。

[169]余泳泽、刘大勇、龚宇:《过犹不及事缓则圆:地方经济增长目标约束与全要素生产率》,《管理世界》2019 年第 7 期。

[170]余泳泽、潘妍:《中国经济高速增长与服务业结构升级滞后并存之谜——基于地方经济增长目标约束视角的解释》,《经济研究》2019 年第 3 期。

[171]余泳泽、孙鹏博、宣烨:《地方政府环境目标约束是否影响了产业转型升级?》,《经济研究》2020 年第 8 期。

[172]余泳泽、杨晓章:《官员任期、官员特征与经济增长目标制定——来自 230 个地级市的经验证据》,《经济学动态》2017 年第 2 期。

[173]余泳泽、张少辉、杜运苏:《地方经济增长目标约束与制造业出口技术复杂度》,《世界经济》2019 年第 10 期。

[174]余泳泽、张少辉:《城市房价、限购政策与技术创新》,《中国工业经济》2017 年第 6 期。

[175]余泳泽:《新 S 型曲线:经济增长目标约束与中国经济动能重塑》,《探索与争鸣》2018 年第 7 期。

[176]袁富华、张平、陆明涛:《长期经济增长过程中的人力资本结构——兼论中国人力资本梯度升级问题》,《经济学动态》2015 年第 5 期。

[177]袁琴:《沿海地区海洋产业集聚与创新驱动研究》,《合作经济与科技》2021 年第 20 期。

[178]袁志刚、解栋栋:《中国劳动力错配对 TFP 的影响分析》,《经济研究》2011 年第 7 期。

[179]约翰·伊特韦尔、皮特·纽曼、默里·米尔盖特等:《新帕尔格雷夫经济学大辞典》,经济科学出版社 1996 年版。

[180]岳昌君:《高校毕业生就业状况分析:2003~2011》,《北京大学教育评论》2012 年第 1 期。

[181]张车伟、赵文、王博雅:《经济转型背景下中国经济增长的新动能分析》,《北京工商大学学报(社会科学版)》2019 年第 3 期。

[182]张红:《创新型人才优化配置的管理机制》,《广西民族大学学报(哲学社会

科学版）》2008 年第 2 期。

[183]张军、高远、傅勇、张弘：《中国为什么拥有了良好的基础设施？》，《经济研究》2007 年第 3 期。

[184]张可、汪东芳、周海燕：《地区间环保投入与污染排放的内生策略互动》，《中国工业经济》2016 年第 2 期。

[185]张宽、黄凌云：《贸易开放、人力资本与自主创新能力》，《财贸经济》2019 年第 12 期。

[186]张敏、陈万明、刘晓杨：《人才聚集效应关键成功要素及影响机理分析》，《科技管理研究》2009 年第 8 期。

[187]张益丰、孙文浩：《高技术产业与科技研发人才：集聚形态、影响机制及演化路径》，《中国人力资源开发》2018 年第 3 期。

[188]张再生：《人才流动态势及影响因素分析——以天津市为例》，《人口学刊》2000 年第 1 期。

[189]赵峰、陆九愚、星晓川：《创新人才流动研究综述：基于组织层面的新视角》，《科学管理研究》2012 年第 4 期。

[190]赵娜、李香菊、李光勤：《中国横向税收竞争如何影响雾霾污染——基于环保支出中介效应的研究》，《审计与经济研究》2020 年第 4 期。

[191]赵祥、曹佳斌：《地方政府"两手"供地策略促进产业结构升级了吗——基于105 个城市面板数据的实证分析》，《财贸经济》2017 年第 7 期。

[192]赵新宇、郑国强：《地方经济增长目标与要素市场扭曲》，《经济理论与经济管理》2020 年第 10 期。

[193]中国经济增长前沿课题组，张平、刘霞辉等：《中国经济增长的低效率冲击与减速治理》，《经济研究》2014 年第 12 期。

[194]周彬、谢佳松：《虚拟经济的发展抑制了实体经济吗？——来自中国上市公司的微观证据》，《财经研究》2018 年第 11 期。

[195]周彬、周彩：《土地财政、产业结构与经济增长——基于 284 个地级以上城市数据的研究》，《经济学家》2018 年第 5 期。

[196]周加来、李刚：《区域经济发展差距：新经济地理、要素流动与经济政策》，《经济理论与经济管理》2008 年第 9 期。

[197]周黎安、刘冲、厉行、翁翕：《"层层加码"与官员激励》，《世界经济文汇》2015 年第 1 期。

[198]周黎安：《晋升博弈中政府官员的激励与合作——兼论我国地方保护主义和

重复建设问题长期存在的原因》,《经济研究》2004 年第 6 期。

[199]周黎安:《中国地方官员的晋升锦标赛模式研究》,《经济研究》2007 年第 7 期。

[200]周瑞辉、杨新梅:《经济增长目标压力与城市绿色发展》,《城市问题》2021 年第 1 期。

[201]周文、任丽彬:《区域竞争与资源配置》,《经济问题探索》2006 年第 6 期。

[202]周玉龙、孙久文:《经济带增长理论的宏观框架与微观基础》,《中州学刊》2015 年第 9 期。

[203]朱慧娟、白玲:《我国人才配置现状的市场化分析》,《现代财经》2003 年第 11 期。

[204]朱平芳、张征宇、姜国麟:《FDI 与环境规制:基于地方分权视角的实证研究》,《经济研究》2011 年第 6 期。

[205]庄子银:《创新、企业家活动配置与长期经济增长》,《经济研究》2007 年第 8 期。

[206]卓玛草:《中国要素配置与人力资本错配效应的分行业测算分析》,《北京理工大学学报(社会科学版)》2021 年第 4 期。

[207]邹薇、代谦:《技术模仿、人力资本积累与经济赶超》,《中国社会科学》2003 年第 5 期。

[208]Argote Linda, et al., "Group learning curves: the effects of turnover and task complexity on group performance", *Journal of Applied Social Psychology*, Vol. 25, No. 6, 1995.

[209]Arrow Kenneth J., "The economic implications of learning by doing", *The review of economic studies*, Vol. 29, No. 3, 1962.

[210]Barro Robert J., "Government spending in a simple model of endogeneous growth", *Journal of political economy*, Vol. 98, No. 5, 1990.

[211]Baumol William J., "Entrepreneurship: Productive, unproductive, and destructive", *Journal of business venturing*, Vol. 11, No. 1, 1996.

[212]Becker Gary S., *Human capital: A theoretical and empirical analysis, with special reference to education*, University of Chicago press, 2009.

[213]Becker Wesley C., "Consequences of different kinds of parental discipline", *Review of child development research*, Vol. 1, No. 4, 1964.

[214]Benhabib Jess and Mark M. Spiegel, "The role of human capital in economic de-

velopment evidence from aggregate cross-country data", *Journal of Monetary economics*, Vol. 34, No. 2, 1994.

[215] Bertinelli Luisito and Duncan Black, "Urbanization and growth", *Journal of Urban Economics*, Vol. 56, No. 1, 2004.

[216] Bloch Carter, "R&D spillovers and productivity: an analysis of geographical and technological dimensions", *Economics of innovation and New Technology*, Vol. 22, No. 5, 2013.

[217] Borensztein Eduardo, Jose De Gregorio and Jong-Wha Lee, "How does foreign direct investment affect economic growth?", *Journal of international Economics*, Vol. 45, No. 1, 1998.

[218] Burdett Ken, "Towards a theory of the labor market with a public sector", *Labour economics*, Vol. 19, No. 1, 2012.

[219] Christopher Hood and Christopher Hood, "Gaming in targetworld: The targets approach to managing British public services", *Public Administration Review*, Vol. 66, No. 4, 2006.

[220] Ciccone Antonio and Elias Papaioannou, "Human capital, the structure of production, and growth", *The review of economics and statistics*, Vol. 91, No. 1, 2009.

[221] Coase Ronald H., "The nature of the firm (1937)", WILLIANSON, OE; WINTER, SG (1993).

[222] Dash Shailey, "Human capital as a basis of comparative advantage equations in services outsourcing: A cross country comparative study", 2006 International Conference on Information and Communication Technologies and Development. IEEE, 2006.

[223] Development Research Center of the State Council and World Bank, *China 2030: Building a modern, harmonious, and creative society*, The World Bank, 2013.

[224] Djankov Simeon, "The regulation of entry: A survey", *The World Bank Research Observer*, Vol. 24, No. 2, 2009.

[225] Drucker Joshua and Edward Feser, "Regional industrial structure and agglomeration economies: An analysis of productivity in three manufacturing industries", *Regional Science and Urban Economics*, Vol. 42, No. 1-2, 2012.

[226] Duranton Gilles, Peter M. Morrow and Matthew A. Turner, "Roads and Trade: Evidence from the US", *Review of Economic Studies*, Vol. 81, No. 2, 2014.

[227] Duranton Gilles and Matthew A. Turner, "Urban growth and transportation", *Re-

view of Economic Studies, Vol. 79, No. 4, 2012.

[228] Manca Fabio, "Human capital composition and economic growth at the regional level", *Regional Studies*, Vol. 46, No. 10, 2012.

[229] Falck Oliver, Michael Fritsch and Stephan Heblich, "The phantom of the opera: Cultural amenities, human capital, and regional economic growth", *Labour Economics*, Vol. 18, No. 6, 2011.

[230] Garbaccio Richard F., Mun S. Ho and Dale W. Jorgenson, "Why has the energy-output ratio fallen in China?", *The Energy Journal*, Vol. 20, No. 3, 1999.

[231] Glaeser Edward L., et al., "Growth in cities", *Journal of political economy*, Vol. 100, No. 6, 1992.

[232] Glaeser Edward L., JoséA Scheinkman and Andrei Shleifer, "Economic growth in a cross-section of cities", *Journal of monetary economics*, Vol. 36, No. 1, 1995.

[233] Guthrie Harold W., "The Prospect of Equality of Incomes Between White and Black Families Under Varying Rates of Unemployment", *Journal of Human Resources*, Vol. 5, No. 4, 1970.

[234] Ciccone Antonio and Robert E. Hall, "Productivity and the density of economic activity", *American Economic Review*, Vol. 86, No. 1, 1996.

[235] Jones Charles I. and Paul M. Romer, "The new Kaldor facts: ideas, institutions, population, and human capital", *American Economic Journal: Macroeconomics*, Vol. 2, No. 1, 2010.

[236] Kerr Clark, *Labor markets and wage determination: The balkanization of labor markets and other essays*, Univ of California Press, 1977.

[237] Kleer Robin, "Government R&D subsidies as a signal for private investors", *Research Policy*, Vol. 39, No. 10, 2010.

[238] Lagakos David and Michael E. Waugh, "Selection, agriculture, and cross-country productivity differences", *American Economic Review*, Vol. 103, No. 2, 2013.

[239] Levin Andrew and Lakshmi K. Raut, "Complementarities between exports and human capital in economic growth: Evidence from the semi-industrialized countries", *Economic development and cultural change*, Vol. 46, No. 1, 1997.

[240] Li Xing, et al., "Target setting in tournaments: theory and evidence from China", *The Economic Journal*, Vol. 129, No. 10, 2019.

[241] Lipparini Andrea and Luciano Fratocchi, "The capabilities of the transnational

firm: accessing knowledge and leveraging inter-firm relationships", *European Management Journal*, Vol. 17, No. 6, 1999.

[242] London Silvia, Juan Gabriel Brida and Wiston Adrian Risso, "Human Capital and Innovation: A Model of Endogenous Growth With a 'Skill-Loss Effect'", *Economics Bulletin*, Vol. 3, No. 21, 2008.

[243] Lucas Jr, Robert E., "On the mechanics of economic development", *Journal of monetary economics*, Vol. 22, No. 1, 1988.

[244] Machlup Fritz, *The production and distribution of knowledge in the United States*, Princeton university press, 1962.

[245] Kuznets S., "Growth, Population, and Income Distribution: Selected Essays, Norton", *Economic Development & Cultural Change*, 1979.

[246] Marshall Alfred, *Principles of economics*, Vol. 1, Macmillan for the Royal Economic Society, 1961.

[247] Massey Douglas S. and Nancy A. Denton, "The dimensions of residential segregation", *Social forces*, Vol. 67, No. 2, 1988.

[248] Mobley William H., "Intermediate linkages in the relationship between job satisfaction and employee turnover", *Journal of applied psychology*, Vol. 62, No. 2, 1977.

[249] Mobley William H., "Employee turnover: Causes, consequences, and control", *Addison Wesley*, 1982.

[250] Mountford Andrew, "Can a brain drain be good for growth in the source economy?", *Journal of development economics*, Vol. 53, No. 2, 1997.

[251] Murphy Kevin M., Andrei Shleifer and Robert W. Vishny, "Industrialization and the big push", *Journal of political economy*, Vol. 97, No. 5, 1989.

[252] Murphy Kevin M., Andrei Shleifer and Robert W. Vishny, "The allocation of talent: Implications for growth", *The quarterly journal of economics*, Vol. 106, No. 2, 1991.

[253] Murphy Kevin M., Andrei Shleifer and Robert Vishny, "Income distribution, market size, and industrialization", *The Quarterly Journal of Economics*, Vol. 104, No. 3, 1989.

[254] Natkhov Timur and Leonid Polishchuk, "Institutions and the Allocation of Talent", Higher School of Economics Research Paper No. WP BRP 15 (2012).

[255] Nelson, Richard R. and Edmund S. Phelps, "Investment in humans, technological diffusion, and economic growth", *The American economic review*, Vol. 56, No. 1/

2, 1966.

[256] Sequeira Tiago Neves, "High-tech human capital: Do the richest countries invest the most?", *The BE Journal of Macroeconomics*, 2003.

[257] Ng, Yew-Kwang, *Welfare economics*, London: Macmillan, 1983.

[258] Nohria Nitin and Ranjay Gulati, "Is slack good or bad for innovation?", *Academy of management Journal*, Vol. 39, No. 5, 1996.

[259] Peneder Michael, *Intangible investment and human resources, Change, transformation and development*, Physica-Verlag HD, 2003.

[260] Peretto Pietro F. and Simone Valente, "Growth on a finite planet: resources, technology and population in the long run", *Journal of Economic Growth*, Vol. 20, No. 3, 2015.

[261] Pigou Arthur, *The economics of welfare*, Routledge, 2017.

[262] Thorp Rosemary, "Hernando De Soto, The Other Path: The Invisible Revolution in the Third World", *Journal of Latin American Studies*, Vol. 22, No. 1-2, 1990.

[263] Rabe Birgitta and Mark P. Taylor, "Differences in opportunities? Wage, employment and house - price effects on migration", *Oxford Bulletin of Economics and Statistics*, Vol. 74, No. 6, 2012.

[264] Raustiala Kal and Christopher Sprigman, *The knockoff economy: How imitation sparks innovation*, Oxford University Press, 2012.

[265] Lucas Jr, Robert E., "On the mechanics of economic development", *Journal of monetary economics*, Vol. 22, No. 1, 1988.

[266] Romer Paul M., "Endogenous technological change", *Journal of political Economy*, Vol. 98, No. 5, 1990.

[267] Romer Paul M., "Increasing returns and long-run growth", *Journal of political economy*, Vol. 94, No. 5, 1986.

[268] Schultz Theodore W., "Capital formation by education", *Journal of political economy*, Vol. 68, No. 6, 1960.

[269] Schultz Theodore W., "Investment in human capital", *The American economic review*, Vol. 51, No. 1, 1961.

[270] Schumpeter Joseph A. and Archibald J. Nichol, "Robinson's economics of imperfect competition", *Journal of political economy*, Vol. 42, No. 2, 1934.

[271] Shaw Jason D., Nina Gupta and John E. Delery, "Alternative conceptualizations

of the relationship between voluntary turnover and organizational performance", *Academy of management journal*, Vol. 48, No. 1, 2005.

[272] Shleifer Andrei and Robert W. Vishny, "Corruption", *The quarterly journal of economics*, Vol. 108, No. 3, 1993.

[273] Xu Chenggang, "The fundamental institutions of China's reforms and development", *Journal of economic literature*, Vol. 49, No. 4, 2011.

[274] Slichter Sumner Huber, The turnover of factory labor, D. Appleton, 1919.

[275] Staw Barry M., "The consequences of turnover", *Journal of occupational Behaviour*, Vol. 1, No. 4, 1980.

[276] Storper Michael and Anthony J. Venables, "Buzz: face-to-face contact and the urban economy", *Journal of economic geography*, Vol. 4, No. 4, 2004.

[277] Teixeira Aurora AC and Anabela SS Queirós, "Economic growth, human capital and structural change: A dynamic panel data analysis", *Research policy*, Vol. 45, No. 8, 2016.

[278] Terrell Henry S., "Wealth accumulation of black and white families: the empirical evidence", *The Journal of Finance*, Vol. 26, No. 2, 1971.

[279] Vandenbussche Jérôme, Philippe Aghion and Costas Meghir, "Growth, distance to frontier and composition of human capital", *Journal of economic growth*, Vol. 11, No. 6, 2006.

[280] Whalley John and Xiliang Zhao, "The contribution of human capital to China's economic growth", *China Economic Policy Review*, Vol. 2, No. 1, 2013.

[281] Baumol William J., "Entrepreneurship: Productive, unproductive, and destructive", *Journal of business venturing*, 11.1 (1996): 3–22.

[282] Development Research Center of the State Council and World Bank, *China 2030: Building a modern, harmonious, and creative society*, The World Bank, 2013.

[283] Yiyun Wu, Xiwei Zhu and Nicolaas Groenewold, "The determinants and effectiveness of industrial policy in china: A study based on Five-Year Plans", *China Economic Review*, Vol. 53, No. 1, 1971.

[284] Young Andrew, Daniel Levy and Matthew John Higgins, "Many types of human capital and many roles in US growth: Evidence from county-level educational attainment data", *Bar-Ilan University Economics Working Paper*, Vol. 3, No. 4, 2004.

[285] Young Alwyn, "Invention and bounded learning by doing", *Journal of political e-*

conomy, Vol. 101, No. 3, 1993.

[286] Young Alwyn, "Learning by doing and the dynamic effects of international trade", *The quarterly journal of economics*, Vol. 106, No. 2, 1991.

[287] Zhang Weiying, et al., "Entrepreneurial talent and economic development in China", *Socio-Economic Planning Sciences*, Vol. 44, No. 4, 2010.

[288] Yang Zhou, Yuanzhi Guo and Yansui Liu, "High-level talent flow and its influence on regional unbalanced development in China", *Applied geography*, Vol. 91, No. 2, 2018.

附　　录

表 2-3　2003—2019 年城市部分年份科研人才规模

单位:万人

城市	年份								
	2019	2017	2015	2013	2011	2009	2007	2005	2003
北京	68.945	71.248	59.347	59.650	50.570	43.770	35.490	31.640	36.320
天津	11.084	11.944	11.318	10.750	5.340	5.910	5.820	5.310	5.270
石家庄	3.468	3.573	3.905	3.200	2.450	2.220	2.100	2.090	1.990
唐山	0.797	0.562	0.818	0.830	0.510	0.380	0.380	0.370	0.350
秦皇岛	0.587	0.445	0.580	0.580	0.440	0.430	0.410	0.470	0.450
邯郸	0.829	0.938	1.094	1.060	1.010	0.920	0.780	0.720	0.740
邢台	0.457	0.445	0.538	0.480	0.450	0.370	0.470	0.470	0.410
保定	6.049	4.134	4.484	4.450	2.340	1.970	1.660	1.860	1.660
张家口	0.679	0.588	0.834	0.700	0.480	0.370	0.360	0.360	0.370
承德	0.673	0.487	0.618	0.590	0.340	0.250	0.240	0.210	0.260
沧州	1.606	1.953	0.408	0.500	0.570	0.290	0.290	0.260	0.270
廊坊	0.978	0.771	1.214	1.230	1.180	0.970	0.510	0.460	0.480
衡水	0.253	0.215	0.285	0.290	0.230	0.220	0.210	0.220	0.210
太原	4.155	3.956	4.127	3.720	3.130	3.130	3.170	3.010	2.920
大同	0.453	0.524	0.539	0.620	0.580	0.570	0.540	0.510	0.480

城市	年 份								
	2019	2017	2015	2013	2011	2009	2007	2005	2003
阳泉	0.320	0.354	0.339	0.240	0.170	0.160	0.150	0.140	0.130
长治	0.688	0.397	0.410	0.380	0.300	0.290	0.275	0.260	0.260
晋城	0.296	0.229	0.237	0.220	0.160	0.150	0.140	0.120	0.120
朔州	0.120	0.159	0.167	0.150	0.100	0.080	0.040	0.060	0.060
晋中	0.407	0.451	0.521	0.470	0.560	1.000	0.480	0.470	0.400
运城	0.311	0.326	0.412	0.360	0.300	0.290	0.370	0.510	0.370
忻州	0.315	0.248	0.275	0.270	0.220	0.220	0.230	0.220	0.210
临汾	0.417	0.347	0.383	0.350	0.340	0.320	0.380	0.460	0.430
呼和浩特	2.775	2.123	2.110	2.030	1.420	1.360	1.230	1.260	1.300
包头	0.770	0.678	0.879	0.660	0.700	0.720	0.680	0.550	0.590
乌海	0.135	0.154	0.140	0.150	0.080	0.110	0.080	0.060	0.060
赤峰	0.446	0.483	0.504	0.500	0.450	0.370	0.340	0.360	0.320
通辽	0.447	0.392	0.434	0.420	0.300	0.320	0.280	0.350	0.220
沈阳	4.647	4.486	6.236	6.380	5.380	4.020	3.800	3.280	3.300
大连	1.978	1.959	2.086	2.030	2.010	1.450	1.190	1.200	1.220
鞍山	0.490	1.266	1.821	2.260	1.360	0.800	0.720	0.780	0.760
抚顺	0.327	0.359	0.505	0.560	0.530	0.490	0.490	0.460	0.440
本溪	0.136	0.218	0.288	0.520	0.230	0.190	0.200	0.200	0.200
丹东	0.240	0.830	0.926	1.310	0.910	0.730	0.420	0.380	0.390
锦州	0.449	0.594	1.044	0.850	0.830	0.770	0.760	0.640	0.610
营口	0.224	0.310	0.355	0.340	0.320	0.290	0.270	0.260	0.280
阜新	0.221	0.223	0.268	0.310	0.280	0.260	0.250	0.270	0.270
辽阳	0.101	0.189	0.290	0.300	0.250	0.250	0.280	0.280	0.260
盘锦	0.422	0.377	0.486	0.470	0.490	0.450	0.290	0.310	0.280
铁岭	0.227	0.546	0.613	0.570	0.500	0.500	0.490	0.510	0.430

城市	年　份								
	2019	**2017**	**2015**	**2013**	**2011**	**2009**	**2007**	**2005**	**2003**
朝　阳	0.246	0.283	0.528	0.510	0.380	0.300	0.290	0.290	0.300
葫芦岛	0.145	0.408	0.453	0.460	0.360	0.310	0.340	0.340	0.330
长　春	5.094	4.533	4.293	4.200	4.250	3.800	3.545	3.750	3.180
吉林市	0.675	0.598	0.691	0.700	0.480	0.450	0.440	0.450	0.510
四　平	0.361	0.536	0.523	0.540	0.450	0.630	0.720	0.700	0.700
辽　源	0.210	0.146	0.146	0.150	0.140	0.140	0.120	0.120	0.120
通　化	0.364	0.338	0.379	0.400	0.330	0.320	0.320	0.320	0.320
白　山	0.133	0.190	0.200	0.210	0.190	0.150	0.140	0.320	0.130
松　原	0.337	0.352	0.303	0.330	0.290	0.290	0.300	0.320	0.340
白　城	0.322	0.598	0.574	1.070	0.260	0.300	0.340	0.180	0.300
哈尔滨	2.868	3.931	4.084	3.770	4.530	3.660	3.440	3.310	3.510
齐齐哈尔	0.393	0.550	0.585	0.590	0.580	0.590	0.600	0.550	0.610
鸡　西	0.124	0.101	0.112	0.110	0.190	0.110	0.150	0.130	0.130
鹤　岗	0.057	0.067	0.065	0.070	0.070	0.080	0.070	0.080	0.090
双鸭山	0.101	0.116	0.123	0.130	0.120	0.120	0.120	0.120	0.100
大　庆	3.887	4.438	4.640	4.780	5.040	5.220	4.270	3.500	2.920
伊　春	0.156	0.169	0.170	0.160	0.160	0.150	0.130	0.120	0.110
佳木斯	0.265	0.280	0.290	0.300	0.300	0.340	0.280	0.280	0.280
七台河	0.130	0.115	0.136	0.150	0.130	0.130	0.130	0.130	0.130
牡丹江	0.201	0.269	0.287	0.300	0.310	0.300	0.290	0.290	0.290
黑　河	0.114	0.151	0.223	0.260	0.200	0.220	0.330	0.270	0.220
绥　化	0.278	0.318	0.314	0.300	0.300	0.300	0.300	0.290	0.300
上　海	36.205	24.551	25.533	20.300	12.360	20.910	15.630	13.210	10.310
南　京	9.606	8.620	8.109	6.590	4.670	3.840	3.400	3.350	3.010
无　锡	2.643	1.710	1.561	1.630	1.210	1.130	1.040	1.040	0.960

城市	年　份								
	2019	2017	2015	2013	2011	2009	2007	2005	2003
徐 州	1.158	1.109	1.188	1.020	0.950	0.780	0.810	0.930	0.470
常 州	1.686	1.378	1.236	0.950	0.870	0.650	0.550	0.540	0.470
苏 州	4.097	2.631	2.476	2.350	0.790	0.600	0.540	0.610	0.600
南 通	1.379	1.542	1.929	2.010	0.440	0.410	0.430	0.400	0.470
连云港	0.980	0.791	0.821	0.850	0.590	0.500	0.440	0.400	0.410
淮 安	0.828	0.489	0.594	0.650	0.200	0.190	0.220	0.290	0.250
盐 城	1.041	0.695	0.746	0.760	0.420	0.390	0.460	0.360	0.400
扬 州	1.691	1.130	1.293	1.400	0.520	0.450	0.440	0.430	0.380
镇 江	0.930	0.831	0.959	0.920	0.750	0.530	0.470	0.450	0.450
杭 州	9.643	11.418	8.689	8.620	9.260	5.240	4.140	3.030	2.880
宁 波	2.619	1.915	1.988	1.940	1.730	1.250	1.080	0.970	0.970
温 州	1.033	1.103	0.991	1.050	0.810	0.680	0.690	0.650	0.630
嘉 兴	1.373	1.431	0.927	0.880	0.850	0.720	0.590	0.510	0.520
湖 州	0.516	0.458	0.438	0.450	0.320	0.370	0.300	0.250	0.250
绍 兴	0.674	0.637	0.831	0.700	0.580	0.530	0.390	0.310	0.360
金 华	0.659	0.575	0.529	0.490	0.510	0.470	0.520	0.530	0.460
衢 州	0.288	0.216	0.254	0.260	0.230	0.160	0.170	0.170	0.140
舟 山	0.282	0.230	0.470	0.320	0.210	0.180	0.170	0.170	0.150
台 州	0.656	0.679	0.888	0.920	0.690	0.610	0.620	0.570	0.480
丽 水	0.286	0.338	0.384	0.330	0.270	0.260	0.250	0.250	0.230
合 肥	5.293	3.952	3.785	2.950	3.060	2.330	1.960	1.810	1.830
芜 湖	0.773	0.581	0.725	0.560	0.670	0.310	0.240	0.240	0.220
蚌 埠	0.401	0.553	0.598	0.690	0.660	0.580	0.550	0.590	0.620
淮 南	0.338	0.390	0.406	0.450	0.350	0.270	0.240	0.240	0.160
马鞍山	0.508	0.438	0.440	0.520	0.290	0.280	0.270	0.260	0.290

城市	年 份								
	2019	2017	2015	2013	2011	2009	2007	2005	2003
淮 北	0.185	0.131	0.167	0.200	0.290	0.100	0.100	0.100	0.290
铜 陵	0.252	0.210	0.208	0.170	0.140	0.120	0.140	0.130	0.050
安 庆	0.542	0.403	0.465	0.450	0.430	0.470	0.330	0.360	0.320
黄 山	0.259	0.161	0.168	0.180	0.160	0.150	0.140	0.130	0.120
滁 州	0.395	0.392	0.449	0.420	0.290	0.180	0.140	0.150	0.110
阜 阳	0.352	0.247	0.283	0.270	0.200	0.180	0.220	0.230	0.220
宿 州	0.513	0.839	1.200	0.560	0.340	0.290	0.320	0.360	0.200
六 安	1.330	1.171	1.279	0.710	0.700	0.210	0.190	0.200	0.240
亳 州	0.128	0.251	0.264	0.190	0.150	0.120	0.180	0.080	0.080
池 州	0.228	0.205	0.222	0.200	0.140	0.120	0.070	0.080	0.070
宣 城	0.155	0.203	0.216	0.550	0.100	0.140	0.100	0.095	0.090
福 州	3.776	3.214	4.291	3.850	3.120	2.450	1.820	1.690	1.480
厦 门	1.966	2.200	1.820	1.460	0.730	0.520	0.500	0.470	0.690
莆 田	0.200	0.256	0.257	0.180	0.160	0.160	0.150	0.140	0.130
三 明	0.324	0.297	0.289	0.300	0.230	0.230	0.230	0.210	0.250
泉 州	0.509	0.386	0.357	0.360	0.280	0.230	0.230	0.240	0.220
漳 州	0.315	0.486	0.528	0.500	0.280	0.290	0.280	0.270	0.280
南 平	0.338	0.372	0.417	0.430	0.350	0.360	0.370	0.390	0.220
龙 岩	0.267	0.356	0.392	0.390	0.340	0.310	0.310	0.320	0.300
宁 德	0.184	0.230	0.280	0.260	0.220	0.240	0.270	0.220	0.180
南 昌	3.276	2.782	2.433	2.330	1.720	1.400	1.940	1.990	1.750
景德镇	0.057	0.399	0.380	0.370	0.340	0.330	0.340	0.340	0.340
萍 乡	0.175	0.167	0.229	0.220	0.190	0.100	0.110	0.130	0.130
九 江	0.670	0.821	0.709	0.710	0.580	0.680	0.730	0.680	0.500
新 余	0.198	0.139	0.123	0.100	0.120	0.100	0.110	0.120	0.130

城市	年　份								
	2019	2017	2015	2013	2011	2009	2007	2005	2003
鹰 潭	0.399	0.167	0.190	0.170	0.310	0.280	0.400	0.240	0.120
赣 州	0.521	0.655	0.605	0.670	0.590	0.510	0.510	0.470	0.460
吉 安	0.330	0.480	0.465	0.410	0.330	0.300	0.290	0.280	0.250
宜 春	0.229	0.225	0.219	0.200	0.200	0.230	0.230	0.300	0.270
抚 州	0.187	0.209	0.201	0.190	0.250	0.140	0.140	0.150	0.140
上 饶	0.339	0.180	0.137	0.100	0.210	0.180	0.210	0.250	0.240
济 南	6.374	3.796	3.212	3.390	2.650	2.400	2.250	1.960	2.220
青 岛	3.853	3.206	2.665	2.080	1.770	1.470	1.410	1.400	1.260
淄 博	0.765	0.736	0.598	0.640	0.320	0.220	0.200	0.190	0.240
枣 庄	0.287	0.312	0.274	0.530	0.270	0.250	0.220	0.200	0.170
东 营	0.816	0.825	0.830	0.660	1.280	1.420	0.760	0.330	0.060
烟 台	1.319	1.893	2.198	1.760	1.020	0.920	0.900	0.810	0.700
潍 坊	0.761	0.857	0.879	1.090	0.680	0.650	0.590	0.660	0.350
济 宁	0.599	0.609	0.592	0.640	0.320	0.270	0.330	0.340	0.300
泰 安	0.472	0.642	0.882	0.950	0.510	0.640	0.330	0.350	0.360
威 海	0.597	1.418	1.420	1.000	0.200	0.170	0.170	0.090	0.170
日 照	0.313	0.185	0.174	0.200	0.130	0.100	0.130	0.130	0.110
临 沂	0.638	1.053	1.261	1.020	0.330	0.360	0.360	0.380	0.360
德 州	0.389	0.818	0.865	0.820	0.160	0.150	0.120	0.110	0.180
聊 城	0.306	0.318	0.306	0.260	0.130	0.120	0.110	0.110	0.110
滨 州	0.336	0.304	0.303	0.270	0.400	0.150	0.180	0.190	0.080
菏 泽	0.329	0.508	0.601	0.590	0.230	0.240	0.200	0.210	0.230
郑 州	7.652	6.204	6.059	4.990	3.250	2.730	2.970	3.100	2.930
开 封	0.513	0.550	0.619	0.450	0.380	0.340	0.290	0.320	0.350
洛 阳	2.294	2.828	2.653	2.350	2.550	2.250	2.220	2.070	2.010

续表

城市	年　份								
	2019	2017	2015	2013	2011	2009	2007	2005	2003
平顶山	0.463	0.565	0.655	0.630	0.400	0.410	0.390	0.370	0.450
安　阳	0.417	0.281	0.277	0.280	0.310	0.300	0.350	0.330	0.320
鹤　壁	0.122	0.208	0.130	0.110	0.090	0.100	0.110	0.120	0.110
新　乡	0.273	0.628	0.855	0.980	0.720	0.700	0.750	0.740	0.710
焦　作	0.247	0.383	0.314	0.350	0.310	0.280	0.280	0.180	0.180
濮　阳	0.406	0.287	0.281	0.160	0.100	0.160	0.280	0.120	0.110
许　昌	0.720	0.481	0.494	0.370	0.320	0.270	0.320	0.360	0.330
漯　河	0.203	0.140	0.110	0.090	0.100	0.110	0.130	0.120	0.130
三门峡	0.224	0.202	0.213	0.240	0.190	0.230	0.200	0.200	0.190
南　阳	1.160	1.562	1.748	1.530	1.340	1.270	1.300	1.100	1.040
商　丘	0.790	0.371	0.337	0.320	0.270	0.210	0.260	0.300	0.310
信　阳	0.727	0.943	1.102	0.880	0.920	0.870	0.890	0.900	0.840
周　口	0.549	0.536	0.453	0.320	0.190	0.140	0.240	0.230	0.190
驻马店	0.665	0.904	0.748	0.670	0.590	0.540	0.480	0.410	0.410
武　汉	9.880	8.445	7.778	6.640	5.840	5.690	5.040	4.690	5.050
黄　石	0.488	0.507	0.479	0.490	0.340	0.390	0.350	0.290	0.300
十　堰	0.546	0.518	0.480	0.450	0.360	0.410	0.390	0.320	0.300
宜　昌	1.965	1.709	2.318	1.930	1.240	0.850	0.740	0.750	0.730
襄阳市	2.784	2.348	2.470	1.800	1.200	1.170	1.040	1.180	1.020
鄂　州	0.184	0.177	0.158	0.140	0.130	0.130	0.110	0.110	0.210
荆　门	0.339	0.404	0.460	0.460	0.350	0.360	0.360	0.350	0.360
孝　感	0.856	0.681	0.652	0.600	0.560	0.450	0.350	0.350	0.380
荆　州	0.623	0.622	0.560	0.460	0.410	0.470	0.340	0.420	0.500
黄　冈	0.395	0.455	0.401	0.380	0.450	0.340	0.380	0.420	0.440
咸　宁	0.267	0.239	0.222	0.300	0.430	0.340	0.220	0.210	0.220

城市	年　份								
	2019	2017	2015	2013	2011	2009	2007	2005	2003
长沙	6.359	4.944	4.568	5.260	4.060	3.510	2.720	2.430	2.670
株洲	0.698	0.568	0.829	0.680	0.330	0.460	0.290	0.200	0.520
湘潭	0.345	0.318	0.473	0.290	0.270	0.170	0.200	0.190	0.390
衡阳	0.616	0.491	0.703	0.690	0.680	0.480	0.550	0.580	0.510
邵阳	0.224	0.269	0.254	0.320	0.340	0.310	0.290	0.250	0.210
岳阳	1.424	1.300	1.561	1.330	0.370	0.360	0.330	0.200	0.330
常德	1.042	1.301	1.065	1.250	0.300	0.270	0.270	0.240	0.240
张家界	0.061	0.040	0.071	0.090	0.110	0.120	0.090	0.090	0.160
益阳	0.266	0.180	0.175	0.330	0.270	0.200	0.190	0.190	0.180
郴州	1.086	0.883	0.701	0.520	0.270	0.240	0.410	0.350	0.380
永州	0.364	0.367	0.450	0.340	0.330	0.450	0.410	0.410	0.210
怀化	0.341	0.274	0.317	0.440	0.400	0.360	0.310	0.200	0.220
娄底	0.263	0.212	0.220	0.270	0.220	0.280	0.240	0.290	0.260
广州	17.216	13.867	17.251	13.950	7.870	6.450	5.880	5.200	4.360
韶关	0.398	0.349	0.356	0.380	0.340	0.340	0.340	0.320	0.300
深圳	14.165	10.308	8.703	7.870	5.520	4.300	3.770	2.800	1.250
珠海	1.442	1.206	1.074	0.810	0.500	0.370	0.280	0.220	0.210
汕头	0.585	0.428	0.390	0.370	0.370	0.370	0.310	0.330	0.310
佛山	2.206	1.846	1.556	1.140	0.640	0.510	0.500	0.410	0.330
江门	0.666	0.409	0.468	0.330	0.250	0.250	0.280	0.290	0.290
湛江	0.502	0.622	0.584	0.520	0.390	0.380	0.410	0.420	0.390
茂名	0.585	0.422	0.371	0.360	0.170	0.180	0.180	0.150	0.110
肇庆	0.316	0.300	0.311	0.300	0.270	0.260	0.230	0.270	0.260
惠州	1.069	0.633	0.506	0.460	0.500	0.440	0.410	0.410	0.340
梅州	0.340	0.325	0.346	0.390	0.340	0.280	0.260	0.250	0.180

城市	年 份								
	2019	**2017**	**2015**	**2013**	**2011**	**2009**	**2007**	**2005**	**2003**
汕 尾	0.105	0.071	0.074	0.070	0.060	0.070	0.060	0.080	0.070
河 源	0.297	0.195	0.160	0.180	0.180	0.160	0.190	0.180	0.160
阳 江	0.271	0.210	0.164	0.150	0.150	0.150	0.100	0.100	0.080
清 远	0.385	0.237	0.221	0.240	0.190	0.170	0.160	0.130	0.090
东 莞	5.541	1.631	1.403	1.060	0.220	0.190	0.190	0.160	0.120
中 山	0.506	0.408	0.388	0.540	0.220	0.190	0.300	0.300	0.130
潮 州	0.139	0.150	0.170	0.180	0.160	0.150	0.140	0.130	0.130
南 宁	3.717	3.406	3.694	3.380	2.710	2.400	2.130	2.130	1.940
柳 州	0.778	1.098	1.495	1.400	0.900	0.590	0.500	0.470	0.480
桂 林	0.557	0.806	0.852	0.890	0.850	0.690	0.650	0.740	0.470
梧 州	0.225	0.311	0.344	0.300	0.250	0.200	0.200	0.190	0.170
北 海	0.272	0.297	0.309	0.320	0.270	0.240	0.220	0.210	0.170
钦 州	0.227	0.275	0.278	0.260	0.260	0.190	0.170	0.150	0.120
贵 港	0.171	0.202	0.219	0.270	0.240	0.190	0.190	0.170	0.140
玉 林	0.490	0.569	0.519	0.550	0.400	0.350	0.320	0.290	0.240
百 色	0.210	0.232	0.395	0.370	0.340	0.290	0.230	0.200	0.150
河 池	0.093	0.142	0.343	0.420	0.460	0.340	0.280	0.270	0.200
海 口	1.546	1.507	1.480	1.420	0.970	0.900	0.920	0.660	0.590
三 亚	0.110	0.144	0.131	0.110	0.070	0.070	0.060	0.060	0.050
重 庆	7.587	8.219	10.890	9.680	4.650	5.390	5.150	5.060	5.940
成 都	19.377	17.967	14.438	12.150	7.520	6.490	5.970	5.690	5.670
攀枝花	0.330	0.534	0.559	0.290	0.170	0.140	0.140	0.130	0.130
泸 州	0.171	0.202	0.298	0.370	0.300	0.270	0.260	0.200	0.220
德 阳	0.396	0.602	0.554	0.360	0.280	0.260	0.240	0.220	0.220
绵 阳	0.430	3.847	3.814	3.750	2.090	1.970	1.980	1.970	1.960

续表

城市	年　份								
	2019	2017	2015	2013	2011	2009	2007	2005	2003
广　元	0.155	0.176	0.168	0.160	0.130	0.200	0.210	0.200	0.140
遂　宁	0.081	0.116	0.099	0.100	0.130	0.100	0.090	0.090	0.050
内　江	0.181	0.149	0.146	0.170	0.160	0.160	0.160	0.160	0.170
乐　山	0.335	0.393	0.564	0.810	0.690	0.530	0.460	0.350	0.320
南　充	0.394	0.545	0.500	0.530	0.340	0.400	0.250	0.230	0.180
眉　山	0.113	0.285	0.281	0.230	0.120	0.120	0.110	0.130	0.130
宜　宾	0.174	0.208	0.249	0.300	0.290	0.270	0.170	0.180	0.150
达　州	0.504	0.575	0.537	0.510	0.310	0.320	0.300	0.300	0.280
雅　安	0.105	0.074	0.069	0.070	0.110	0.100	0.090	0.100	0.080
贵　阳	3.065	3.015	3.070	2.380	1.710	1.930	1.770	1.510	1.420
六盘水	0.160	0.210	0.224	0.190	0.200	0.170	0.130	0.140	0.120
遵　义	0.443	0.694	1.023	0.760	0.700	0.610	0.340	0.320	0.200
安　顺	0.211	0.283	0.284	0.290	0.230	0.250	0.180	0.200	0.110
昆　明	4.490	5.236	5.169	4.560	3.370	3.700	3.110	3.060	3.810
曲　靖	0.574	0.394	0.363	0.360	0.300	0.280	0.250	0.260	0.270
玉　溪	0.433	0.347	0.350	0.350	0.170	0.170	0.150	0.180	0.160
保　山	0.225	0.248	0.230	0.230	0.130	0.140	0.130	0.140	0.130
昭　通	0.383	0.736	0.428	0.420	0.230	0.160	0.220	0.150	0.130
西　安	12.088	14.142	13.211	12.120	9.710	8.830	8.120	8.050	7.520
铜　川	0.231	0.193	0.215	0.110	0.130	0.100	0.100	0.110	0.120
宝　鸡	0.408	0.554	0.622	0.540	0.470	0.530	0.360	0.340	0.310
咸　阳	0.677	0.788	0.812	0.800	0.790	0.700	0.650	0.650	0.630
渭　南	0.911	0.861	0.953	0.830	0.750	0.670	0.710	0.760	0.700
延　安	0.766	0.494	0.490	0.380	0.270	0.360	0.260	0.290	0.210
汉　中	0.539	0.573	0.676	0.620	0.470	0.510	0.490	0.450	0.380

续表

城市	年 份								
	2019	2017	2015	2013	2011	2009	2007	2005	2003
榆 林	0.831	0.679	0.690	0.630	0.410	0.410	0.350	0.320	0.310
安 康	0.160	0.303	0.283	0.280	0.260	0.290	0.260	0.280	0.220
商 洛	0.333	0.320	0.290	0.350	0.240	0.240	0.170	0.180	0.180
兰 州	3.823	4.177	3.615	3.350	2.580	2.490	2.360	2.690	2.550
嘉峪关	0.083	0.076	0.038	0.060	0.020	0.010	0.010	0.010	0.010
金 昌	0.067	0.060	0.091	0.080	0.020	0.030	0.030	0.010	0.130
白 银	0.154	0.129	0.159	0.200	0.150	0.150	0.140	0.130	0.110
天 水	0.684	0.582	0.753	1.040	0.480	0.450	0.560	0.500	0.530
张 掖	0.259	0.513	0.533	0.490	0.390	0.360	0.390	0.300	0.290
平 凉	0.305	0.284	0.284	0.280	0.180	0.360	0.450	0.350	0.320
酒 泉	0.210	0.255	0.279	0.270	0.240	0.220	0.220	0.200	0.190
庆 阳	0.266	0.210	0.214	0.180	0.150	0.140	0.130	0.140	0.090
西 宁	1.155	1.615	1.579	1.750	1.670	1.260	0.850	0.790	0.770
银 川	1.022	0.985	1.544	1.010	1.020	0.960	0.970	0.890	1.040
石嘴山	0.062	0.126	0.148	0.120	0.050	0.060	0.070	0.060	0.070
吴 忠	0.111	0.124	0.131	0.100	0.090	0.120	0.080	0.100	0.070
乌鲁木齐	2.988	2.751	2.616	2.540	1.950	1.890	1.740	1.670	1.590
克拉玛依	0.224	0.200	0.205	0.180	0.060	0.050	0.180	0.150	0.080

后　记

　　本书是作者司深深承担的 2022 年度安徽省社会科学创新发展研究课题"高质量发展背景下安徽省人才区域配置及其效应研究"（2022CX038）、安徽省教育厅人文社科研究项目"创新驱动视域下人才流动及其高质量发展效应研究"（2022AH050575）的阶段性成果，并得到安徽大学中国三农问题研究中心的友情资助。

　　本书的选题得益于安徽大学李静教授的启发，李静教授长期从事人力资本配置相关问题的研究，在李静老师门下读博深造期间，老师结合专业方向帮我确定了"纵向干预、横向竞争与人才区域配置"的论文题目。在此篇论文的写作过程中，通过对已有文献的梳理发现，我国经济增长目标设定存在"层层加码"的现象，对经济增长目标层层加码，虽然短时间内会促成经济快速增长，但为实现既定的增长目标，在按照正常的市场经济发展规律无法完成承诺的经济增长目标时，激进的经济发展方式和谋求短期目标的行为就会出现，这在一定程度上会扰乱资源的正常配置，由此引发关于"增长目标约束是否扰乱人才配置的思考"。

　　在对人才配置相关文献梳理后，发现已有研究主要将视角集中于人才在行业或部门间的分布或配置，忽略了人才在区域间的配置，而自从我国经济步入高质量发展阶段，经济增长模式亦面临由要素驱动向创新驱动转变的迫切需要，人才作为创新的核心要素，受到政府部门的格外重视；为贯彻落实创新驱动发展战略，各地纷纷出台各种引人引智的政策，在一定程度上引起了人才资源的重新配置，这不禁让人深思，当区域发展目标由侧重于短期经济增长向长期创新驱动转变，我国向来存在的人才区域配置失衡现象能否得以改善？

本书通过考察经济增长目标约束对人才区域配置的影响，揭示短期粗放型经济发展模式是否是造成中国人才配置效率损失的主要原因，以期挖掘出人才区域配置失衡的根源，为人才配置失衡提供现实依据；同时，将增长目标约束和创新驱动与人才区域配置纳入统一框架，考察长期创新驱动能否扭转短期增长目标约束造成的人才区域配置失衡问题，以期为新时期改善人才区域配置、释放人才潜能、促进区域高质量发展汇聚新思路。

本书的选题及研究思路，皆得导师李老师指点，方能有今日之成稿，在此，特向李老师致以深深的敬意和由衷的感谢，愿老师工作顺心、桃李满门！从选题、撰写直至最终定稿，笔者亲力亲为，共计完成 20 余万字，深知其中不易，但本书的完成也离不开诸多好友的帮助与支持，我的师弟廖常文、秦玉春、张凯和师妹邓芘芘、刘璐、高楠等人参与了书稿文献总结、绘图、语句润色、文字校对等工作，亦有秦淑悦、张侠、徐醒、程永生等诸多同窗益友在书稿撰写、出版过程中襄助，在此，特向他们致以诚挚的感谢，愿诸位皆有锦绣前程，愿吾等友谊绵延长存！最后，由衷感谢人民出版社邓浩迪编辑，是他的兢兢业业和细心校订，才使得这本书能够顺利出版。

由于学术水平和专业基础所限，书稿依然存在诸多不足之处，恳请各位同仁不吝批评指正，不胜感激。

安徽财经大学　司深深

2023 年 12 月

责任编辑：邓浩迪

封面设计：胡欣欣

图书在版编目(CIP)数据

增长目标约束、创新驱动与人才区域配置:理论与实证/司深深,李静 著. —
  北京:人民出版社,2023.12
ISBN 978－7－01－026250－5

Ⅰ.①增⋯ Ⅱ.①司⋯ ②李⋯ Ⅲ.①创造型人才-人才培养-研究-中
国 Ⅳ.①C964.2

中国国家版本馆 CIP 数据核字(2024)第 024138 号

增长目标约束、创新驱动与人才区域配置:理论与实证

ZENGZHANG MUBIAO YUESHU CHUANGXIN QUDONG YU RENCAI QUYU PEIZHI:LILUN YU SHIZHENG

司深深 李 静 著

人民出版社 出版发行

(100706 北京市东城区隆福寺街 99 号)

北京九州迅驰传媒文化有限公司印刷 新华书店经销

2023 年 12 月第 1 版 2023 年 12 月北京第 1 次印刷
开本:710 毫米×1000 毫米 1/16 印张:15.75
字数:240 千字

ISBN 978－7－01－026250－5 定价:89.00 元

邮购地址 100706 北京市东城区隆福寺街 99 号
人民东方图书销售中心 电话 (010)65250042 65289539